KB161810

가장 쉬운
초등 필수 영단어 하루 한장의 기적

Day 1	Day 2	Day 3	Day 4	Day 5
UNIT 01 월 일	UNIT 02 월 일	UNIT 03 월 일	UNIT 04 월 일	UNIT 05 월 일
Day 6	**Day 7**	**Day 8**	**Day 9**	**Day 10**
UNIT 06 월 일	UNIT 07 월 일	UNIT 08 월 일	UNIT 09 월 일	UNIT 10 월 일
Day 11	**Day 12**	**Day 13**	**Day 14**	**Day 15**
UNIT 11 월 일	UNIT 12 월 일	UNIT 13 월 일	UNIT 14 월 일	UNIT 15 월 일
Day 16	**Day 17**	**Day 18**	**Day 19**	**Day 20**
UNIT 16 월 일	UNIT 17 월 일	UNIT 18 월 일	UNIT 19 월 일	UNIT 20 월 일
Day 21	**Day 22**	**Day 23**	**Day 24**	**Day 25**
UNIT 21 월 일	UNIT 22 월 일	UNIT 23 월 일	UNIT 24 월 일	UNIT 25 월 일
Day 26	**Day 27**	**Day 28**	**Day 29**	**Day 30**
UNIT 26 월 일	UNIT 27 월 일	UNIT 28 월 일	UNIT 29 월 일	UNIT 30 월 일
Day 31	**Day 32**	**Day 33**	**Day 34**	**Day 35**
UNIT 31 월 일	UNIT 32 월 일	UNIT 33 월 일	UNIT 34 월 일	UNIT 35 월 일
Day 36	**Day 37**	**Day 38**	**Day 39**	**Day 40**
UNIT 36 월 일	UNIT 37 월 일	UNIT 38 월 일	UNIT 39 월 일	UNIT 40 월 일

Day 41	Day 42	Day 43	Day 44	Day 45
UNIT 41 월 일	UNIT 42 월 일	UNIT 43 월 일	UNIT 44 월 일	UNIT 45 월 일
Day 46	**Day 47**	**Day 48**	**Day 49**	**Day 50**
UNIT 46 월 일	UNIT 47 월 일	UNIT 48 월 일	UNIT 49 월 일	UNIT 50 월 일
Day 51	**Day 52**	**Day 53**	**Day 54**	**Day 55**
UNIT 51 월 일	UNIT 52 월 일	UNIT 53 월 일	UNIT 54 월 일	UNIT 55 월 일
Day 56	**Day 57**	**Day 58**	**Day 59**	**Day 60**
UNIT 56 월 일	UNIT 57 월 일	UNIT 58 월 일	UNIT 59 월 일	UNIT 60 월 일
Day 61	**Day 62**	**Day 63**	**Day 64**	**Day 65**
UNIT 61 월 일	UNIT 62 월 일	UNIT 63 월 일	UNIT 64 월 일	UNIT 65 월 일
Day 66	**Day 67**	**Day 68**	**Day 69**	**Day 70**
UNIT 66 월 일	UNIT 67 월 일	UNIT 68 월 일	UNIT 69 월 일	UNIT 70 월 일
Day 71	**Day 72**	**Day 73**	**Day 74**	**Day 75**
UNIT 71 월 일	UNIT 72 월 일	UNIT 73 월 일	UNIT 74 월 일	UNIT 75 월 일
Day 76	**Day 77**	**Day 78**	**Day 79**	**Day 80**
UNIT 76 월 일	UNIT 77 월 일	UNIT 78 월 일	UNIT 79 월 일	UNIT 80 월 일

가장 쉬운

초등필수 영단어

하루 한장의 기적

동양북스

저자 Samantha Kim

숭실대 영문학을 전공하고 십수 년 동안 영어교재 출판사에서 수백 권의 영어교재를 만들었습니다. 늦은 나이에 미국 유학길에 올라 뉴욕주립대에서 TESOL 석사를 마쳤습니다. 현재 유초등 및 성인들에게 영어를 직접 가르치면서 엄마와 영어교사들에게 교수법 강의를 하고 있습니다. 또한, 경험과 이론을 바탕으로 ELT 교재를 기획, 집필하고 있습니다.

저자 Anne Kim

한양대학교에서 교육학을 전공하고 숙명여자대학교 TESOL 대학원을 졸업했습니다. 영어교재 출판사에서 십 년 넘게 영어교재를 개발했습니다. 다양한 학생들의 영어학습 환경을 가까이에서 지켜보면서, 연령과 시기에 따라 꼭 필요한 영어학습과 교수법을 연구하고, 이러한 노하우를 교재에 담아 집필 활동을 하고 있습니다.

가장 쉬운
초등 필수 영단어 하루 한장의 기적

초판 4쇄 2021년 1월 5일 | **지은이** Samantha Kim · Anne Kim | **발행인** 김태웅 | **편집** 황준 | **디자인** 남은혜, 신효선 | **마케팅** 나재승 | **제작** 현대순

발행처 (주)동양북스 | **등록** 제 2014-000055호(2014년 2월 7일) | **주소** 서울시 마포구 동교로22길 14 (04030) | **구입문의 전화** (02)337-1737 | **팩스** (02)334-6624
내용문의 전화 (02)337-1763 | dybooks2@gmail.com

ISBN 979-11-5768-262-1 63740

왜 영단어를 학습해야 할까요?

영어를 잘하려면 반드시 **단어가 바탕**이 되어야 합니다. 단어가 있어야 그 단어를 조합해서 문장을 만들 수 있기 때문입니다. 아기가 태어나 단어부터 말을 시작하듯 영단어가 기초가 되어야 영어를 할 수 있습니다.

주제별로 단어를 배우면 무엇이 좋을까요?

영단어 학습은 **최대한 오래 기억**할 수 있게 해 주는 것이 중요합니다. 그리고 단어는 따로 떨어진 것보다 **주제별로 묶어서 유기적으로 학습할 때** 더 오래 기억할 수 있습니다. 주제를 머리에 떠올릴 때 그 주제와 연관된 단어가 **덩어리째** 들어오게 되기 때문입니다.

듣기만 하면 영단어의 발음과 뜻이 저절로 익혀질까요?

단어를 듣고 따라 말하기, 영어로 듣고 한글 뜻 말하기, 한글을 듣고 영단어 말하기, **총 3가지 형태**로 훈련할 수 있도록 MP3를 구성했습니다. 이 같은 **다채로운 훈련**으로 발음과 뜻을 훨씬 더 자연스럽고 확실하게 익힐 수 있을 것입니다.

살아있는 단어를 익히려면 어떻게 해야 할까요?

단어는 **오감을 활용**해서 익히는 것이 중요합니다. 적절한 그림이나 사진을 통해 단어를 **눈으로 보고**, 정확한 원어민의 발음을 **듣고**, 손으로 직접 **써보고**, 큰 소리로 **말해봄**으로써 '내 것'으로 만들어야 살아있는 단어가 됩니다.

초등영단어, 꼭 문제를 풀어야 할까요?

단어를 다양한 방법으로 **반복 학습**해서 **장기기억**에 들어가게 해주는 장치가 바로 문제 풀이 훈련입니다. 매번 같은 문제보다는 다양한 유형의 문제에 노출될 수록 오래 기억할 수 있습니다.

왜 하루 한장의 기적일까요?

'작은 변화가 큰 차이를 만든다'라는 말이 있습니다. 한장을 공부한다고 당장 영어를 잘할 수는 없지만 하루에 한장이 쌓이고 쌓이면 큰 차이를 만듭니다. 영어학습은 재능이나 IQ가 아니라 **습관**이 중요합니다. 매일 하루 한장씩, 8개의 단어를 익히는 습관을, 오늘 이 책으로 시작해 보세요.

하루 한 장, 새로운 주제를 만나요!

교육부 권장 초등필수 영단어를 아이들이 친숙한 주제로 엮어 연상작용을 통해 아이들이 쉽게 단어를 외울 수 있도록 구성했습니다. 생생한 그림과 함께 제시하여 그림만 보고도 단어의 의미를 알 수 있도록 했습니다.

하루 8개, 주제별 단어를 보고 듣고 말해 봐요!

하루에 학습하기 적당한 분량인 8개의 단어를 주제별로 제시하여 하루 20분 이내에 학습을 마칠 수 있도록 했습니다. 그림을 보고 들리는 단어를 손으로 짚으면서 학습합니다. 이때 원어민의 발음을 그대로 따라하면서 단어 동시통역 훈련을 합니다.

문제를 풀면서 단어를 익혀요!

3가지 유형의 문제로 단어를 연습합니다.

· 단어와 그림 연결하기
· 단어의 철자 익히기
· 문장이나 대화문을 통해 단어의 사용법 익히기

같은 문제가 반복되면 자칫 지루해질 수 있습니다. 이 책은 다른 유형을 하나의 세트로 하여 총 4가지 세트를 제시했습니다.

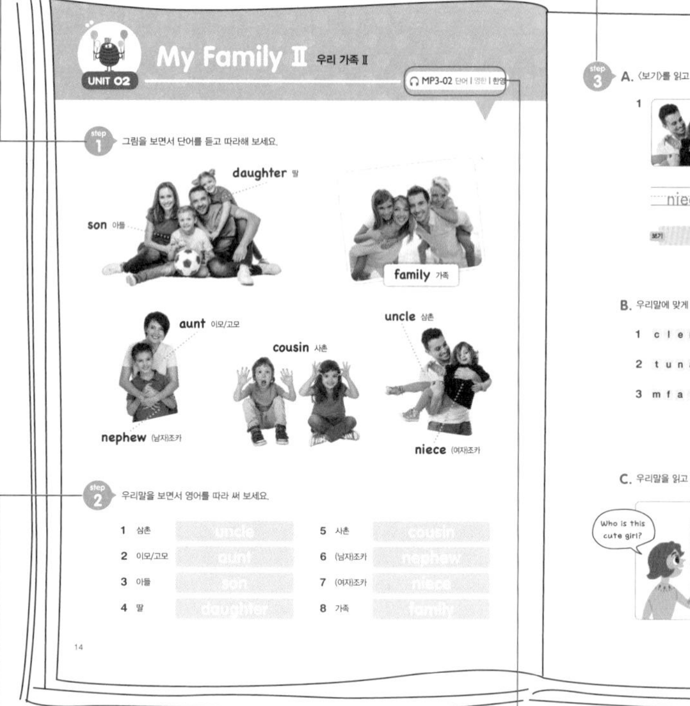

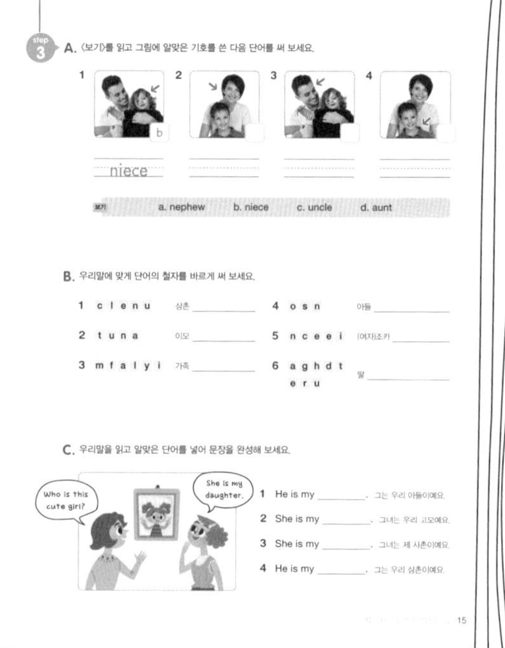

단어를 읽으면서 써 봐요!

단어를 손으로 직접 써 보면서 한 번 더 단어를 말해봅니다. 단어 쓰기는 철자를 익힐 수 있을 뿐 아니라 집중력을 높여 단어를 효과적으로 암기하게 해 줍니다.

MP3 음원을 활용해 봐요!

MP3 CD

① 단어를 들으면서 원어민이 말하는대로 여러번 따라 말해봅니다.
② 영단어를 듣고 한글 뜻을 말해봅니다.
③ 한글 뜻을 듣고 영단어를 말해봅니다.

★ 단어 | 영한 | 한영 **음원 별도 제공** 다운로드

2 배운 단어를 확실히 내 것으로 만들어요!

복습 문제를 풀어봄으로써 배운 영단어를 확실히 내 것으로 만들 수 있습니다.

듣고 풀기

듣고 푸는 문제를 통해 단어의 발음을 확실하게 확인합니다.

듣고 쓰기

발음을 듣고 받아쓰면서 단어의 철자를 확실하게 확인합니다. 다 받아쓴 후에는 단어의 뜻을 써 봅니다.

읽고 풀기

10개의 유닛의 내용을 한번에 통합해서 점검합니다. 퍼즐과 퀴즈 등의 다양한 액티비티를 통해 배운 단어를 한번 더 다집니다.

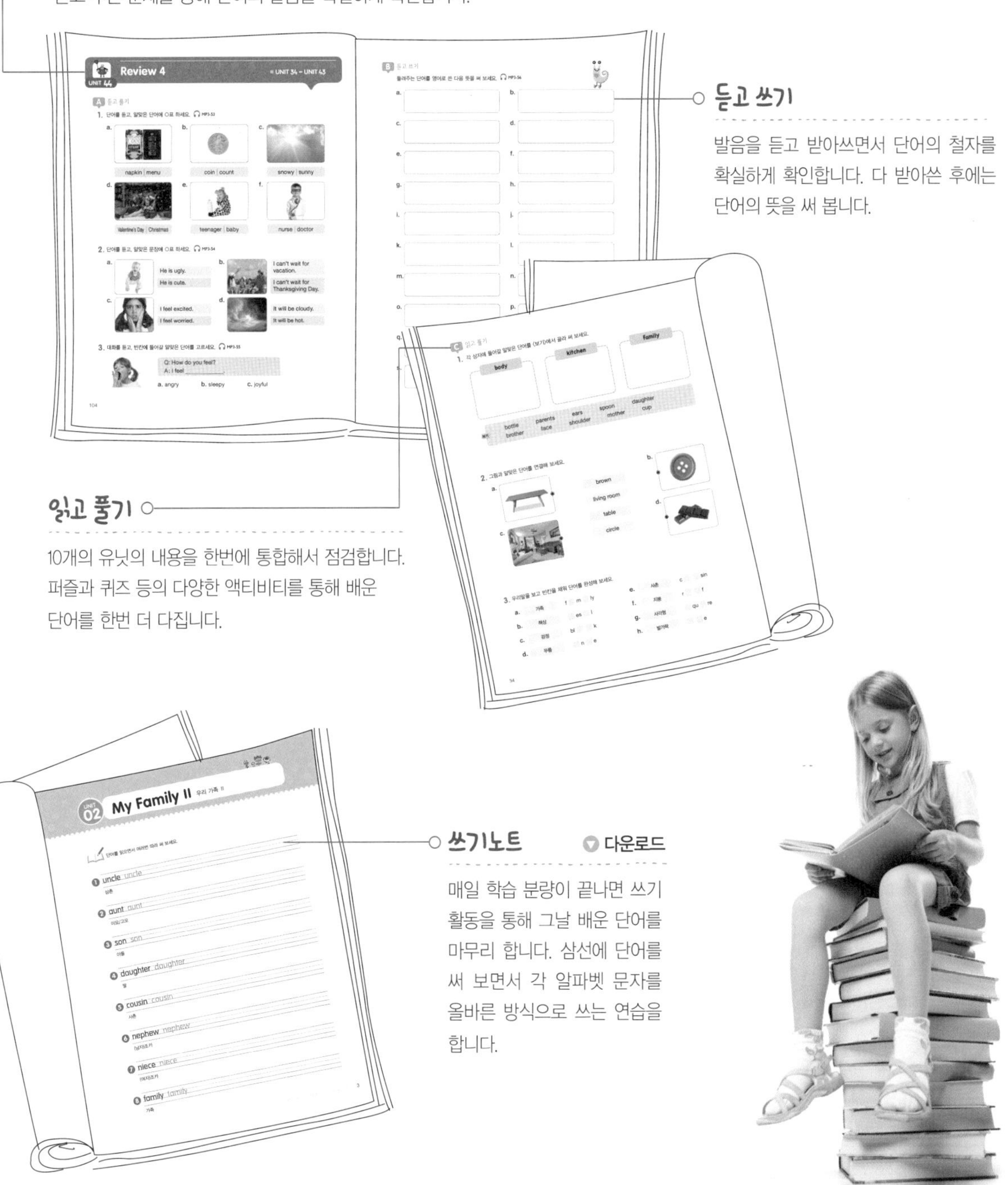

쓰기노트 다운로드

매일 학습 분량이 끝나면 쓰기 활동을 통해 그날 배운 단어를 마무리 합니다. 삼선에 단어를 써 보면서 각 알파벳 문자를 올바른 방식으로 쓰는 연습을 합니다.

차례

머리말 3

이 책의 구성 4

Unit 01 My Family I 우리 가족 I 8
Unit 02 My Family II 우리 가족 II 10
Unit 03 My Body I 내 몸 I 12
Unit 04 My Body II 내 몸 II 14
Unit 05 My House 우리 집 16
Unit 06 My Room 내 방 18
Unit 07 Kitchen 부엌 20
Unit 08 Living room 거실 22
Unit 09 Colors 색깔 24
Unit 10 Shapes 모양 26
Unit 11 Review 1 28
Unit 12 Clothes I 옷 I 32
Unit 13 Clothes II 옷 II 34
Unit 14 Numbers I 숫자 I 36
Unit 15 Numbers II 숫자 II 38
Unit 16 Time 시간 40
Unit 17 Greetings 인사 42
Unit 18 My bag 내 가방 44
Unit 19 Location Prepositions 위치 전치사 46
Unit 20 School 학교 48
Unit 21 Subjects 과목 50
Unit 22 Review 2 52
Unit 23 Musical Instruments 악기 56
Unit 24 Sports 운동 58
Unit 25 Pets 애완동물 60
Unit 26 Farm Animals 농장 동물 62
Unit 27 Zoo Animals 동물원 동물 64
Unit 28 Sea Animals 바다 동물 66
Unit 29 Food I 음식 I 68
Unit 30 Food II 음식 II 70
Unit 31 Vegetable 야채 72
Unit 32 Fruits 과일 74
Unit 33 Review 3 76
Unit 34 Restaurants 음식점 80
Unit 35 Money 돈 82
Unit 36 Weather 날씨 84
Unit 37 Seasons & Holidays 계절과 명절 86
Unit 38 Feelings I 감정 I 88
Unit 39 Feelings II 감정 II 90
Unit 40 Appearance 외모 92
Unit 41 People 사람 94
Unit 42 Jobs 직업 96

Unit 43 Buildings 건물 98
Unit 44 Review 4 100
Unit 45 Playgrounds 놀이터 104
Unit 46 Parks 공원 106
Unit 47 Five Senses 다섯가지 감각 108
Unit 48 Sicknesses 질병 110
Unit 49 Adjectives I 형용사 I 112
Unit 50 Adjectives II 형용사 II 114
Unit 51 Adjectives III 형용사 III 116
Unit52 Adjectives IV 형용사 IV 118
Unit 53 Adjectives V 형용사 V 120
Unit 54 Adjectives VI 형용사 VI 122
Unit 55 Review 5 124
Unit 56 Action Verbs I 동작 동사 I 128
Unit 57 Action Verbs II 동작 동사 II 130
Unit 58 Action Verbs III 동작 동사 III 132
Unit 59 Action Verbs IV 동작 동사 IV 134
Unit 60 Action Verbs V 동작 동사 V 136
Unit 61 Hobbies 취미 138
Unit 62 Transportation 교통수단 140
Unit 63 Directions 방향 142
Unit 64 Ordinal Numbers 서수 144
Unit 65 Birthdays 생일 146
Unit 66 Review 6 148
Unit 67 Days of the Week 요일 152
Unit 68 Months of the Year 월 154
Unit 69 Daily Routines I 하루일과 I 156
Unit 70 Daily Routines II 하루일과 II 158
Unit 71 Classroom Language I 교실 영어 I 160
Unit 72 Classroom Language II 교실 영어 II 162
Unit 73 Nature 자연 164
Unit 74 Space 우주 166
Unit 75 Vacations 휴가 168
Unit 76 Shopping 쇼핑 170
Unit 77 Magic Words 마법의 말 172
Unit 78 Review 7 174
Unit 79 Puzzle & Quiz I 178
Unit 80 Puzzle & Quiz II 180
정답 184

My Family I 우리 가족 I

MP3-01 단어 | 영한 | 한영

그림을 보면서 단어를 듣고 따라해 보세요.

grandfather 할아버지

father 아빠

mother 엄마

grandmother 할머니

sister 여자 형제(누나, 언니, 여동생)

brother 남자 형제(오빠, 형, 남동생)

grandparents 조부모님

parents 부모님

step 2 우리말을 보면서 영어를 따라 써 보세요.

1	엄마	mother	5	부모님	parents
2	아빠	father	6	할아버지	grandfather
3	남자 형제	brother	7	할머니	grandmother
4	여자 형제	sister	8	조부모님	grandparents

step 3

A. 그림을 보고 알맞은 단어와 뜻을 연결해 보세요.

grandfather	parents	grandmother	grandparents
할머니	할아버지	부모님	조부모님

B. 그림을 보고 알맞은 단어를 〈보기〉에서 찾아 쓰세요.

보기 mother father brother sister

1 ....

2 ....

3 ....

4 ....

C. 우리말을 읽고 알맞은 단어에 ○표 하세요.

1 이분들은 우리 부모님이예요. These are my grandparents | parents .

2 이 분은 우리 아빠예요. This is my father | grandmother .

3 이 사람은 제 남동생이예요. This is my brother | sister .

4 이 분은 제 할아버지예요. This is my grandfather | grandparents .

My Family Ⅱ 우리 가족 Ⅱ

MP3-02 단어 | 영한 | 한영

그림을 보면서 단어를 듣고 따라해 보세요.

step 2 우리말을 보면서 영어를 따라 써 보세요.

1	삼촌	uncle	5	사촌	cousin
2	이모/고모	aunt	6	(남자)조카	nephew
3	아들	son	7	(여자)조카	niece
4	딸	daughter	8	가족	family

step 3

A. 〈보기〉를 읽고 그림에 알맞은 기호를 쓴 다음 단어를 써 보세요.

보기 a. nephew b. niece c. uncle d. aunt

B. 우리말에 맞게 단어의 철자를 바르게 써 보세요.

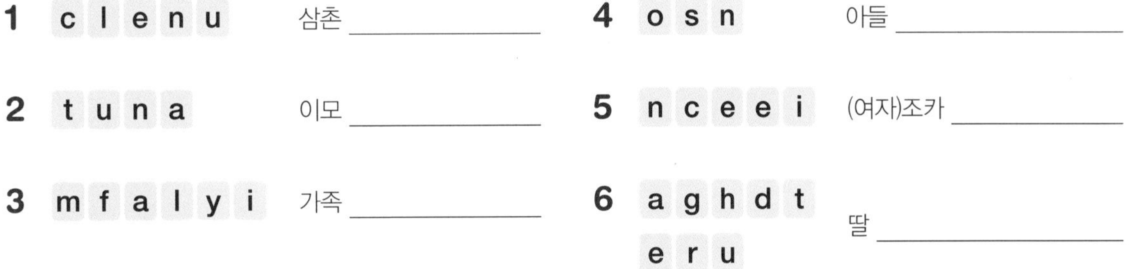

C. 우리말을 읽고 알맞은 단어를 넣어 문장을 완성해 보세요.

1 He is my ________. 그는 우리 아들이에요.

2 She is my ________. 그녀는 우리 고모예요.

3 She is my ________. 그녀는 제 사촌이에요.

4 He is my ________. 그는 우리 삼촌이에요.

UNIT 03

My Body I 내 몸 I

MP3-03 단어 | 영한 | 한영

그림을 보면서 단어를 듣고 따라해 보세요.

hair 머리카락

eye 눈

face 얼굴

head 머리

ear 귀

neck 목

nose 코

mouth 입

step 2

우리말을 보면서 영어를 따라 써 보세요.

1	머리카락	hair	5	귀	ear
2	눈	eye	6	목	neck
3	얼굴	face	7	코	nose
4	머리	head	8	입	mouth

A. 단어를 보고 알맞은 그림을 고른 다음 뜻을 쓰세요.

1 ear → 귀

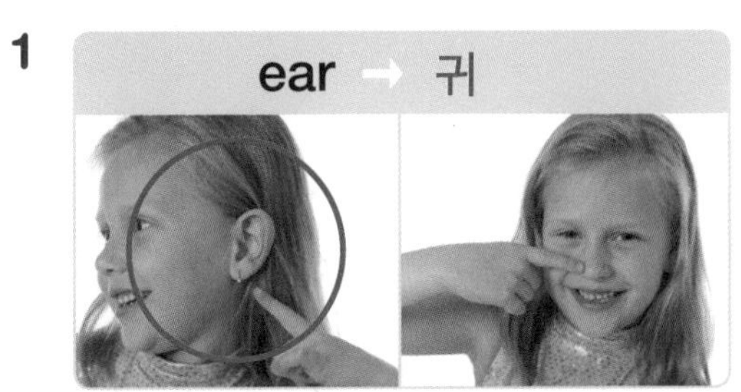

2 mouth →

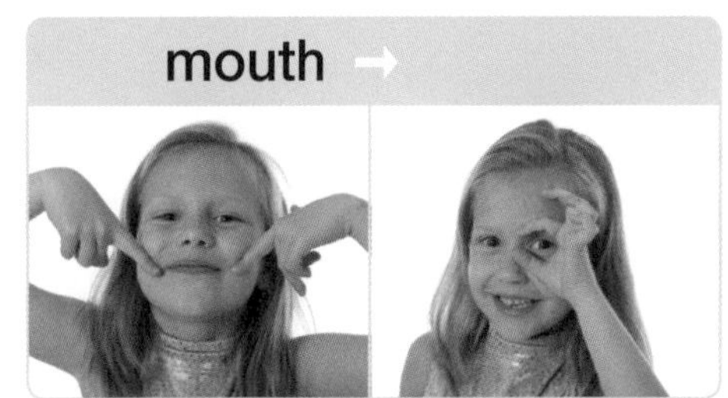

3 hair →

4 head →

B. 그림을 보고 알맞은 단어에 ○표 하세요.

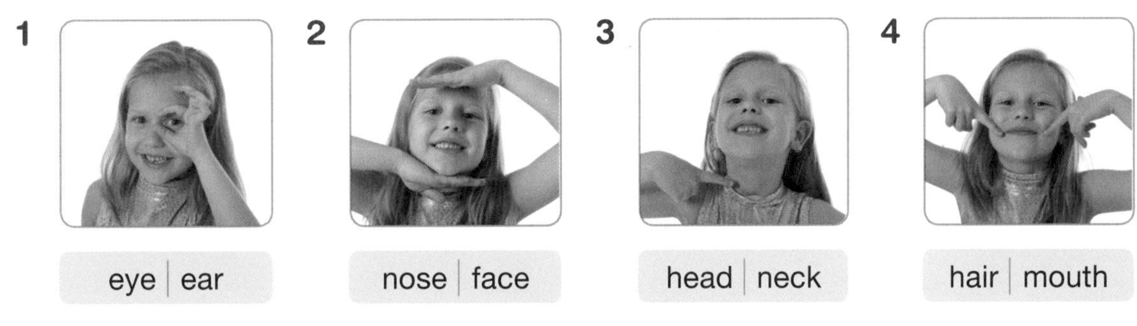

1 eye | ear

2 nose | face

3 head | neck

4 hair | mouth

C. 그림을 보고 알맞은 단어를 넣어 문장을 완성해 보세요.

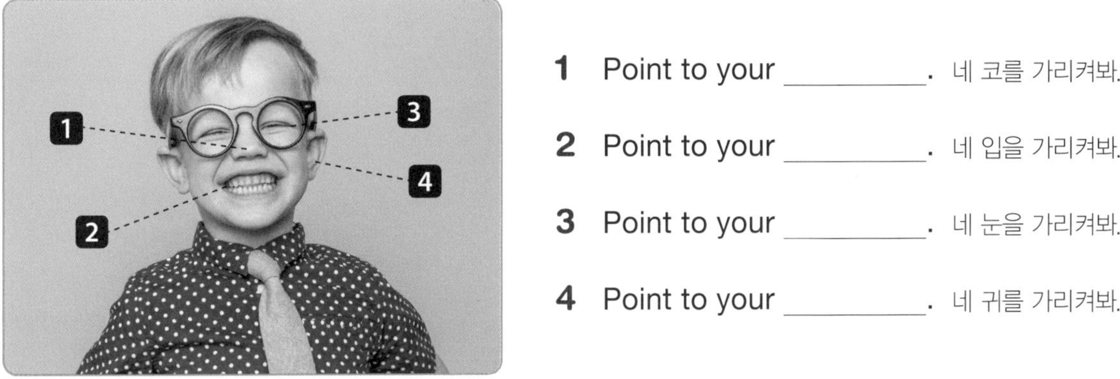

1 Point to your ________. 네 코를 가리켜봐.

2 Point to your ________. 네 입을 가리켜봐.

3 Point to your ________. 네 눈을 가리켜봐.

4 Point to your ________. 네 귀를 가리켜봐.

My Body Ⅱ 내 몸 Ⅱ

MP3-04 단어 | 영한 | 한영

그림을 보면서 단어를 듣고 따라해 보세요.

step 2 우리말을 보면서 영어를 따라 써 보세요.

1 손 hand

2 손가락 finger

3 팔 arm

4 다리 leg

5 무릎 knee

6 발가락 toe

7 발/발들 foot/feet

8 어깨 shoulder

A. 그림에 알맞은 단어를 〈보기〉에서 골라 써 보세요.

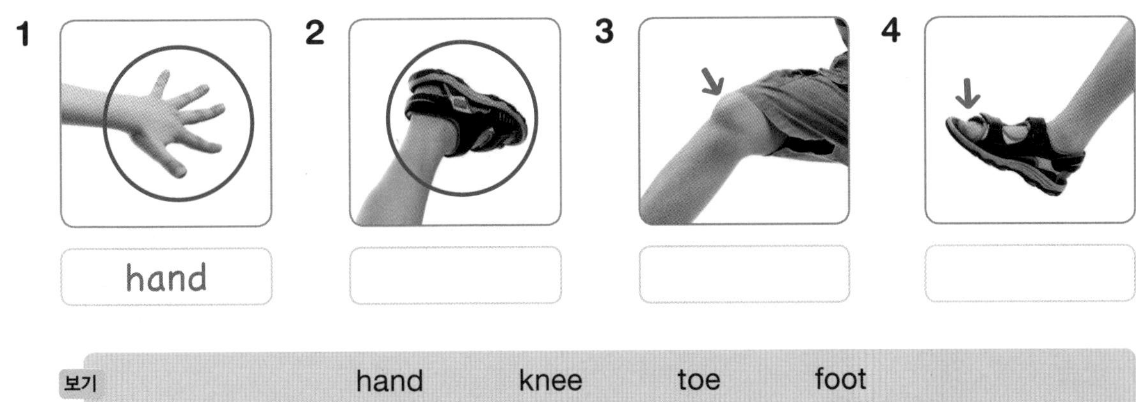

B. 우리말을 보고 빈칸을 채워 단어를 완성하세요.

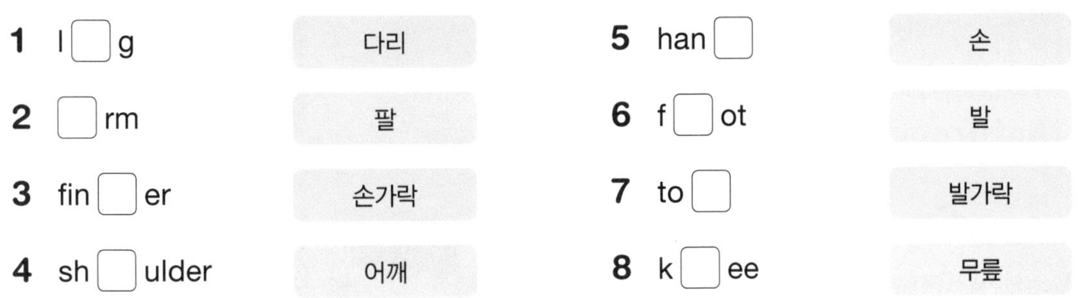

C. 우리말을 읽고 알맞은 단어를 넣어 문장을 완성해 보세요.

1 These are my ________________.
이것들은 나의 손가락입니다.

2 This is my ________________.
이것은 나의 어깨입니다.

3 These are my ________________.
이것들은 나의 다리입니다.

4 This is my ________________.
이것은 나의 발입니다.

UNIT 05 My House 우리 집

MP3-05 단어 | 영한 | 한영

step 1 그림을 보면서 단어를 듣고 따라해 보세요.

living room 거실

bedroom 침실

bathroom 욕실

kitchen 부엌

roof 지붕

garage 차고

dining room 식당

garden 정원

step 2 우리말을 보면서 영어를 따라 써 보세요.

1	거실	living room	5	지붕	roof
2	침실	bedroom	6	차고	garage
3	욕실	bathroom	7	식당	dining room
4	부엌	kitchen	8	정원	garden

A. 그림을 보고 알맞은 단어와 뜻을 연결해 보세요.

B. 그림을 보고 알맞은 단어를 〈보기〉에서 찾아 쓰세요.

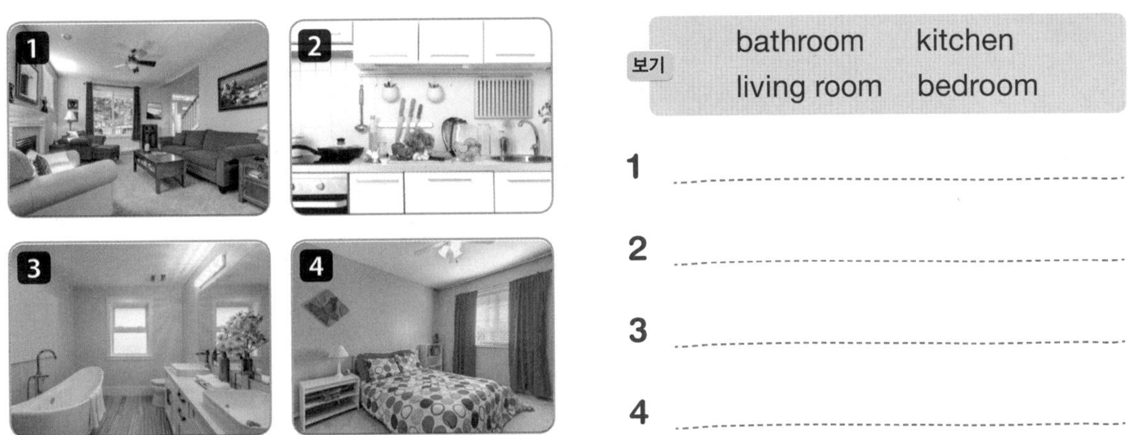

C. 우리말을 읽고 알맞은 단어에 ○표 하세요.

1 너희 집에는 침실이 몇 개 있니? How many bedrooms | bathrooms are there in your house?

2 너희 집에는 식당이 있니? Is there a dining room | garage in your house?

3 너희 집에는 차고가 있니? Is there a garden | garage in your house?

4 너희 집에는 욕실이 몇 개 있니? How many bedrooms | bathrooms are there in your house?

My Room 내 방

MP3-06 단어 | 영한 | 한영

그림을 보면서 단어를 듣고 따라해 보세요.

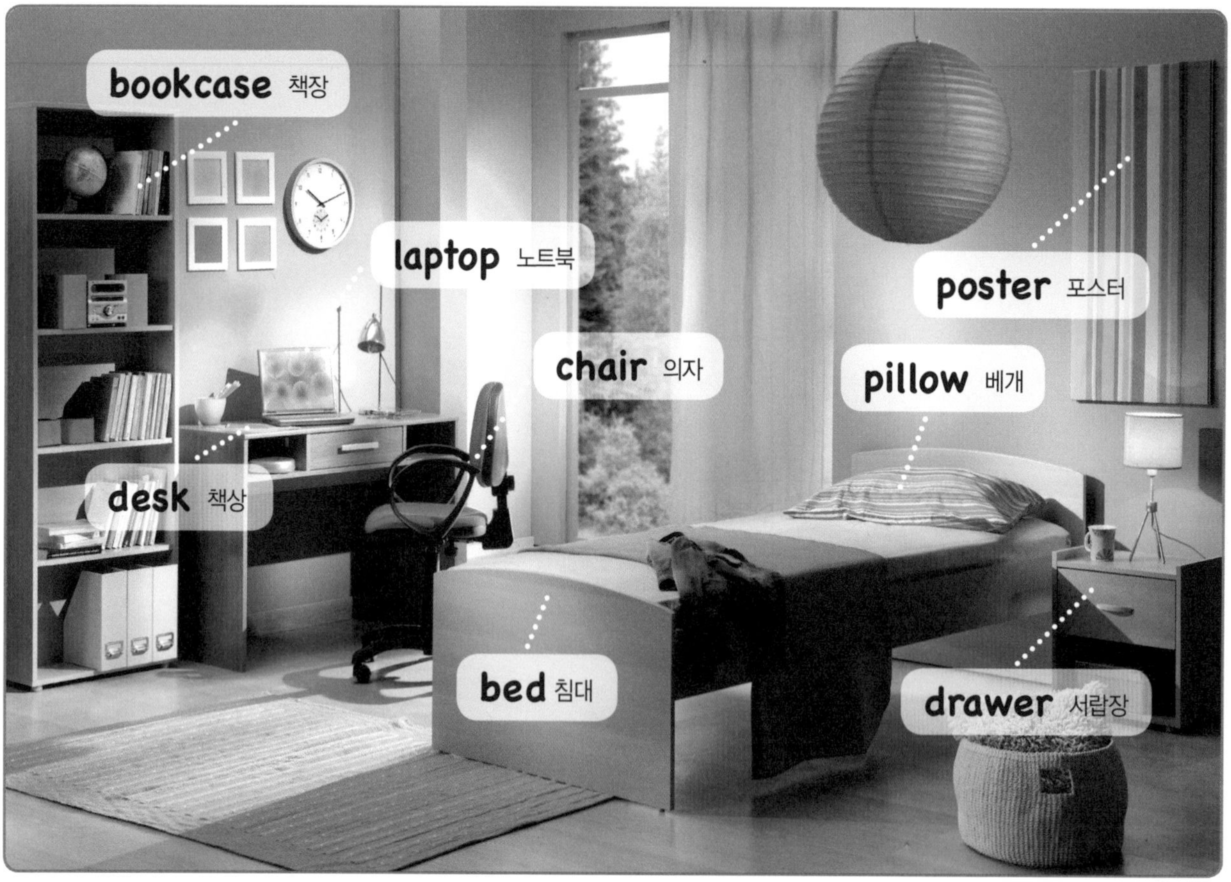

bookcase 책장
laptop 노트북
poster 포스터
chair 의자
pillow 베개
desk 책상
bed 침대
drawer 서랍장

우리말을 보면서 영어를 따라 써 보세요.

1 책장 bookcase
2 서랍장 drawer
3 침대 bed
4 베개 pillow
5 노트북 laptop
6 책상 desk
7 의자 chair
8 포스터 poster

step 3

A. 〈보기〉를 읽고 그림에 알맞은 기호를 쓴 다음 단어를 써 보세요.

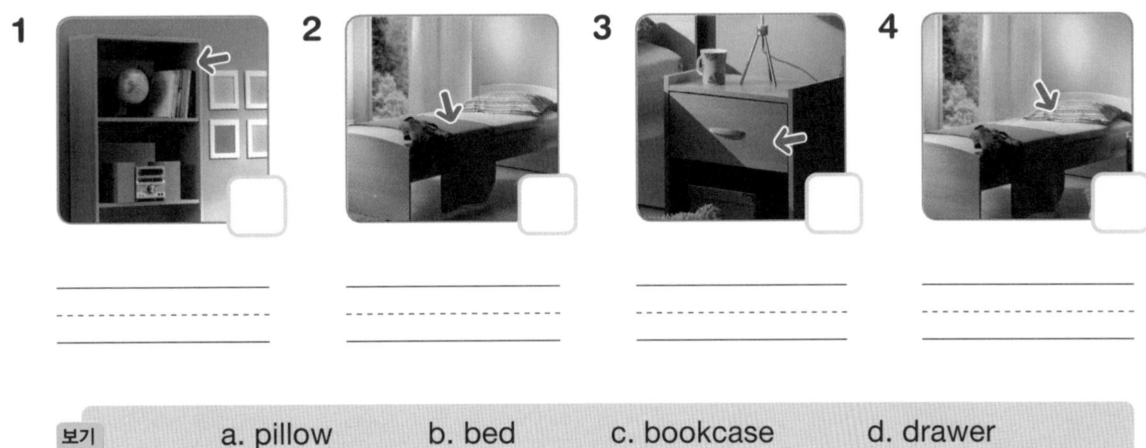

1 ______

2 ______

3 ______

4 ______

보기 a. pillow b. bed c. bookcase d. drawer

B. 우리말에 맞게 단어의 철자를 바르게 써 보세요.

1 s k e d 책상 ______

2 c r h i a 의자 ______

3 e r o s p t 포스터 ______

4 w d r e r a 서랍장 ______

5 d e b 침대 ______

6 t a p l o p 노트북 ______

C. 우리말을 읽고 알맞은 단어를 넣어 문장을 완성해보세요.

1 There is a ______ in my room.
내 방에는 침대가 있어요.

2 There is a ______ in my room.
내 방에는 책상이 있어요.

3 There is a ______ in my room.
내 방에는 의자가 있어요.

4 There is a ______ in my room.
내 방에는 베개가 있어요.

Kitchen 부엌

MP3-07 단어 | 영한 | 한영

그림을 보면서 단어를 듣고 따라해 보세요.

우리말을 보면서 영어를 따라 써 보세요.

1 공기	bowl	5 접시	dish
2 포크	fork	6 컵	cup
3 칼	knife	7 팬	pan
4 숟가락	spoon	8 냉장고	refrigerator

A. 단어를 보고 알맞은 그림을 고른 다음 뜻을 쓰세요.

1 bowl →

2 cup →

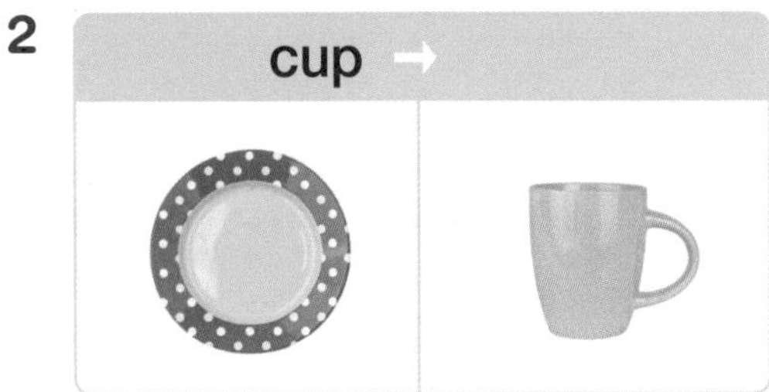

3 spoon →

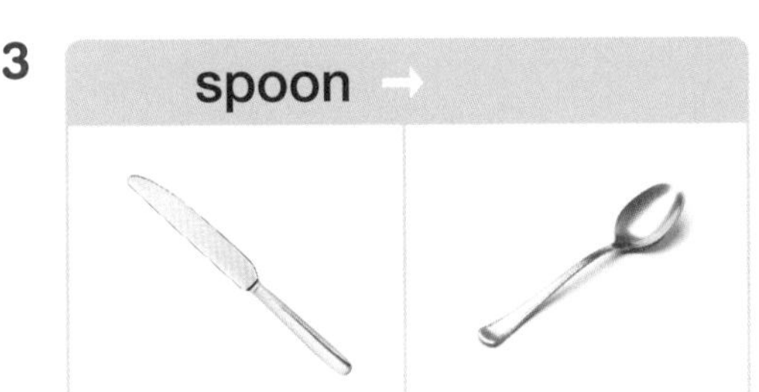

4 refrigerator →

B. 그림을 보고 알맞은 단어에 O표 하세요.

1 pan | bowl

2 cup | dish

3 spoon | knife

4 fork | table

C. 그림을 보고 알맞은 단어를 넣어 문장을 완성해 보세요.

1 There is a ___________. 접시가 있어요.

2 There is a ___________. 칼이 있어요.

3 There is a ___________. 숟가락이 있어요.

4 There is a ___________. 컵이 있어요.

UNIT 08 Living room 거실

MP3-08 단어 | 영한 | 한영

step 1 그림을 보면서 단어를 듣고 따라해 보세요.

plant 식물

television 텔레비전

sofa 소파

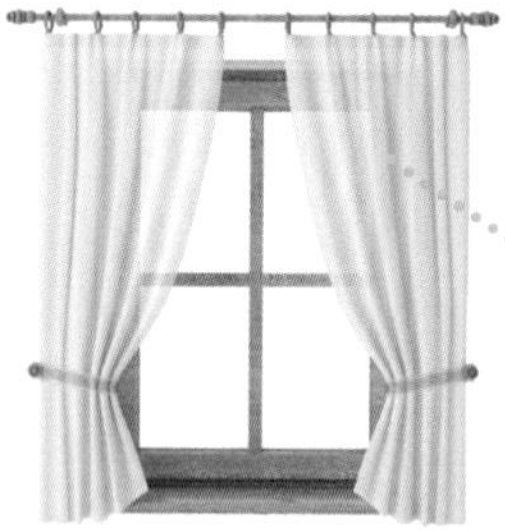

lamp 램프

curtain 커튼

table 탁자

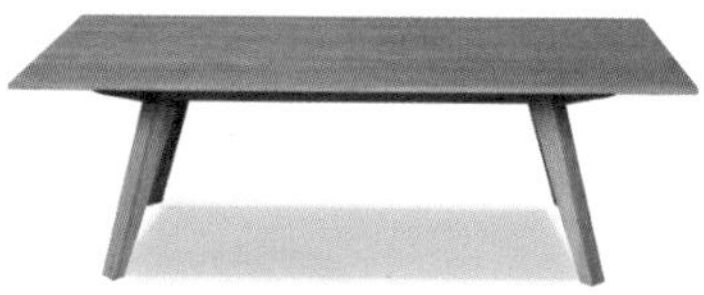

rug 양탄자

clock 시계

step 2 우리말을 보면서 영어를 따라 써 보세요.

1	식물	plant	5	램프	lamp
2	시계	clock	6	소파	sofa
3	텔레비전	television	7	커튼	curtain
4	양탄자	rug	8	탁자	table

step 3

A. 그림에 알맞은 단어를 〈보기〉에서 골라 써 보세요.

보기 table clock sofa lamp

B. 우리말을 보고 빈칸을 채워 단어를 완성하세요.

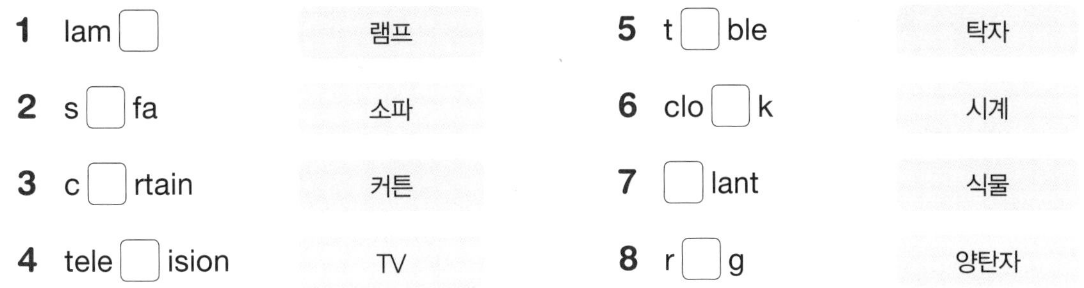

C. 우리말을 읽고 알맞은 단어를 넣어 문장을 완성해 보세요.

1 Is there a __________ in your living room?
너희 거실에 탁자가 있니?

2 Is there a __________ in your living room?
너희 거실에 식물이 있니?

3 Is there a __________ in your living room?
너희 거실에 양탄자가 있니?

4 Is there a __________ in your living room?
너희 거실에 커튼이 있니?

Colors 색깔

MP3-09 단어 | 영한 | 한영

그림을 보면서 단어를 듣고 따라해 보세요.

red 빨강

yellow 노랑

blue 파랑

orange 주황

green 초록

pink 분홍

brown 갈색

black 검정

step 2 우리말을 보면서 영어를 따라 써 보세요.

1	빨강	red	5	초록	green
2	노랑	yellow	6	분홍	pink
3	파랑	blue	7	갈색	brown
4	주황	orange	8	검정	black

step 3

A. 그림을 보고 알맞은 단어와 뜻을 연결해 보세요.

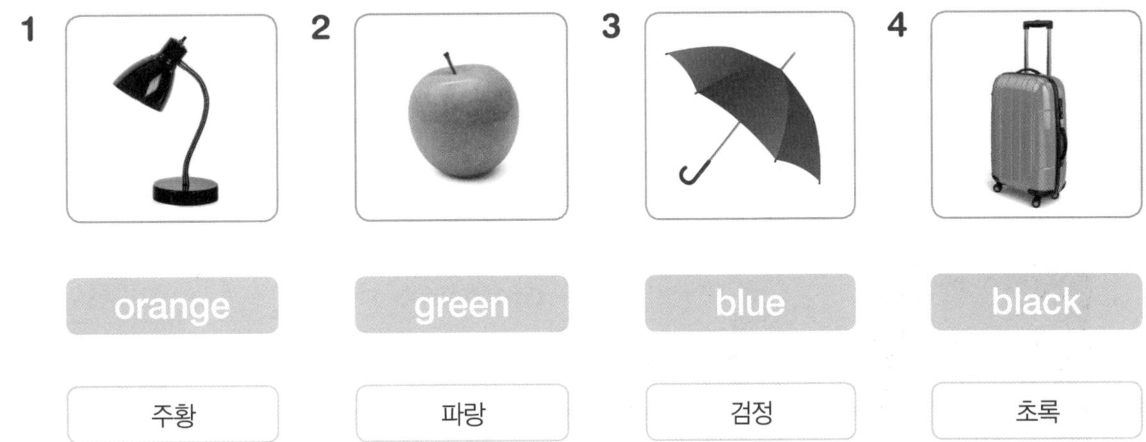

1	2	3	4
orange	green	blue	black
주황	파랑	검정	초록

B. 그림을 보고 알맞은 단어를 〈보기〉에서 찾아 쓰세요.

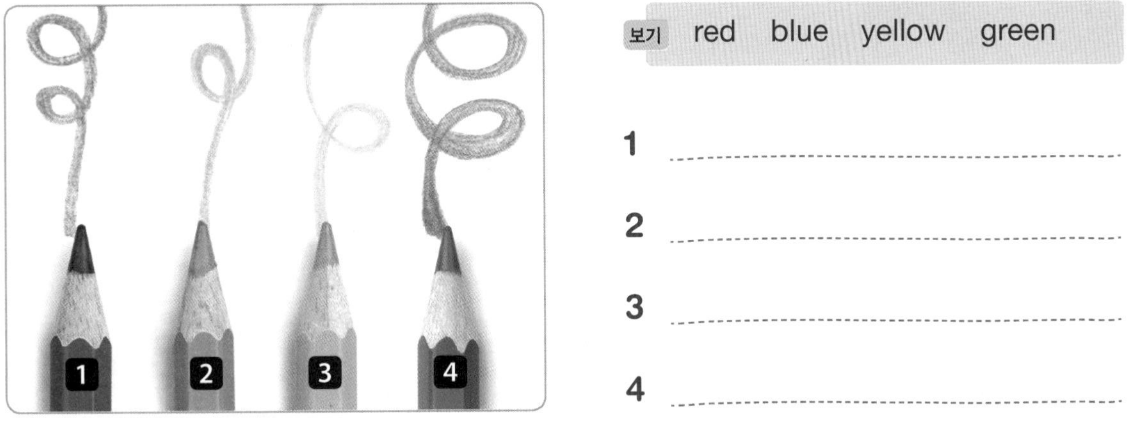

보기 red blue yellow green

1 ....

2 ....

3 ....

4 ....

C. 우리말을 읽고 알맞은 단어를 넣어 문장을 완성해 보세요.

1 I like ________. 나는 분홍색이 좋아요.

2 I like ________. 나는 주황색이 좋아요.

3 I like ________. 나는 초록색이 좋아요.

4 I like ________. 나는 갈색이 좋아요.

Shapes 모양

UNIT 10

MP3-10 단어 | 영한 | 한영

그림을 보면서 단어를 듣고 따라해 보세요.

square 사각형

DANGER CROCODILES NO SWIMMING

diamond 마름모

heart 하트

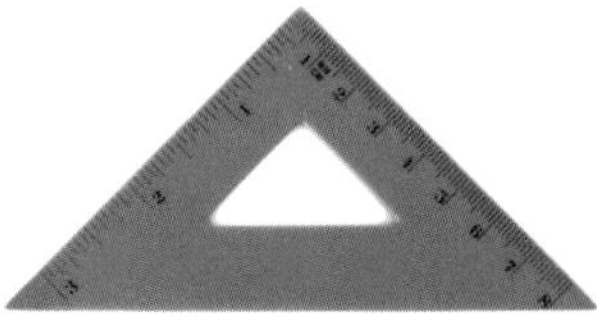

triangle 삼각형

circle 원

star 별

rectangle 직사각형

oval 타원

우리말을 보면서 영어를 따라 써 보세요.

1	원	circle	5	마름모	diamond
2	사각형	square	6	하트	heart
3	삼각형	triangle	7	별	star
4	직사각형	rectangle	8	타원	oval

step 3

A. 〈보기〉를 읽고 그림에 알맞은 기호를 쓴 다음 단어를 써 보세요.

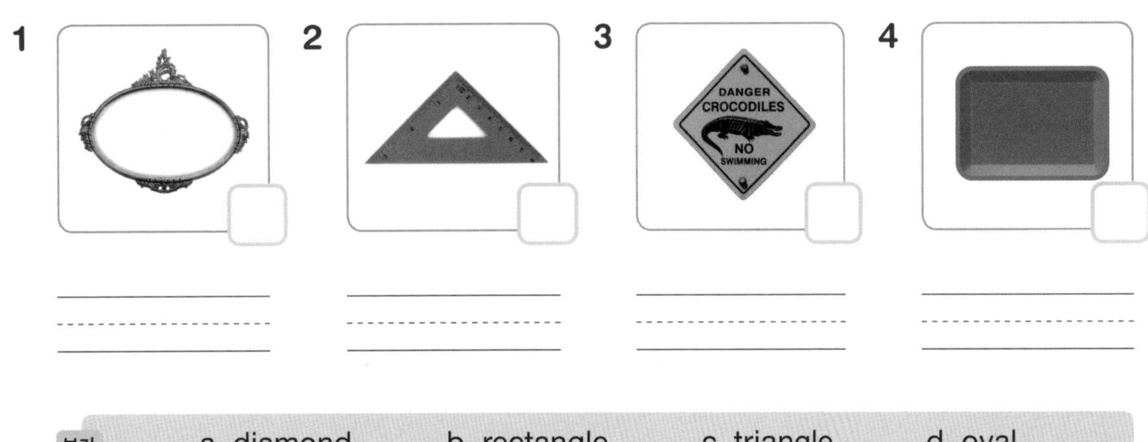

보기 a. diamond b. rectangle c. triangle d. oval

B. 우리말에 맞게 단어의 철자를 바르게 써 보세요.

1 c c e r i l 원 ____________

2 t a r s 별 ____________

3 h r e t a 하트 ____________

4 s a q r e u 사각형 ____________

5 o a v l 타원 ____________

6 t g r l a i e n 삼각형 ____________

C. 우리말을 읽고 알맞은 단어에 ○표 하세요.

1 나는 별 모양이 보여요. I can see a heart | star .

2 나는 직사각형 모양이 보여요. I can see a square | rectangle .

3 나는 삼각형 모양이 보여요. I can see a triangle | oval .

4 나는 마름모 모양이 보여요. I can see a star | diamond .

UNIT 11

Review 1

■ UNIT 01 – UNIT 10

A 듣고 풀기

1. 단어를 듣고, 알맞은 단어에 ○표 하세요. MP3-11

a. 

brother | sister

b. 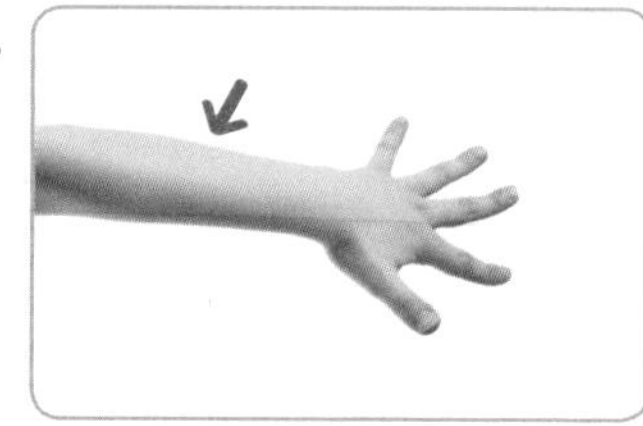

leg | arm

c. 

green | yellow

d. 

circle | oval

e. 

lamp | clock

f. 

garage | roof

2. 문장을 듣고, 알맞은 문장에 ○표 하세요. MP3-12

a. 

She is my niece.

He is my nephew.

b. 

It's a neck.

It's a nose.

c. 

There is a sofa.

There is a desk.

d. 

I can see a heart.

I can see a diamond.

3. 대화를 듣고, 빈칸에 들어갈 알맞은 단어를 고르세요. MP3-13

Q: Do you have a bowl in your kitchen?
A: Yes, I do. There is a __________ in my kitchen.

a. fork **b.** bowl **c.** spoon

B 듣고 쓰기

a. father 아빠

b.

c.

d.

e.

f.

g.

h.

i.

j.

k.

l.

m.

n.

o.

p.

q.

r.

s.

t.

C 읽고 풀기

1. 각 상자에 들어갈 알맞은 단어를 〈보기〉에서 골라 써 보세요.

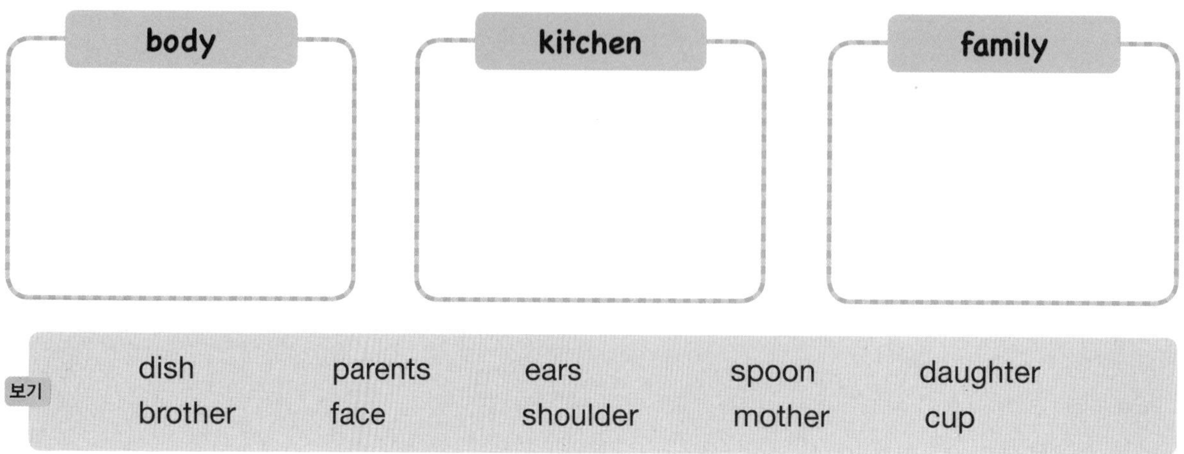

보기

dish	parents	ears	spoon	daughter
brother	face	shoulder	mother	cup

2. 그림과 알맞은 단어를 연결해 보세요.

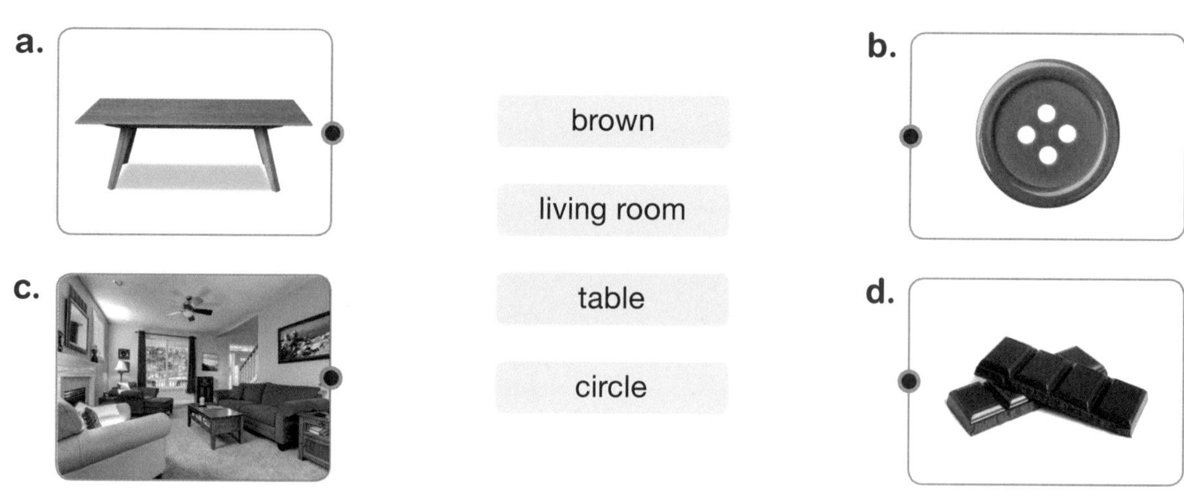

3. 우리말을 보고 빈칸을 채워 단어를 완성해 보세요.

a.	가족	f ☐ m ☐ ly	e.	사촌	c ☐ ☐ sin
b.	책상	☐ es ☐	f.	지붕	r ☐ ☐ f
c.	검정	bl ☐ ☐ k	g.	사각형	☐ qu ☐ re
d.	무릎	☐ n ☐ e	h.	발가락	☐ ☐ e

4. 그림에 알맞은 문장을 〈보기〉에서 골라 쓰세요.

a. 

b. 

c. 

보기 • We have a garden. • There is a bed in my room. • I like blue.

5. 우리말을 보고 알맞은 단어에 ○표 하세요.

a. 너는 베개가 있니? Do you have a pillow | bed ?

b. 그녀는 큰 푸른 눈을 가지고 있다. She has big blue ears | eyes .

c. 그의 가방은 초록색이에요. His bag is yellow | green .

d. 우리 엄마는 식당에 계세요. My mom is in the kitchen | dining room .

6. 〈보기〉에 있는 단어를 찾아보세요.

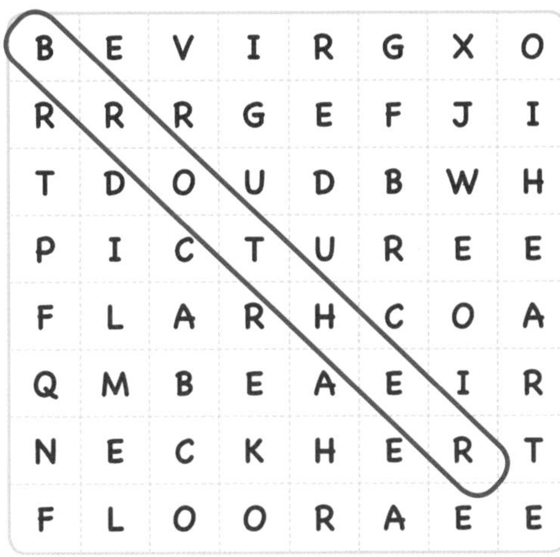

B	E	V	I	R	G	X	O
R	R	R	G	E	F	J	I
T	D	O	U	D	B	W	H
P	I	C	T	U	R	E	E
F	L	A	R	H	C	O	A
Q	M	B	E	A	E	I	R
N	E	C	K	H	E	R	T
F	L	O	O	R	A	E	E

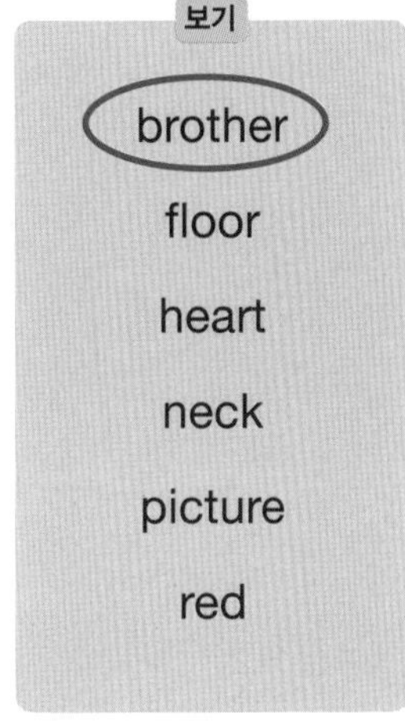

UNIT 12 Clothes I 옷 I

MP3-15 단어 | 영한 | 한영

step 1 그림을 보면서 단어를 듣고 따라해 보세요.

shoes 신발

jeans 청바지

jacket 재킷

boots 부츠

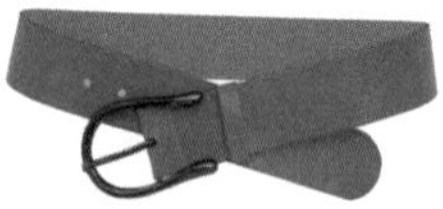

belt 허리띠

blouse 블라우스

hat 모자

dress 드레스

step 2 우리말을 보면서 영어를 따라 써 보세요.

1 모자	hat	5 허리띠	belt
2 재킷	jacket	6 신발	shoes
3 부츠	boots	7 블라우스	blouse
4 드레스	dress	8 청바지	jeans

step 3

A. 단어를 보고 알맞은 그림을 고른 다음 뜻을 쓰세요.

1 jeans →

2 boots →

3 belt →

4 jacket →

B. 그림을 보고 알맞은 단어에 ○표 하세요.

1 blouse | jeans

2 boots | hat

3 jacket | dress

4 belt | shoes

C. 우리말을 읽고 알맞은 단어를 넣어 문장을 완성해 보세요.

1 I'm wearing a blue __________.
나는 파란 재킷을 입고 있어.

2 I'm wearing red __________.
나는 빨간 부츠를 신고 있어.

3 I'm wearing a pink __________.
나는 분홍 드레스를 입고 있어.

4 I'm wearing blue __________.
나는 청바지를 입고 있어.

Clothes Ⅱ 옷Ⅱ

MP3-16 단어 | 영한 | 한영

그림을 보면서 단어를 듣고 따라해 보세요.

skirt 치마

socks 양말

shorts 반바지

sweater 스웨터

vest 조끼

pants 바지

T-shirt 티셔츠

coat 코트

우리말을 보면서 영어를 따라 써 보세요.

1	치마	skirt	5	조끼	vest
2	양말	socks	6	스웨터	sweater
3	코트	coat	7	반바지	shorts
4	티셔츠	T-shirt	8	바지	pants

A. 그림에 알맞은 단어를 〈보기〉에서 골라 써 보세요.

보기 sweater vest pants socks

B. 우리말을 보고 빈칸을 채워 단어를 완성하세요.

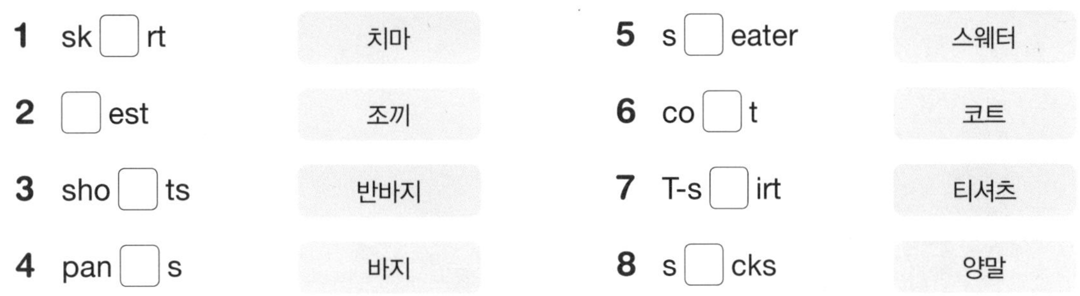

1	sk☐rt	치마	5	s☐eater	스웨터
2	☐est	조끼	6	co☐t	코트
3	sho☐ts	반바지	7	T-s☐irt	티셔츠
4	pan☐s	바지	8	s☐cks	양말

C. 그림을 보고 알맞은 단어를 넣어 문장을 완성해 보세요.

1 Are these your ________________?
이것들은 당신의 반바지입니까?

2 Is this your ________________?
이것은 당신의 스웨터입니까?

3 Are these your ________________?
이것들은 당신의 양말입니까?

4 Is this your ________________?
이것은 당신의 코트입니까?

Numbers I 숫자 I

MP3-17 단어 | 영한 | 한영

그림을 보면서 단어를 듣고 따라해 보세요.

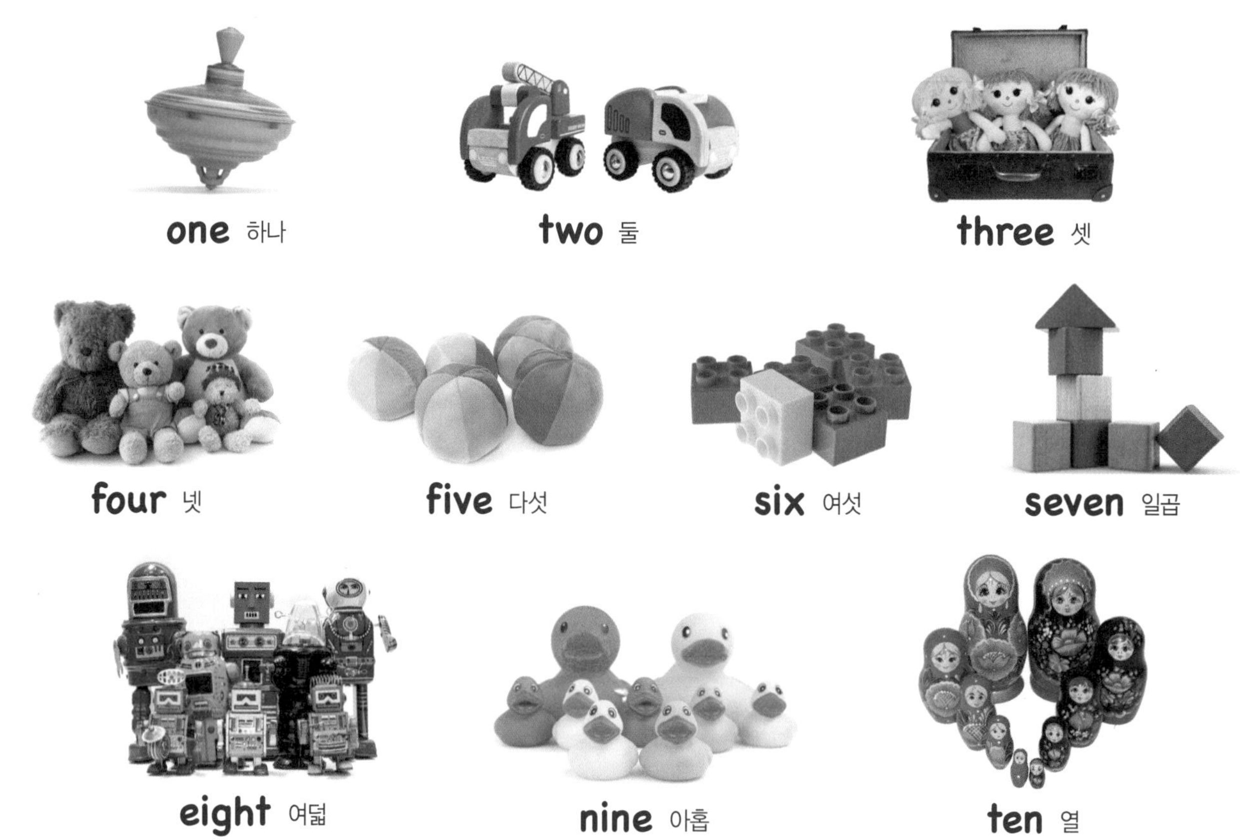

우리말을 보면서 영어를 따라 써 보세요.

1	하나	one	6	여섯	six
2	둘	two	7	일곱	seven
3	셋	three	8	여덟	eight
4	넷	four	9	아홉	nine
5	다섯	five	10	열	ten

step 3

A. 그림을 보고 알맞은 단어와 뜻을 연결해 보세요.

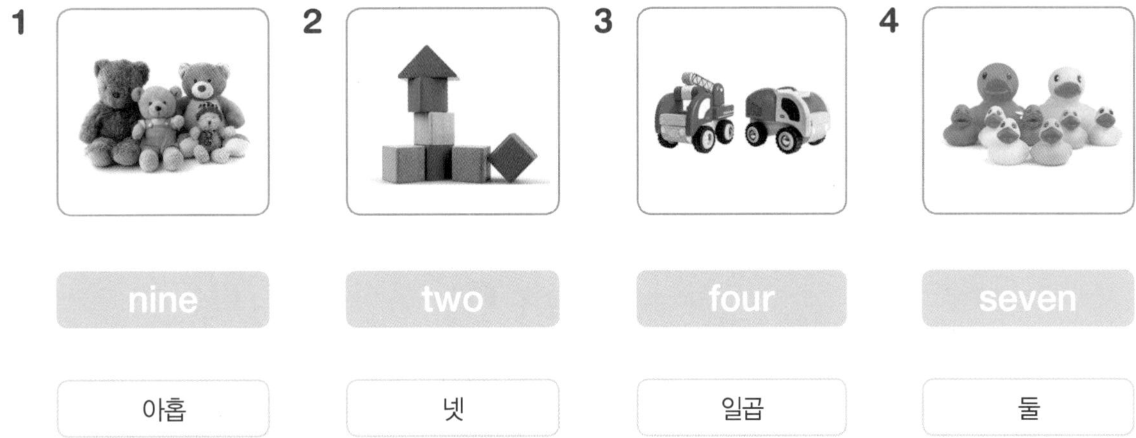

nine	two	four	seven
아홉	넷	일곱	둘

B. 그림을 보고 알맞은 단어를 〈보기〉에서 찾아 쓰세요.

보기 eight one five three

1 ....

2 ....

3 ....

4 ....

C. 우리말을 읽고 알맞은 단어에 ○표 하세요.

1 나는 연필이 10자루 있어요. I have seven | ten pencils.

2 나는 책이 6권 있어요. I have six | eight books.

3 나는 언니가 2명 있어요. I have two | three sisters.

4 나는 의자가 4개 있어요. I have five | four chairs.

UNIT 15

Numbers Ⅱ 숫자 Ⅱ

MP3-18 단어 | 영한 | 한영

그림을 보면서 단어를 듣고 따라해 보세요.

eleven 열하나

twelve 열둘

thirteen 열셋

fourteen 열넷

fifteen 열다섯

sixteen 열여섯

seventeen 열일곱

eighteen 열여덟

nineteen 열아홉

twenty 스물

우리말을 보면서 영어를 따라 써 보세요.

1	열하나	eleven	6	열여섯	sixteen
2	열둘	twelve	7	열일곱	seventeen
3	열셋	thirteen	8	열여덟	eighteen
4	열넷	fourteen	9	열아홉	nineteen
5	열다섯	fifteen	10	스물	twenty

step 3

A. 〈보기〉를 읽고 그림에 알맞은 기호를 쓴 다음 단어를 써 보세요.

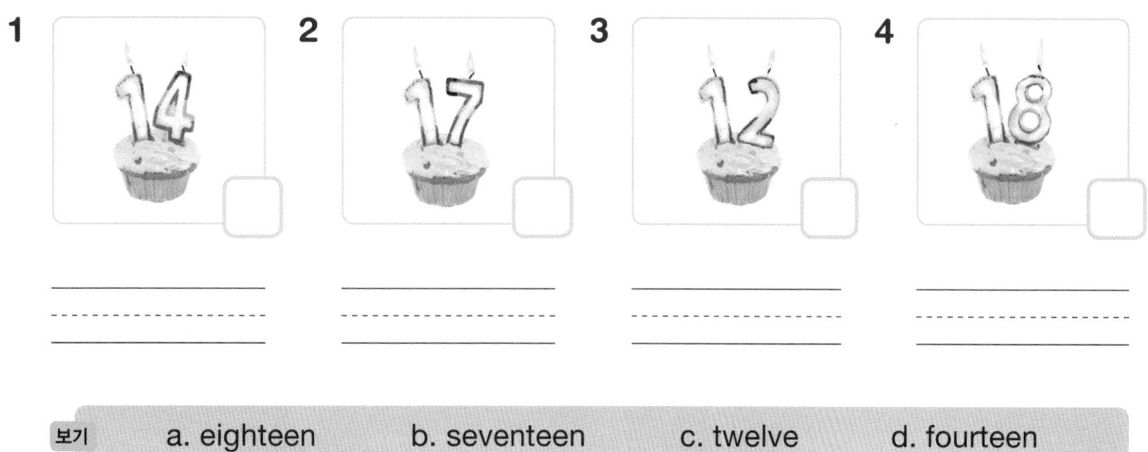

보기 a. eighteen b. seventeen c. twelve d. fourteen

B. 우리말에 맞게 단어의 철자를 바르게 써 보세요.

1 e n t f i f e 열다섯 ______

2 t t w y e n 스물 ______

3 t i h t r e e n 열셋 ______

4 n e v e l e 열하나 ______

5 n e t x i s e 열여섯 ______

6 e n t n i e e n 열아홉 ______

C. 우리말을 읽고 알맞은 단어를 넣어 문장을 완성해 보세요.

1 I am ______ years old. 나는 14살이에요.

2 She is ______ years old. 그녀는 19살이에요.

3 He is ______ years old. 그는 20살이에요.

4 They are ______ years old. 그들은 13살이에요.

UNIT 16

Time 시간

MP3-19 단어 | 영한 | 한영

step 1 그림을 보면서 단어를 듣고 따라해 보세요.

morning 아침

afternoon 오후

evening 저녁

day 낮

night 밤

hour 시

minute 분

second 초

step 2 우리말을 보면서 영어를 따라 써 보세요.

1 아침 morning

2 오후 afternoon

3 저녁 evening

4 낮 day

5 밤 night

6 시 hour

7 분 minute

8 초 second

step 3

A. 단어를 보고 알맞은 그림을 고른 다음 뜻을 쓰세요.

1 evening →

2 morning →

3 afternoon →

4 hour →

B. 우리말을 보고 빈칸을 채워 단어를 완성하세요.

1	morn☐ng	아침	5	minu☐e	분
2	☐ight	밤	6	s☐cond	초
3	h☐ur	시	7	da☐	낮
4	☐vening	저녁	8	after☐oon	오후

C. 우리말을 읽고 알맞은 단어를 넣어 문장을 완성해 보세요.

1 I play tennis in the ________________.
난 오후에 테니스를 쳐.

2 I play basketball in the ____________.
난 아침에 농구를 해.

3 I watch TV in the ________________.
난 저녁에 TV를 봐.

4 I read books at ________________.
난 밤에 책을 읽어.

UNIT 17 Greetings 인사

MP3-20 단어 | 영한 | 한영

그림을 보면서 단어를 듣고 따라해 보세요.

hi/hello 안녕

good morning 좋은 아침

good afternoon 좋은 오후

good evening 좋은 저녁

good night 잘자

have fun 재밌게 지내

goodbye 잘가

good luck 행운을 빌어

우리말을 보면서 영어를 따라 써 보세요.

1 안녕	hi/hello	5 잘자	good night
2 좋은 아침	good morning	6 재밌게 지내	have fun
3 좋은 오후	good afternoon	7 잘가	goodbye
4 좋은 저녁	good evening	8 행운을 빌어	good luck

step 3

A. 그림에 알맞은 단어를 〈보기〉에서 골라 써 보세요.

보기 good night good morning good luck goodbye

B. 우리말을 보고 빈칸을 채워 단어를 완성하세요.

1 good morn☐ng 좋은 아침

2 good ☐ight 잘자

3 good luc☐ 행운을 빌어

4 good ☐vening 좋은 저녁

5 have ☐un 재밌게 보내

6 goodb☐e 잘가

C. 우리말을 읽고 알맞은 단어를 넣어 문장을 완성해 보세요.

1 Good ______________. 좋은 오후입니다.

2 Good ______________. 좋은 저녁입니다.

3 Good ______________. 좋은 아침입니다.

4 Have ______________. 재밌게 보내라.

My Bag 내 가방

MP3-21 단어 | 영한 | 한영

그림을 보면서 단어를 듣고 따라해 보세요.

eraser 지우개

notebook 공책

ruler 자

pencil 연필

book 책

pen 펜

scissors 가위

crayon 크레용

step 2 우리말을 보면서 영어를 따라 써 보세요.

1	지우개	eraser	5	크레용	crayon
2	공책	notebook	6	펜	pen
3	책	book	7	연필	pencil
4	가위	scissors	8	자	ruler

step 3

A. 〈보기〉를 읽고 그림에 알맞은 기호를 쓴 다음 단어를 써 보세요.

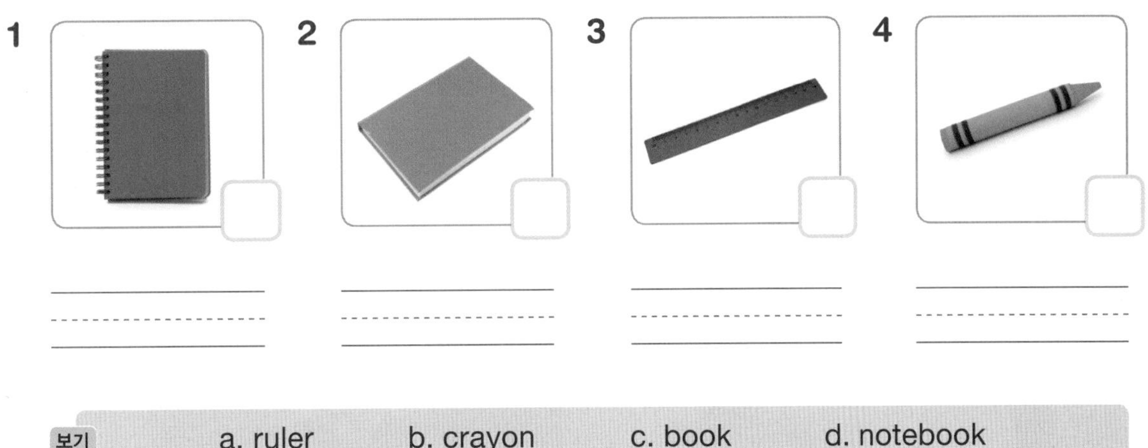

보기 a. ruler b. crayon c. book d. notebook

B. 그림을 보고 알맞은 단어를 〈보기〉에서 찾아 쓰세요.

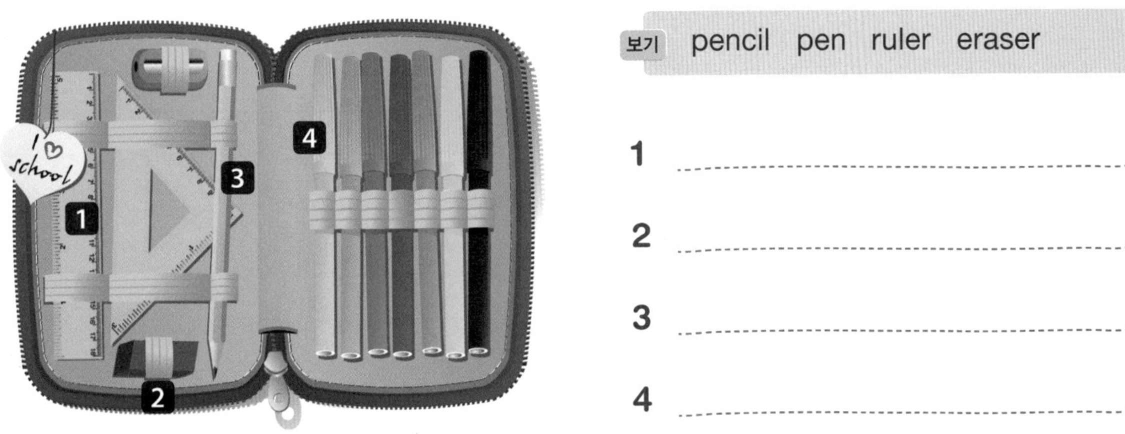

보기 pencil pen ruler eraser

1 ______

2 ______

3 ______

4 ______

C. 우리말을 읽고 알맞은 단어에 ○표 하세요.

1 이것은 제 가위예요. This is my scissors | crayon .

2 이것은 제 공책이에요. This is my eraser | notebook .

3 이것은 제 펜이에요. This is my pen | ruler .

4 이것은 제 연필이에요. This is my book | pencil .

Location Prepositions 위치 전치사

MP3-22 단어 | 영한 | 한영

그림을 보면서 단어를 듣고 따라해 보세요.

on ~ 위에

behind ~ 뒤에

between ~ 사이에

in ~ 안에

in front of ~ 앞에

next to ~ 옆에

under ~ 아래에

over ~ 위쪽에

우리말을 보면서 영어를 따라 써 보세요.

1 ~ 위에 on

2 ~ 뒤에 behind

3 ~ 사이에 between

4 ~ 안에 in

5 ~ 앞에 in front of

6 ~ 옆에 next to

7 ~ 아래에 under

8 ~ 위쪽에 over

step 3

A. 〈보기〉를 읽고 그림에 알맞은 기호를 쓴 다음 단어를 써 보세요.

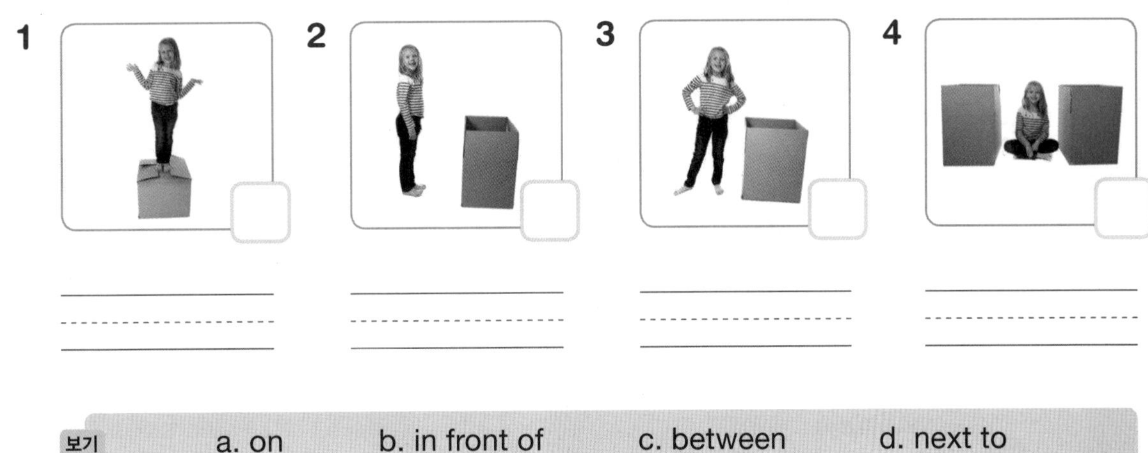

1 ______

2 ______

3 ______

4 ______

보기 a. on b. in front of c. between d. next to

B. 우리말에 맞게 단어의 철자를 바르게 써 보세요.

1 u d e r n ~ 아래에 ______

2 n e h i d b ~ 뒤에 ______

3 e e b e t w n ~ 사이에 ______

4 e r o v ~ 위쪽에 ______

5 n i ~ 안에 ______

6 n o ~ 위에 ______

C. 그림을 보고 알맞은 단어에 ○표 하세요.

1 It's on | over the apple.
그것은 사과 위에 있어요.

2 It's between | next to the apple.
그것은 사과 옆에 있어요.

3 It's in front of | in the apple.
그것은 사과 앞에 있어요.

4 It's behind | under the apple.
그것은 사과 아래에 있어요.

School 학교

🎧 MP3-23 단어 | 영한 | 한영

그림을 보면서 단어를 듣고 따라해 보세요.

teacher 선생님

student 학생

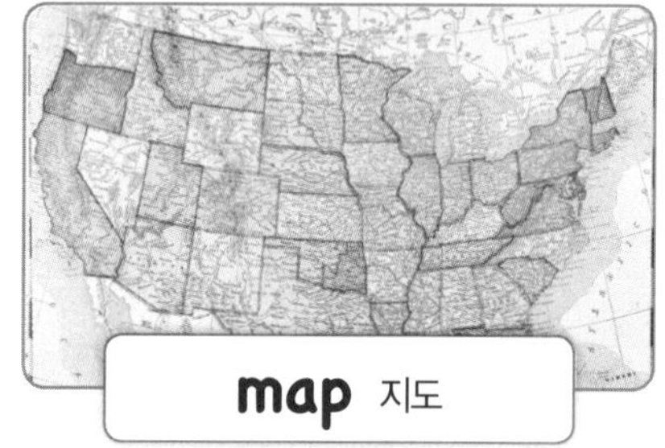
map 지도

classroom 교실

blackboard 칠판

chalk 분필

globe 지구본

computer 컴퓨터

step 2 우리말을 보면서 영어를 따라 써 보세요.

1	선생님	teacher	5	칠판	blackboard
2	학생	student	6	분필	chalk
3	지도	map	7	지구본	globe
4	교실	classroom	8	컴퓨터	computer

step 3

A. 단어를 보고 알맞은 그림을 고른 다음 뜻을 쓰세요.

1 student →

2 classroom →

3 blackboard →

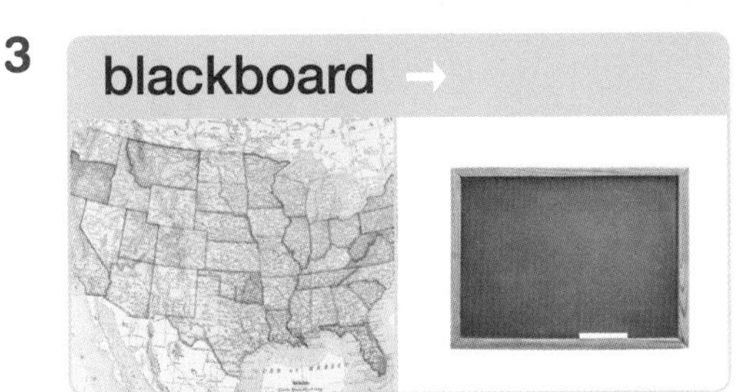

4 globe →

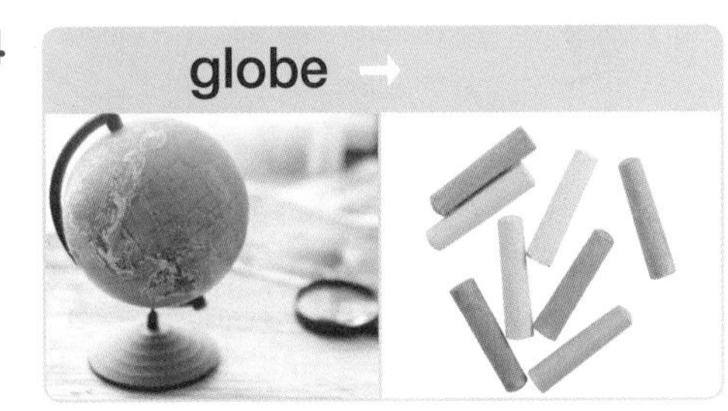

B. 그림을 보고 알맞은 단어에 ○표 하세요.

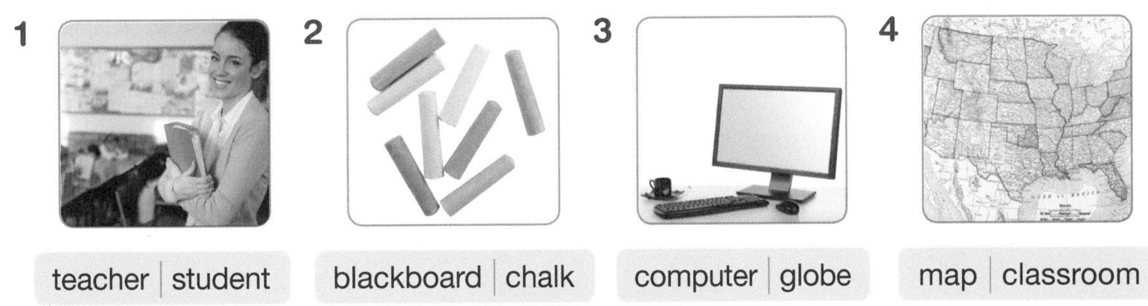

1 teacher | student

2 blackboard | chalk

3 computer | globe

4 map | classroom

C. 우리말을 읽고 알맞은 단어를 넣어 문장을 완성해 보세요.

1 There is a ________ in the classroom.
교실에 칠판이 있다.

2 There is a ________ in the classroom.
교실에 선생님이 있다.

3 There is a ________ in the classroom.
교실에 지도가 있다.

4 There is a ________ in the classroom.
교실에 지구본이 있다.

UNIT 21 Subjects 과목

MP3-24 단어 | 영한 | 한영

step 1 그림을 보면서 단어를 듣고 따라해 보세요.

music 음악

P.E. 체육

art 미술

science 과학

math 수학

social studies 사회

history 역사

English 영어

step 2 우리말을 보면서 영어를 따라 써 보세요.

1 음악 music

2 체육 P.E.

3 미술 art

4 과학 science

5 수학 math

6 사회 social studies

7 역사 history

8 영어 English

step 3

A. 그림에 알맞은 단어를 〈보기〉에서 골라 써 보세요.

보기 science art English music

B. 우리말을 보고 빈칸을 채워 단어를 완성하세요.

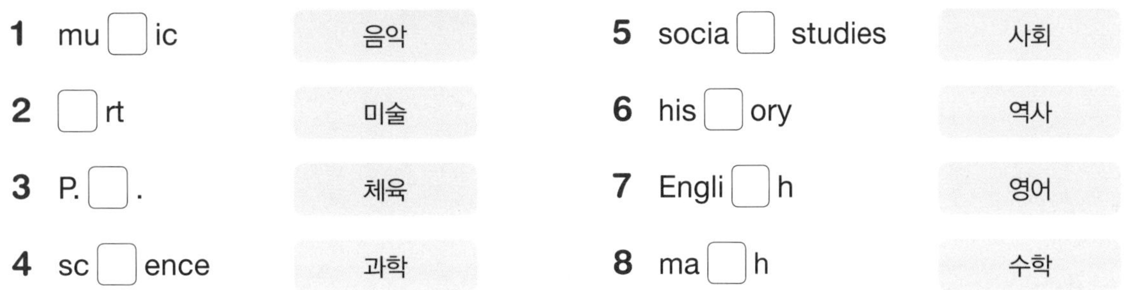

C. 우리말을 읽고 알맞은 단어를 넣어 문장을 완성해 보세요.

1 My favorite subject is ______________.
내가 제일 좋아하는 과목은 수학이야.

2 My favorite subject is ______________.
내가 제일 좋아하는 과목은 역사야.

3 My favorite subject is ______________.
내가 제일 좋아하는 과목은 사회야.

4 My favorite subject is ______________.
내가 제일 좋아하는 과목은 체육이야.

UNIT 22

Review 2

UNIT 12 – UNIT 21

A 듣고 풀기

1. 단어를 듣고, 알맞은 단어에 ○표 하세요. MP3-25

a.

shirt | hat

b.

socks | shorts

c.

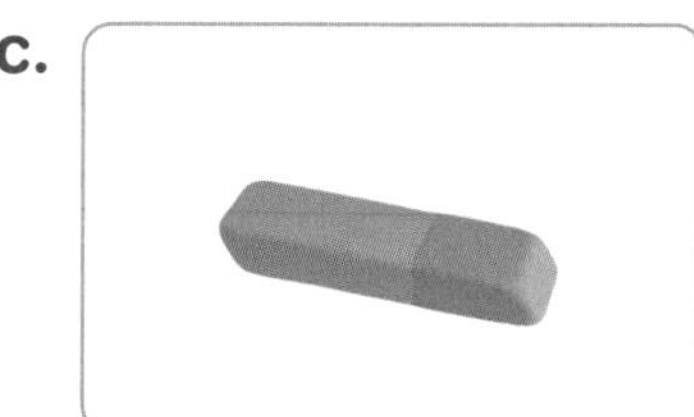

eraser | crayon

d.

under | on

e.

blackboard | map

f.

P.E. | art

2. 문장을 듣고, 알맞은 문장에 ○표 하세요. MP3-26

a.

Are these your shoes?

Are these your pants?

b.

He is fifteen years old.

He is thirteen years old.

c.

Good morning!

Good night!

d.

Jenny likes English.

Jenny likes history.

3. 대화를 듣고, 빈칸에 들어갈 알맞은 단어를 고르세요. MP3-27

Q: What are you wearing?
A: I am wearing a ____________.

a. boots **b.** jeans **c.** sweater

B 듣고 쓰기

들려주는 단어를 영어로 쓴 다음 뜻을 써 보세요. MP3-28

a.

b.

c.

d.

e.

f.

g.

h.

i.

j.

k.

l.

m.

n.

o.

p.

q.

r.

s.

t.

C 읽고 풀기

1. 각 상자에 들어갈 알맞은 단어를 〈보기〉에서 골라 써 보세요.

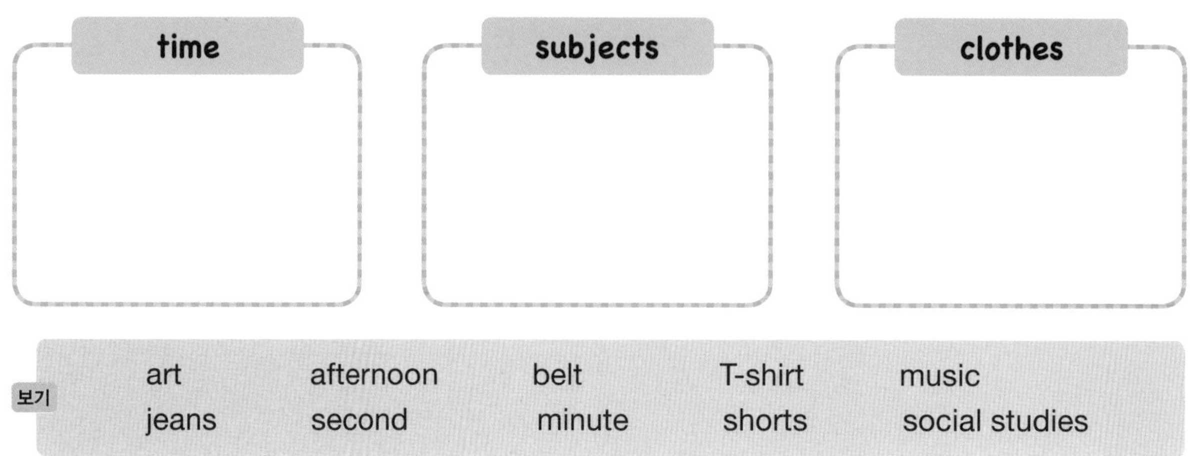

보기					
	art	afternoon	belt	T-shirt	music
	jeans	second	minute	shorts	social studies

2. 그림과 알맞은 단어를 연결해 보세요.

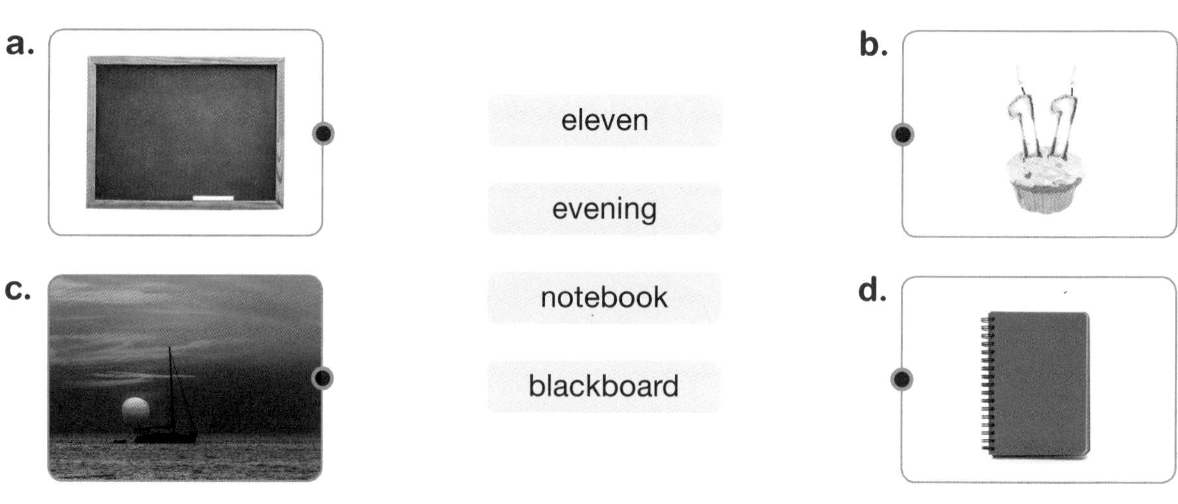

3. 우리말을 보고 빈칸을 채워 단어를 완성해 보세요.

a.	부츠	b ☐ ☐ ts	**e.**	열여덟	e ☐ ght ☐ en
b.	아침	mo ☐ ☐ ing	**f.**	안녕	h ☐ ☐ lo
c.	책	b ☐ ☐ k	**g.**	자	☐ u ☐ er
d.	~ 뒤에	be ☐ ☐ nd	**h.**	학생	☐ ☐ udent

4. 그림에 알맞은 문장을 〈보기〉에서 골라 쓰세요.

보기 • Good luck. • Do you have a crayon? • I have eight pencils.

5. 우리말을 보고 알맞은 단어에 O표 하세요.

a. 너희 형은 13살이니? Is your brother twelve | thirteen years old?

b. 그의 가방은 소파 옆에 있다. His bag is next to | between the sofa.

c. 그녀는 파란 신발을 신고 있어요. She is wearing blue belt | shoes .

d. 내가 가장 좋아하는 과목은 미술이야. My favorite subject is art | history .

6. 크로스워드 퍼즐을 풀어보세요.

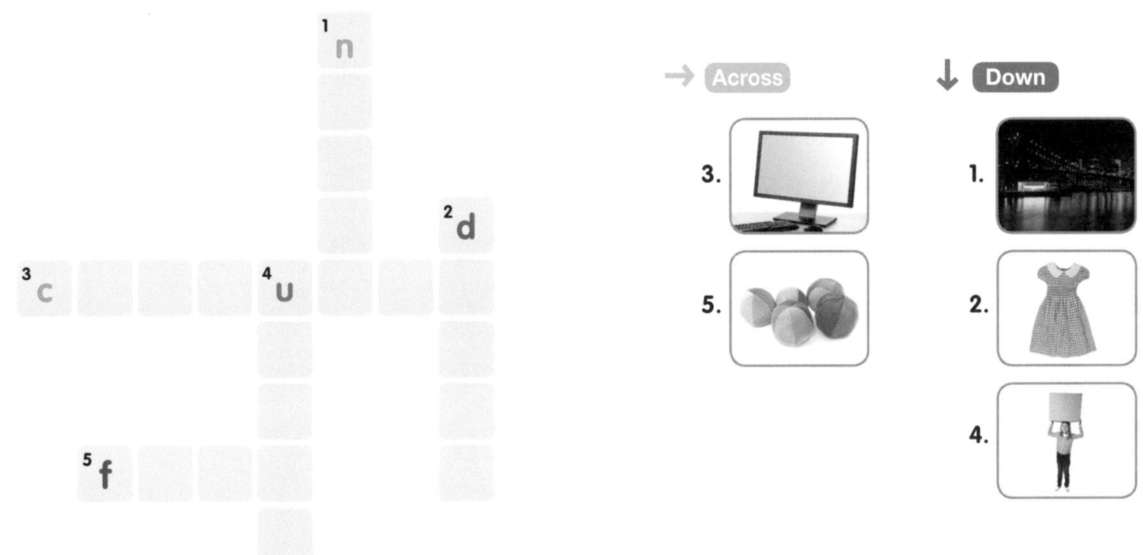

Musical Instruments 악기

UNIT 23

MP3-29 단어 | 영한 | 한영

step 1 그림을 보면서 단어를 듣고 따라해 보세요.

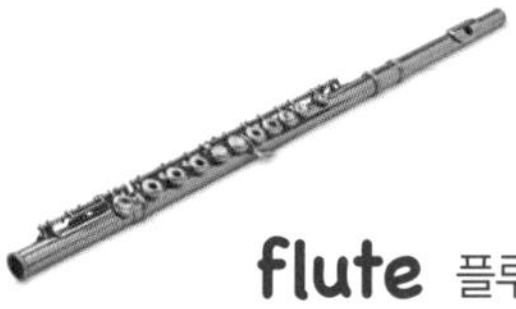

flute 플루트

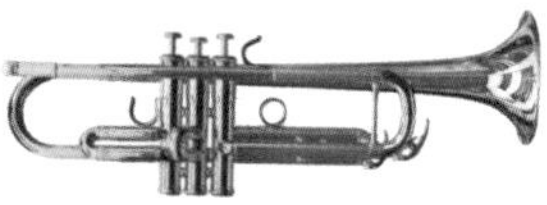

trumpet 트럼펫

guitar 기타

violin 바이올린

piano 피아노

drum 드럼

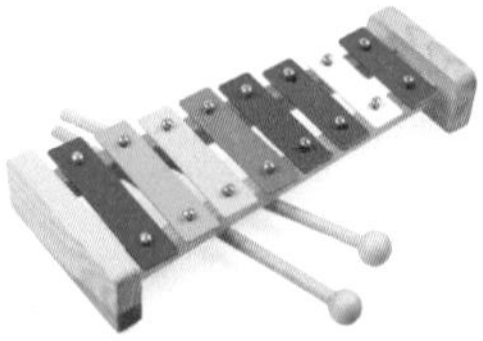

xylophone 실로폰

cello 첼로

step 2 우리말을 보면서 영어를 따라 써 보세요.

1	피아노	piano	5	첼로	cello
2	기타	guitar	6	바이올린	violin
3	드럼	drum	7	플루트	flute
4	실로폰	xylophone	8	트럼펫	trumpet

A. 그림을 보고 알맞은 단어와 뜻을 연결해 보세요.

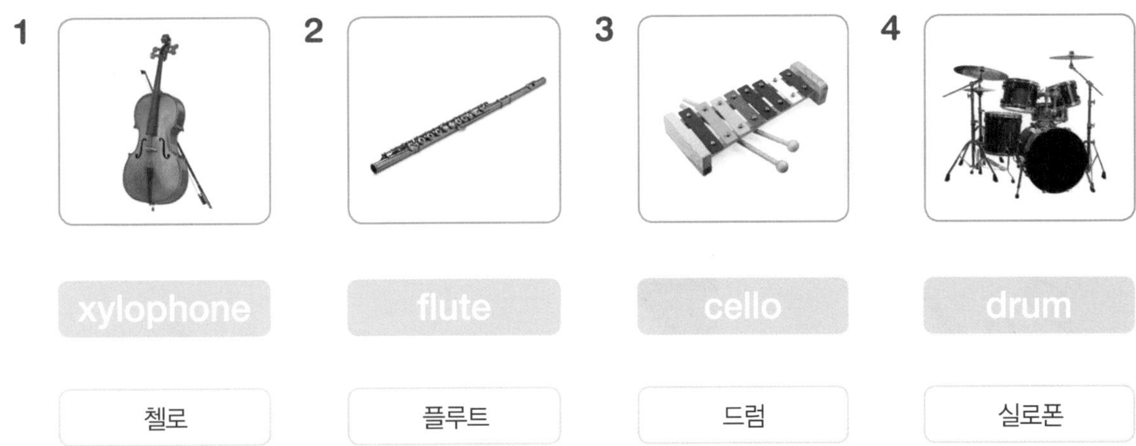

B. 그림을 보고 알맞은 단어를 〈보기〉에서 찾아 쓰세요.

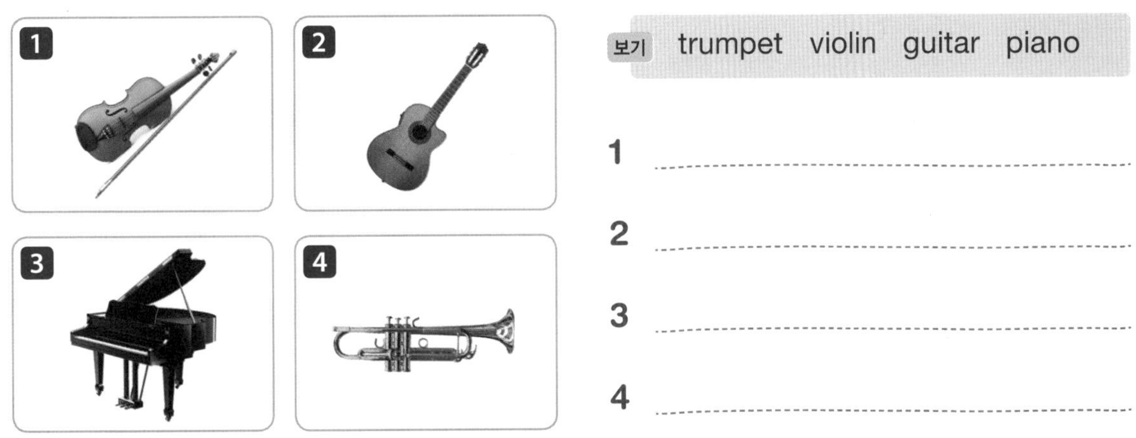

C. 우리말을 읽고 알맞은 단어에 ○표 하세요.

1 나는 피아노 치는 것을 좋아해.
I like playing the violin | piano .

2 그녀는 드럼 치는 것을 좋아해.
She likes playing the drum | xylophone .

3 그는 기타 치는 것을 좋아해.
He likes playing the guitar | cello .

4 내 여동생은 플루트 부는 것을 좋아해.
My sister likes playing the trumpet | flute .

UNIT 24

Sports 운동

MP3-30 단어 | 영한 | 한영

그림을 보면서 단어를 듣고 따라해 보세요.

tennis 테니스

baseball 야구

rugby 럭비

table tennis 탁구

basketball 농구

volleyball 배구

soccer 축구

golf 골프

우리말을 보면서 영어를 따라 써 보세요.

1	테니스	tennis	5	농구	basketball
2	야구	baseball	6	배구	volleyball
3	럭비	rugby	7	축구	soccer
4	탁구	table tennis	8	골프	golf

step 3

A. 〈보기〉를 읽고 그림에 알맞은 기호를 쓴 다음 단어를 써 보세요.

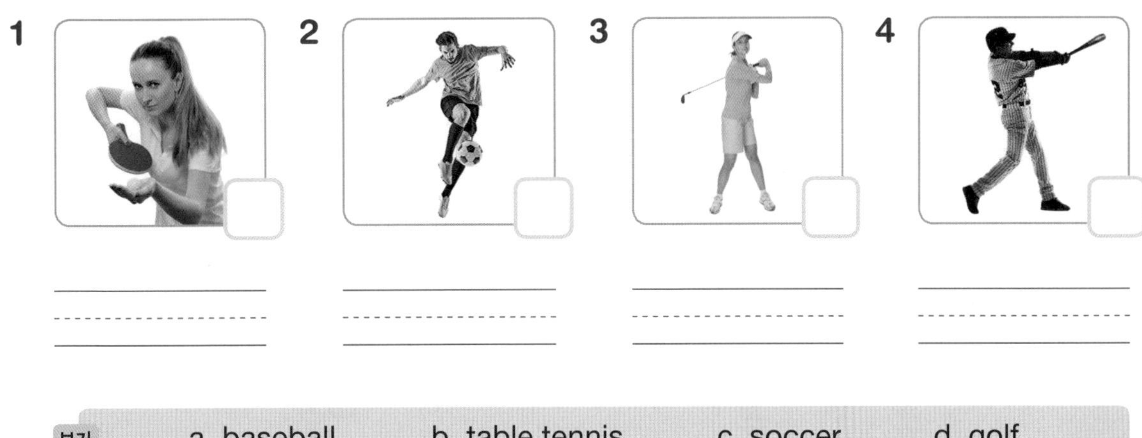

보기 a. baseball b. table tennis c. soccer d. golf

B. 우리말에 맞게 단어의 철자를 바르게 써 보세요.

C. 우리말을 읽고 알맞은 단어를 넣어 문장을 완성해 보세요.

1 Let's play ____________. 우리 야구하자.

2 Let's play ____________. 우리 테니스하자.

3 Let's play ____________. 우리 탁구하자.

4 Let's play ____________. 우리 농구하자.

Pets 애완동물

UNIT 25

MP3-31 단어 | 영한 | 한영

step 1 그림을 보면서 단어를 듣고 따라해 보세요.

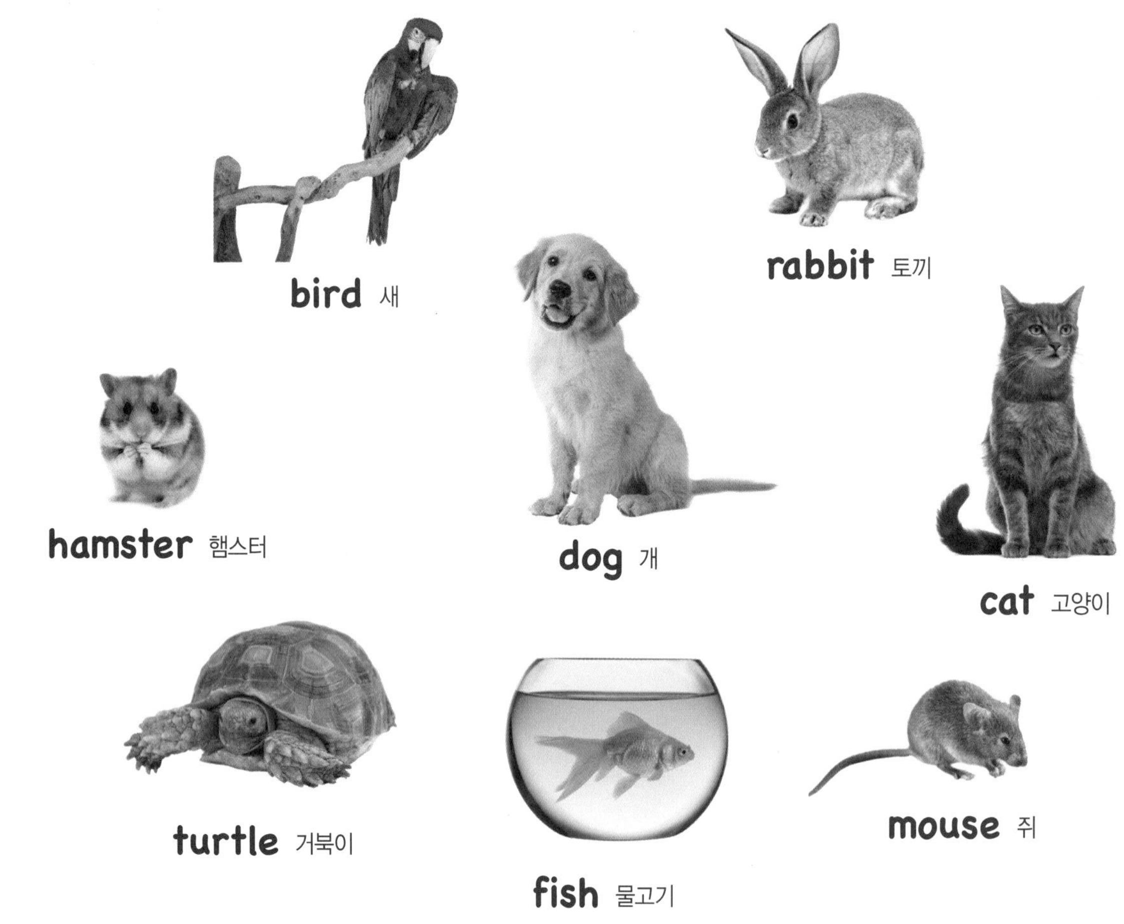

step 2 우리말을 보면서 영어를 따라 써 보세요.

1	개	dog	5	거북이	turtle
2	고양이	cat	6	물고기	fish
3	햄스터	hamster	7	새	bird
4	쥐	mouse	8	토끼	rabbit

step 3

A. 단어를 보고 알맞은 그림을 고른 다음 뜻을 쓰세요.

1 dog →

2 turtle →

3 rabbit →

4 mouse →

B. 그림을 보고 알맞은 단어에 ○표 하세요.

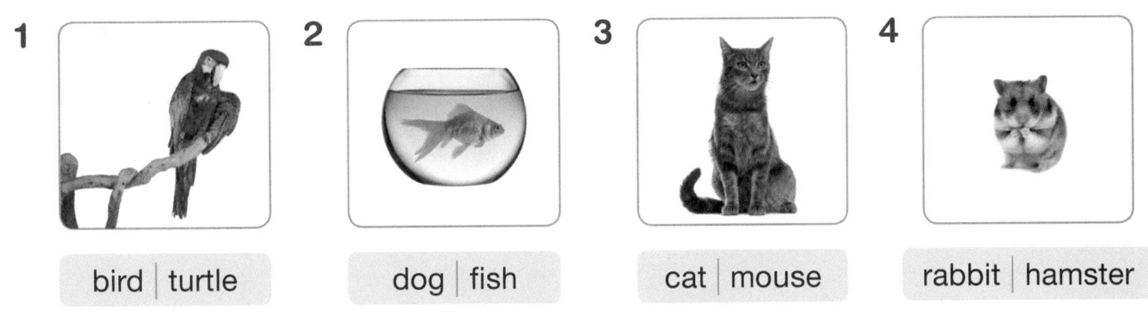

1 bird | turtle

2 dog | fish

3 cat | mouse

4 rabbit | hamster

C. 우리말을 읽고 알맞은 단어를 넣어 문장을 완성해 보세요.

1 She is feeding the ________________.
그녀는 고양이에게 먹이를 주고 있어.

2 I am feeding the ________________.
그는 물고기에게 먹이를 주고 있어.

3 My brother is feeding the ___________.
내 남동생은 햄스터에게 먹이를 주고 있어.

4 My aunt is feeding the ____________.
우리 이모는 새에게 먹이를 주고 있어.

Farm Animals 농장 동물

MP3-32 단어 | 영한 | 한영

그림을 보면서 단어를 듣고 따라해 보세요.

oink
pig 돼지

cluck
hen 암탉

cock-a-doodle-doo
rooster 수탉

moo
cow 소

bleat
goat 염소

neigh
horse 말

quack
duck 오리

baa
sheep 양

우리말을 보면서 영어를 따라 써 보세요.

1	소	cow	5	양	sheep
2	돼지	pig	6	염소	goat
3	오리	duck	7	암탉	hen
4	말	horse	8	수탉	rooster

step 3

A. 그림에 알맞은 단어를 〈보기〉에서 골라 써 보세요.

보기 cow rooster sheep goat

B. 우리말을 보고 빈칸을 채워 단어를 완성하세요.

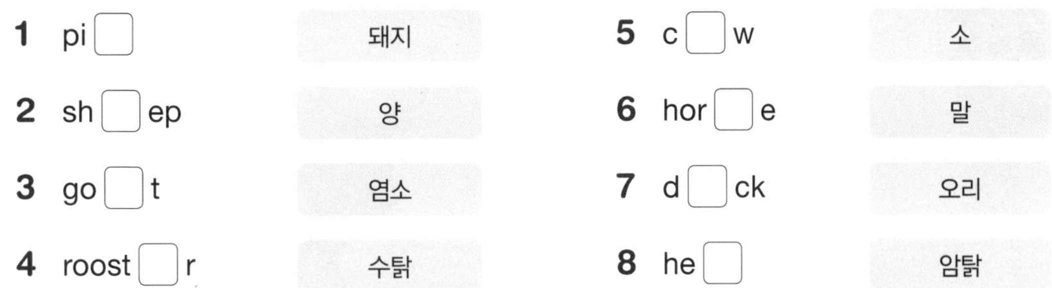

1	pi☐	돼지
2	sh☐ep	양
3	go☐t	염소
4	roost☐r	수탉
5	c☐w	소
6	hor☐e	말
7	d☐ck	오리
8	he☐	암탉

C. 우리말을 읽고 알맞은 단어를 넣어 문장을 완성해 보세요.

1 The __________ says, "Oink! Oink!"
돼지는 꿀꿀!

2 The __________ says, "Moo! Moo!"
소는 음메음메!

3 The __________ says, "Neigh! Neigh!"
말은 히이잉히이잉!

4 The __________ says, "Quack! Quack!"
오리는 꽥꽥!

Zoo Animals 동물원 동물

UNIT 27

MP3-33 단어 | 영한 | 한영

그림을 보면서 단어를 듣고 따라해 보세요.

우리말을 보면서 영어를 따라 써 보세요.

1	사자	lion	5	사슴	deer
2	곰	bear	6	기린	giraffe
3	원숭이	monkey	7	코끼리	elephant
4	호랑이	tiger	8	얼룩말	zebra

A. 그림을 보고 알맞은 단어와 뜻을 연결해 보세요.

1	2	3	4
bear	lion	deer	zebra
얼룩말	사슴	사자	곰

B. 그림을 보고 배운 단어를 〈보기〉에서 찾아 쓰세요.

보기 elephant giraffe tiger monkey

1 ______________________

2 ______________________

3 ______________________

4 ______________________

C. 우리말을 읽고 알맞은 단어에 ○표 하세요.

1 기린은 긴 목이 있어요.
A giraffe | zebra has a long neck.

2 코끼리는 긴 코가 있어요.
An tiger | elephant has a long nose.

3 곰은 큰 발이 있어요.
A deer | bear has big feet.

4 사자는 날카로운 이가 있어요.
A lion | monkey has sharp teeth.

Sea Animals 바다동물

MP3-34 단어 | 영한 | 한영

그림을 보면서 단어를 듣고 따라해 보세요.

whale 고래

dolphin 돌고래

shrimp 새우

octopus 문어

starfish 불가사리

shark 상어

crab 게

seal 물개, 바다표범

우리말을 보면서 영어를 따라 써 보세요.

1	돌고래	dolphin	5	고래	whale
2	상어	shark	6	불가사리	starfish
3	문어	octopus	7	물개, 바다표범	seal
4	게	crab	8	새우	shrimp

A. 〈보기〉를 읽고 그림에 알맞은 기호를 쓴 다음 단어를 써 보세요.

보기　a. shark　b. shrimp　c. octopus　d. starfish

B. 우리말에 맞게 단어의 철자를 바르게 써 보세요.

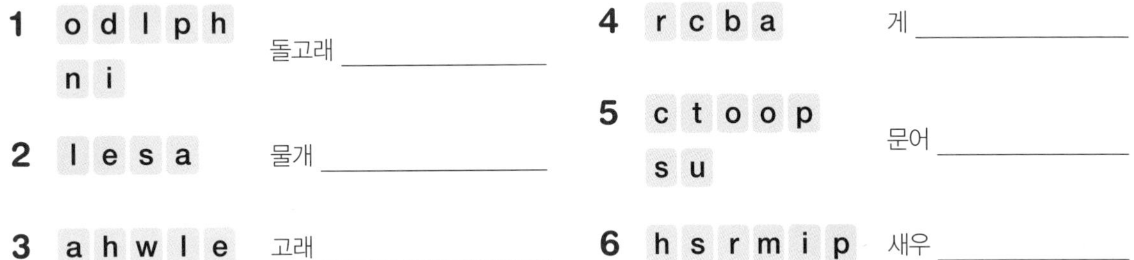

1 o d l p h n i　돌고래 ______

2 l e s a　물개 ______

3 a h w l e　고래 ______

4 r c b a　게 ______

5 c t o o p s u　문어 ______

6 h s r m i p　새우 ______

C. 우리말을 읽고 알맞은 단어를 넣어 문장을 완성해 보세요.

1 What a wonderful ______!
정말 멋진 상어다!

2 What a wonderful ______!
정말 멋진 바다표범이다!

3 What a wonderful ______!
정말 멋진 문어다!

4 What a wonderful ______!
정말 멋진 불가사리다!

UNIT 29 Food I 음식 I

MP3-35 단어 | 영한 | 한영

step 1 그림을 보면서 단어를 듣고 따라해 보세요.

step 2 우리말을 보면서 영어를 따라 써 보세요.

1	빵	bread	5	사탕	candy
2	버터	butter	6	아이스크림	ice cream
3	케이크	cake	7	우유	milk
4	햄버거	hamburger	8	주스	juice

A. 단어를 보고 알맞은 그림을 고른 다음 뜻을 쓰세요.

1

2

3

4

B. 그림을 보고 알맞은 단어에 ○표 하세요.

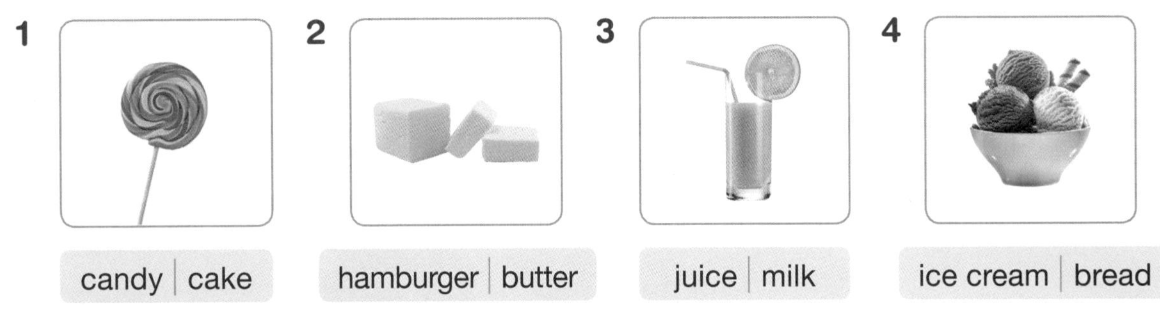

C. 우리말을 읽고 알맞은 단어를 넣어 문장을 완성해 보세요.

1 My favorite food is ____________.
내가 가장 좋아하는 음식은 빵이야.

2 My favorite food is ____________.
내가 가장 좋아하는 음식은 아이스크림이야.

3 My favorite food is ____________.
내가 가장 좋아하는 음식은 주스야.

4 My favorite food is ____________.
내가 가장 좋아하는 음식은 케이크야.

Food Ⅱ 음식 Ⅱ

UNIT 30

MP3-36 단어 | 영한 | 한영

step 1 그림을 보면서 단어를 듣고 따라해 보세요.

step 2 우리말을 보면서 영어를 따라 써 보세요.

1 쌀, 밥	rice	5 치즈	cheese
2 수프	soup	6 고기	meat
3 물	water	7 피자	pizza
4 치킨	chicken	8 샌드위치	sandwich

step 3

A. 그림에 알맞은 단어를 〈보기〉에서 골라 써 보세요.

보기 soup meat rice water

B. 우리말을 보고 빈칸을 채워 단어를 완성하세요.

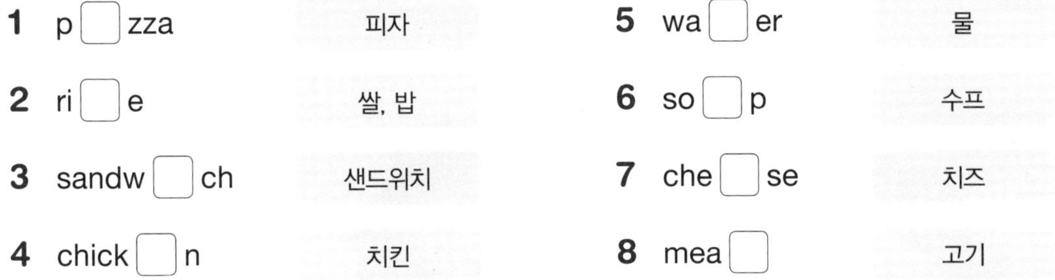

1 p☐zza 피자
2 ri☐e 쌀, 밥
3 sandw☐ch 샌드위치
4 chick☐n 치킨
5 wa☐er 물
6 so☐p 수프
7 che☐se 치즈
8 mea☐ 고기

C. 우리말을 읽고 알맞은 단어를 넣어 문장을 완성해 보세요.

1 I want to have ______________.
나는 샌드위치를 먹고 싶어요.

2 I want to have ______________.
나는 피자를 먹고 싶어요.

3 I want to have ______________.
나는 치즈를 먹고 싶어요.

4 I want to have ______________.
나는 치킨을 먹고 싶어요.

Vegetables 야채

UNIT 31

MP3-37 단어 | 영한 | 한영

그림을 보면서 단어를 듣고 따라해 보세요.

step 2 우리말을 보면서 영어를 따라 써 보세요.

1	토마토	tomato	5	감자	potato
2	당근	carrot	6	콩	bean
3	옥수수	corn	7	오이	cucumber
4	호박	pumpkin	8	양파	onion

A. 그림을 보고 알맞은 단어와 뜻을 연결해 보세요.

B. 그림을 보고 알맞은 단어를 〈보기〉에서 찾아 쓰세요.

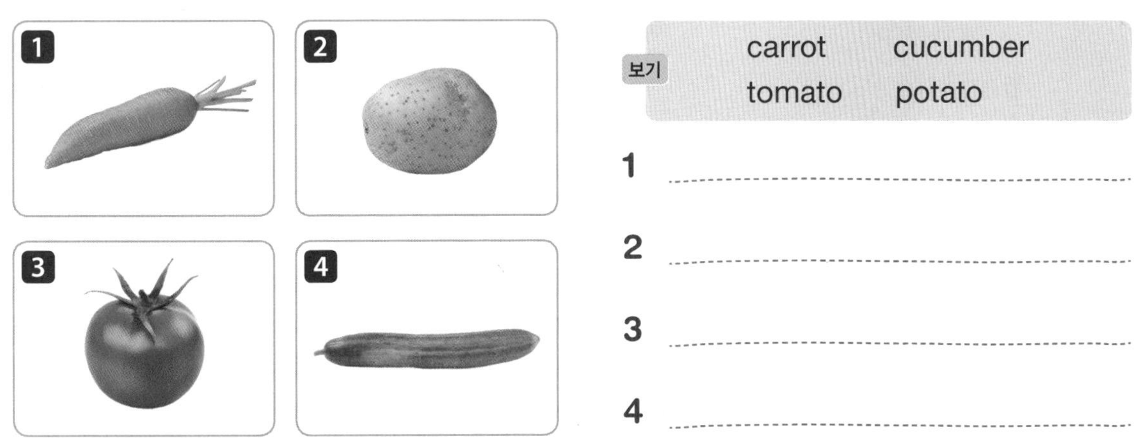

C. 우리말을 읽고 알맞은 단어에 ○표 하세요.

1 오이는 건강에 좋다. Potatoes | Cucumbers are good for health.

2 당근은 건강에 좋다. Pumpkins | Carrots are good for health.

3 콩은 건강에 좋다. Tomatoes | Beans are good for health.

4 토마토는 건강에 좋다. Tomtatoes | Carrots are good for health.

Fruits 과일

MP3-38 단어 | 영한 | 한영

그림을 보면서 단어를 듣고 따라해 보세요.

step 2 우리말을 보면서 영어를 따라 써 보세요.

1 사과	apple	5 오렌지	orange
2 바나나	banana	6 배	pear
3 포도	grape	7 딸기	strawberry
4 멜론	melon	8 수박	watermelon

step 3

A. 〈보기〉를 읽고 그림에 알맞은 기호를 쓴 다음 단어를 써 보세요.

보기 a. melon b. pear c. strawberry d. orange

B. 우리말에 맞게 단어의 철자를 바르게 써 보세요.

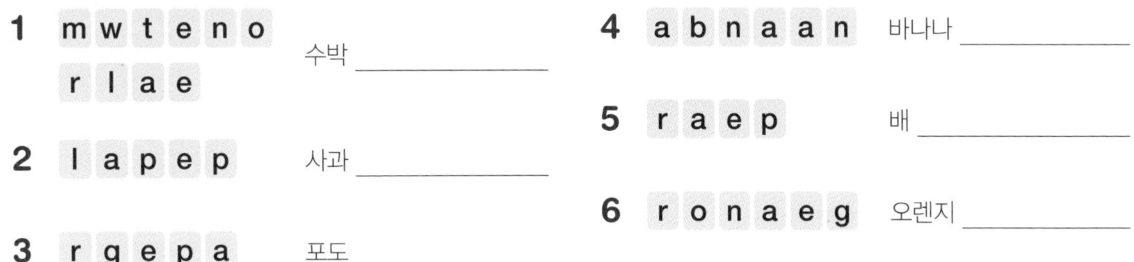

C. 우리말을 읽고 알맞은 단어를 넣어 문장을 완성해 보세요.

1 ________ are yummy! 수박은 맛있어.

2 ________ are yummy! 포도는 맛있어.

3 ________ are yummy! 바나나는 맛있어.

4 ________ are yummy! 오렌지는 맛있어.

Review 3

■ UNIT 23 – UNIT 32

A 듣고 풀기

1. 단어를 듣고, 알맞은 단어에 ○표 하세요. MP3-39

a. 

piano | flute

b. 

basketball | volleyball

c. 

hamster | rabbit

d. 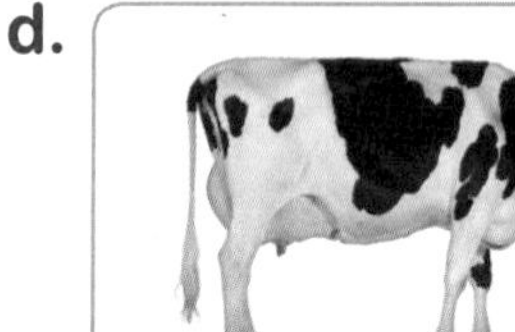

cow | duck

e. 

tiger | deer

f. 

shark | shrimp

2. 문장을 듣고, 알맞은 문장에 ○표 하세요. MP3-40

a. 

Let's play soccer!

Let's play tennis!

b. 

Apples are delicious.

Bananas are delicious.

c. 

What a cute cat!

What a cute dog!

d. 

My favorite food is cake.

My favorite food is bread.

3. 대화를 듣고, 빈칸에 들어갈 알맞은 단어를 고르세요. MP3-41

Q: What is good for health?
A: ____________ are good for health.

a. Potatoes **b.** Beans **c.** Hamburgers

B 듣고 쓰기

들려주는 단어를 영어로 쓴 다음 뜻을 써 보세요. MP3-42

a.

b.

c.

d.

e.

f.

g.

h.

i.

j.

k.

l.

m.

n.

o.

p.

q.

r.

s.

t.

C 읽고 풀기

1. 각 상자에 들어갈 알맞은 단어를 〈보기〉에서 골라 써 보세요.

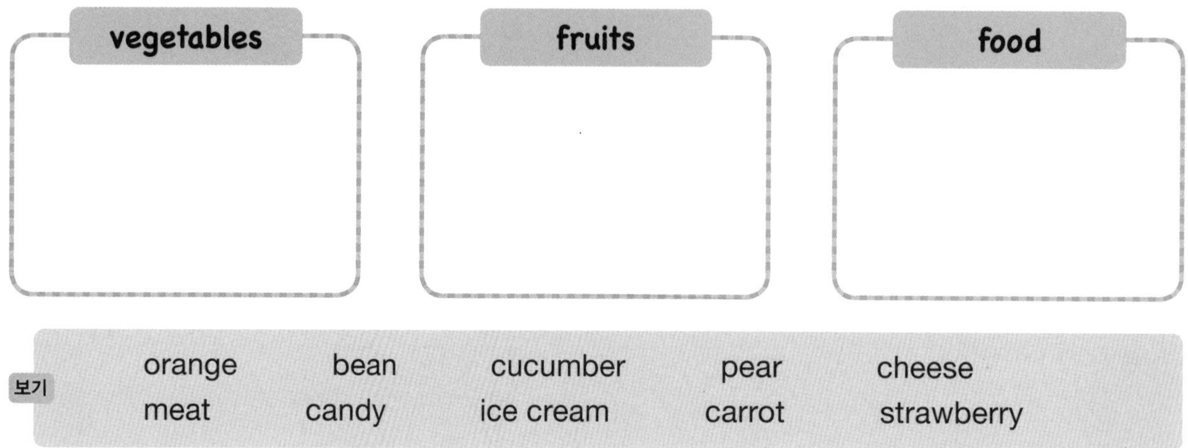

보기

orange	bean	cucumber	pear	cheese
meat	candy	ice cream	carrot	strawberry

2. 그림과 알맞은 단어를 연결해 보세요.

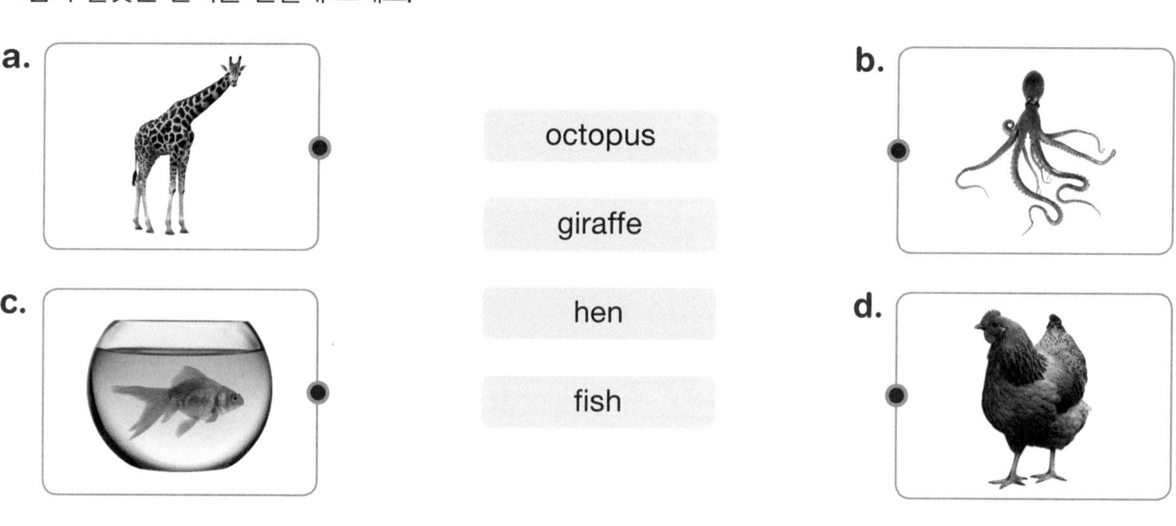

3. 우리말을 보고 빈칸을 채워 단어를 완성해 보세요.

a. 버터 b __ tt __ r

b. 럭비 ru __ b __

c. 새 __ i __ d

d. 사자 __ i __ n

e. 게 c __ __ b

f. 수프 __ ou __

g. 치즈 ch __ __ se

h. 옥수수 c __ r __

4. 그림에 알맞은 문장을 〈보기〉에서 골라 쓰세요.

a. 

b. 

c. 

보기

- I like playing the piano.
- What a wonderful shark!
- I want to drink some water.

5. 우리말을 보고 알맞은 단어에 ○표 하세요.

a. 내가 가장 좋아하는 음식은 주스야. My favorite food is milk | juice .

b. 함께 탁구치자. Let's play tennis | table tennis .

c. 코끼리는 코가 길다. Zebra | Elephants have long noses.

d. 나는 강아지에게 먹이를 주고 있다. I am feeding my cat | dog .

6. 크로스워드 퍼즐을 풀어보세요.

1 2

3

4

1. 

3. 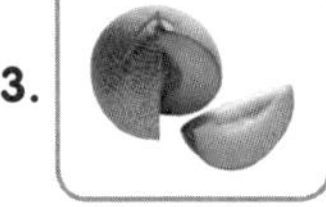

4. 

2. 

Restaurants 음식점

UNIT 34

MP3-43 단어 | 영한 | 한영

그림을 보면서 단어를 듣고 따라해 보세요.

sugar 설탕

pepper 후추

salt 소금

waiter 웨이터

order 주문하다

pay 지불하다

napkin 냅킨

menu 메뉴

우리말을 보면서 영어를 따라 써 보세요.

1	메뉴	menu	5	냅킨	napkin
2	주문하다	order	6	지불하다	pay
3	웨이터	waiter	7	소금	salt
4	설탕	sugar	8	후추	pepper

A. 단어를 보고 알맞은 그림을 고른 다음 뜻을 쓰세요.

1 

2 

3 

4 

B. 그림을 보고 알맞은 단어에 ○표 하세요.

C. 우리말을 읽고 알맞은 단어를 넣어 문장을 완성해 보세요.

1 Would you pass me the ________?
소금 좀 주시겠어요?

2 Would you pass me the ________?
메뉴 좀 주시겠어요?

3 Would you pass me the ________?
설탕 좀 주시겠어요?

4 Would you pass me the ________?
냅킨 좀 주시겠어요?

Money 돈

UNIT 35

MP3-44 단어 | 영한 | 한영

그림을 보면서 단어를 듣고 따라해 보세요.

count 계산하다, 세다

silver 은

gold 금

piggy bank 돼지 저금통

dollar 달러

coin 동전

credit card 신용카드

save 저축하다

우리말을 보면서 영어를 따라 써 보세요.

1 동전 coin

2 달러 dollar

3 금 gold

4 은 silver

5 돼지 저금통 piggy bank

6 신용카드 credit card

7 계산하다, 세다 count

8 저축하다 save

step 3

A. 그림에 알맞은 단어를 〈보기〉에서 골라 써 보세요.

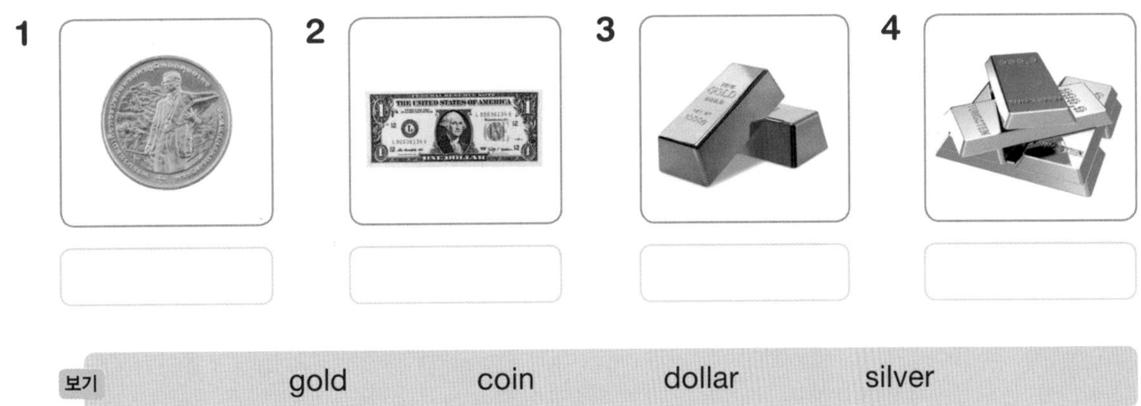

보기 gold coin dollar silver

B. 우리말을 보고 빈칸을 채워 단어를 완성하세요.

1	piggy b☐nk	돼지 저금통	5	☐oin	동전
2	sil☐er	은	6	credit c☐rd	신용카드
3	c☐unt	세다	7	d☐llar	달러, 지폐
4	sa☐e	저축하다	8	g☐ld	금

C. 우리말을 읽고 알맞은 단어를 넣어 문장을 완성해 보세요.

1 There is __________ on the table.
탁자 위에 금이 있어요.

2 There is a __________ on the table.
탁자 위에 달러가 있어요.

3 There is a __________ on the table.
탁자 위에 신용카드가 있어요.

4 There is a __________ on the table.
탁자 위에 돼지 저금통이 있어요.

UNIT 36 Weather 날씨

MP3-45 단어 | 영한 | 한영

그림을 보면서 단어를 듣고 따라해 보세요.

sunny 화창한

cloudy 구름이 낀

rainy 비가 오는

snowy 눈이 오는

hot 무더운

cold 추운

warm 따뜻한

cool 시원한

우리말을 보면서 영어를 따라 써 보세요.

1	화창한	sunny	5	무더운	hot
2	구름이 낀	cloudy	6	추운	cold
3	비가 오는	rainy	7	따뜻한	warm
4	눈이 오는	snowy	8	시원한	cool

A. 그림을 보고 알맞은 단어와 뜻을 연결해 보세요.

1	2	3	4
hot	warm	cold	cool
시원한	무더운	추운	따뜻한

B. 그림을 보고 알맞은 단어를 〈보기〉에서 찾아 쓰세요.

보기 snowy sunny cloudy rainy

1 ....

2 ....

3 ....

4 ....

C. 우리말을 읽고 알맞은 단어에 ○표 하세요.

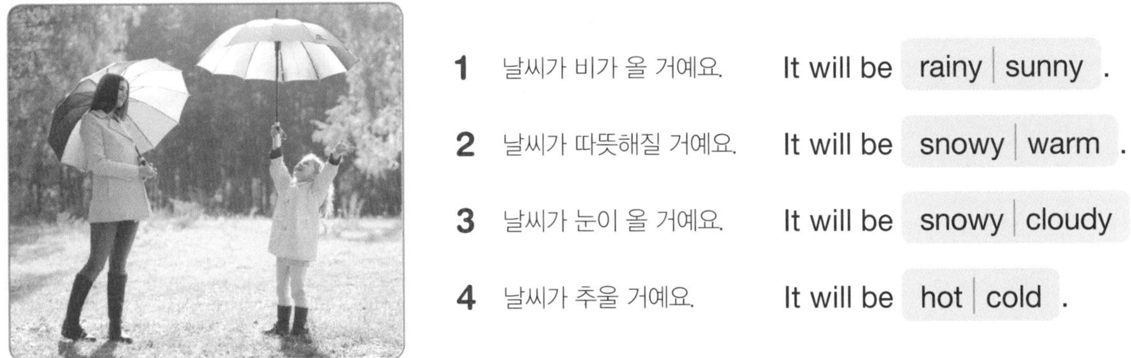

1 날씨가 비가 올 거예요. It will be rainy | sunny .

2 날씨가 따뜻해질 거예요. It will be snowy | warm .

3 날씨가 눈이 올 거예요. It will be snowy | cloudy .

4 날씨가 추울 거예요. It will be hot | cold .

UNIT 37

Seasons & Holidays 계절과 명절

MP3-46 단어 | 영한 | 한영

그림을 보면서 단어를 듣고 따라해 보세요.

spring 봄　**Valentine's Day** 발렌타이 데이　**summer** 여름　**vacation** 방학

fall 가을　**Thanksgiving Day** 추수감사절　**winter** 겨울　**Christmas** 크리스마스

우리말을 보면서 영어를 따라 써 보세요.

1 봄	spring	5 가을	fall
2 발렌타이 데이	Valentine's Day	6 추수감사절	Thanksgiving Day
3 여름	summer	7 겨울	winter
4 방학	vacation	8 크리스마스	Christmas

step 3

A. 〈보기〉를 읽고 그림에 알맞은 기호를 쓴 다음 단어를 써 보세요.

보기 a. spring b. fall c. Christmas d. Thanksgiving Day

B. 우리말에 맞게 단어의 철자를 바르게 써 보세요.

1 l a f l 가을 ____________

2 i n w e r t 겨울 ____________

3 t s a m s C h i r 크리스마스 ____________

4 a v c a i o t n 방학 ____________

5 m u s m e r 여름 ____________

6 i p s r n g 봄 ____________

C. 우리말을 읽고 알맞은 단어를 넣어 문장을 완성해 보세요.

1 I can't wait for ____________!
빨리 여름이 됐으면 좋겠어!

2 I can't wait for ____________!
빨리 방학이 됐으면 좋겠어!

3 I can't wait for ____________!
빨리 발렌타이데이가 됐으면 좋겠어!

4 I can't wait for ____________!
빨리 추수감사절이 됐으면 좋겠어!

UNIT 38 Feelings I 감정 I

MP3-47 단어 | 영한 | 한영

그림을 보면서 단어를 듣고 따라해 보세요.

happy 행복한

sad 슬픈

angry 화난

scared 무서운

surprised 놀란

sleepy 졸린

tired 피곤한

joyful 기쁜

우리말을 보면서 영어를 따라 써 보세요.

1	행복한	happy	5	놀란	surprised
2	슬픈	sad	6	졸린	sleepy
3	화난	angry	7	피곤한	tired
4	무서운	scared	8	기쁜	joyful

A. 단어를 보고 알맞은 그림을 고른 다음 뜻을 쓰세요.

1

2

3

4

B. 그림을 보고 알맞은 단어에 ○표 하세요.

C. 그림을 보고 알맞은 단어를 넣어 문장을 완성해 보세요.

1 I feel __________. 나는 슬퍼요.

2 I feel __________. 나는 피곤해요.

3 I feel __________. 나는 졸려요.

4 I feel __________. 나는 놀랐어요.

UNIT 39

Feelings Ⅱ 감정 Ⅱ

MP3-48 단어 | 영한 | 한영

step 1 그림을 보면서 단어를 듣고 따라해 보세요.

good 좋은

bad 나쁜

excited 신나는

worried 걱정스러운

thirsty 목이 마른

friendly 다정한

hungry 배고픈

bored 지루한

step 2 우리말을 보면서 영어를 따라 써 보세요.

1	좋은	good	5	목이 마른	thirsty
2	나쁜	bad	6	다정한	friendly
3	신나는	excited	7	배고픈	hungry
4	걱정스러운	worried	8	지루한	bored

step 3

A. 그림에 알맞은 단어를 〈보기〉에서 골라 써 보세요.

1 ______ 2 ______ 3 ______ 4 ______

보기 good bad friendly thirsty

B. 우리말을 보고 빈칸을 채워 단어를 완성하세요.

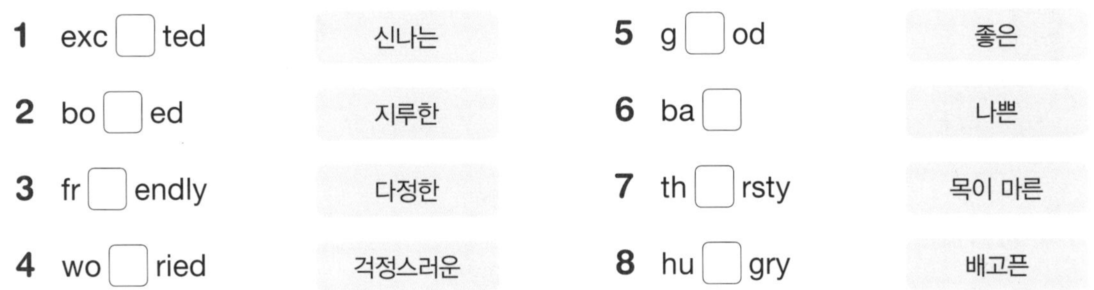

1 exc☐ted 신나는

2 bo☐ed 지루한

3 fr☐endly 다정한

4 wo☐ried 걱정스러운

5 g☐od 좋은

6 ba☐ 나쁜

7 th☐rsty 목이 마른

8 hu☐gry 배고픈

C. 우리말을 읽고 알맞은 단어를 넣어 문장을 완성해 보세요.

1 I feel ________. 나는 지루해.

2 I feel ________. 나는 목이 말라.

3 I feel ________. 나는 배고파.

4 I feel ________. 나는 신나.

UNIT 40 Appearance 외모

MP3-49 단어 | 영한 | 한영

그림을 보면서 단어를 듣고 따라해 보세요.

fat 뚱뚱한

thin 마른

tall 키가 큰

short 키가 작은

pretty 예쁜

handsome 잘생긴

cute 귀여운

ugly 못생긴

step 2 우리말을 보면서 영어를 따라 써 보세요.

1 뚱뚱한	fat	5 귀여운	cute
2 마른	thin	6 못생긴	ugly
3 예쁜	pretty	7 키가 큰	tall
4 잘생긴	handsome	8 키가 작은	short

A. 그림을 보고 알맞은 단어와 뜻을 연결해 보세요.

	1	2	3	4
	pretty	fat	ugly	cute
	뚱뚱한	귀여운	못생긴	예쁜

B. 그림을 보고 알맞은 단어를 〈보기〉에서 찾아 쓰세요.

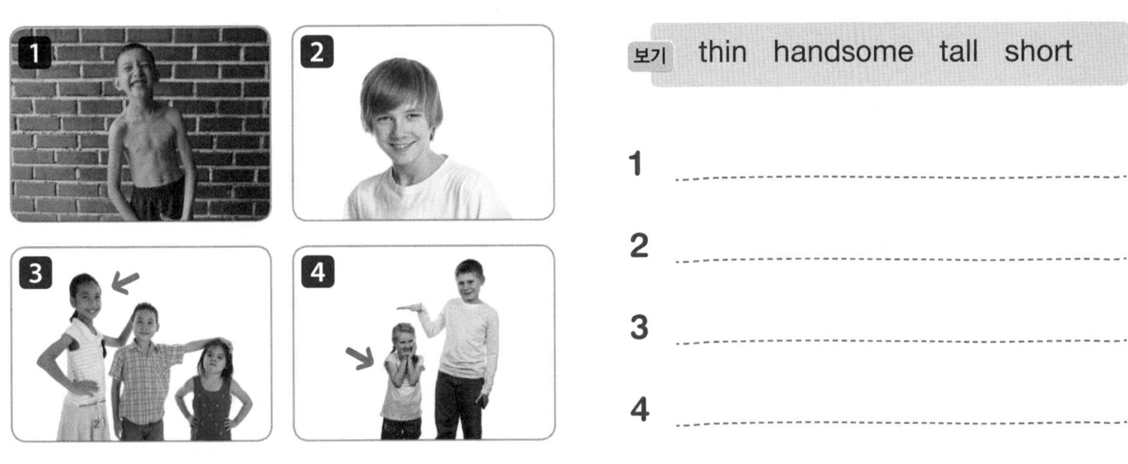

보기 thin handsome tall short

1 ____________________

2 ____________________

3 ____________________

4 ____________________

C. 우리말을 읽고 알맞은 단어에 ○표 하세요.

1 내 친구는 키가 커요. My friend is short | tall .

2 그녀는 귀여워요. She is cute | ugly .

3 그는 뚱뚱해요. He is fat | thin .

4 그녀는 예뻐요. She is handsome | pretty .

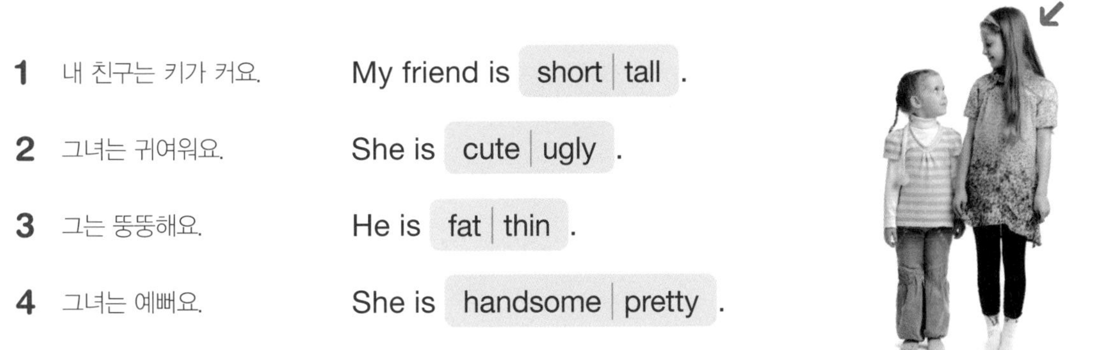

UNIT 41

People 사람

MP3-50 단어 | 영한 | 한영

step 1 그림을 보면서 단어를 듣고 따라해 보세요.

baby 아기

child 어린 아이

girl 여자 아이

teenager 십대

woman (성인) 여자

old person 노인

boy 남자 아이

man (성인) 남자

step 2 우리말을 보면서 영어를 따라 써 보세요.

1	아기	baby	5	십대	teenager
2	어린 아이	child	6	(성인) 남자	man
3	남자 아이	boy	7	(성인) 여자	woman
4	여자 아이	girl	8	노인	old person

step 3

A. 그림을 보고 알맞은 단어와 뜻을 연결해 보세요.

1 2 3 4

old person　woman　girl　boy

남자 아이　노인　(성인) 여자　여자 아이

B. 그림을 보고 알맞은 단어를 〈보기〉에서 찾아 쓰세요.

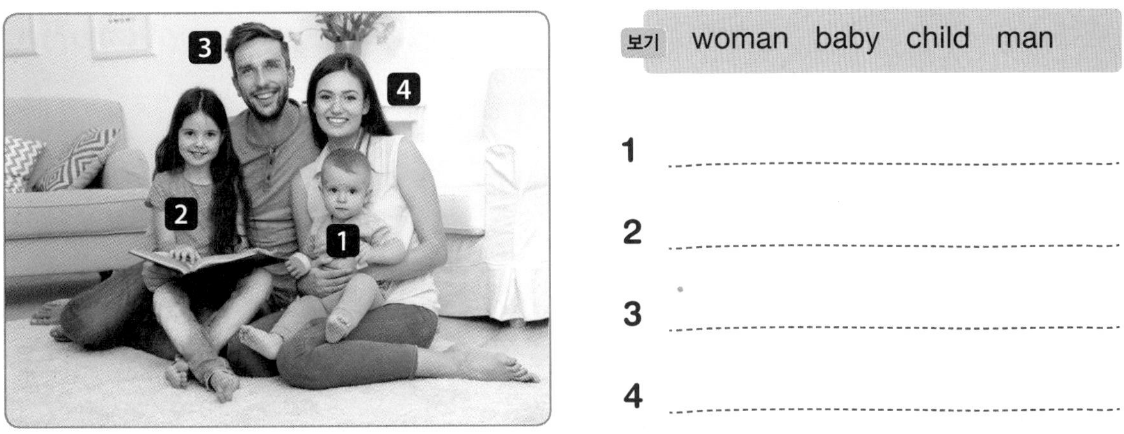

보기 woman　baby　child　man

1 ______________________

2 ______________________

3 ______________________

4 ______________________

C. 우리말을 읽고 알맞은 단어에 ○표 하세요.

1 방에 아기가 한 명 있어요.

There is a baby | teenager in the room.

2 방에 남자 아이가 한 명 있어요.

There is a boy | girl in the room.

3 방에 여자 아이가 한 명 있어요.

There is a boy | girl in the room.

4 방에 (성인) 남자가 한 명 있어요.

There is a man | child in the room.

UNIT 42

Jobs 직업

MP3-51 단어 | 영한 | 한영

step 1 그림을 보면서 단어를 듣고 따라해 보세요.

singer 가수

doctor 의사

nurse 간호사

police officer 경찰관

captain 선장

pilot 비행기 조종사

firefighter 소방관

cook 요리사

step 2 우리말을 보면서 영어를 따라 써 보세요.

1	가수	singer	5	선장	captain
2	의사	doctor	6	비행기 조종사	pilot
3	간호사	nurse	7	소방관	firefighter
4	경찰관	police officer	8	요리사	cook

A. 단어를 보고 알맞은 그림을 고른 다음 뜻을 쓰세요.

1 nurse →

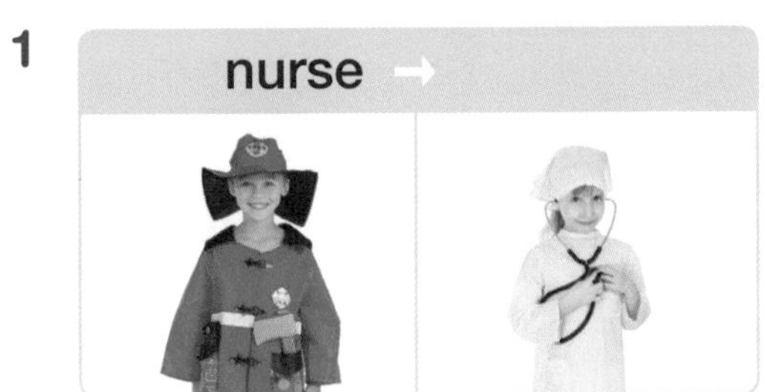

2 doctor →

3 pilot →

4 cook →

B. 그림을 보고 알맞은 단어에 ○표 하세요.

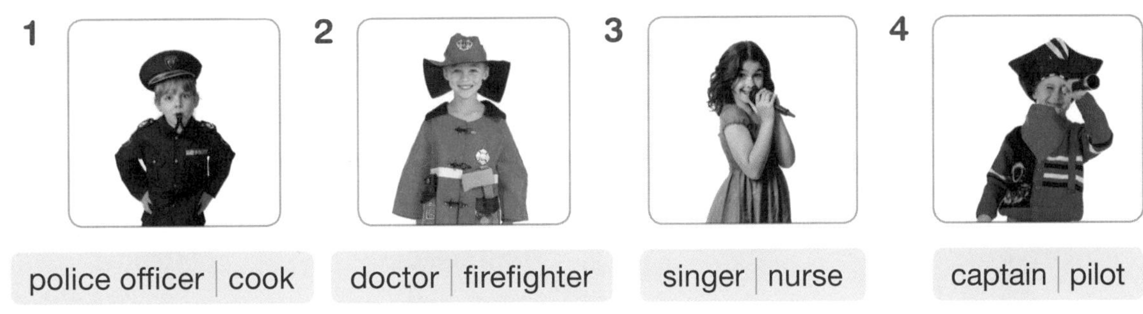

1 police officer | cook

2 doctor | firefighter

3 singer | nurse

4 captain | pilot

C. 우리말을 읽고 알맞은 단어를 넣어 문장을 완성해 보세요.

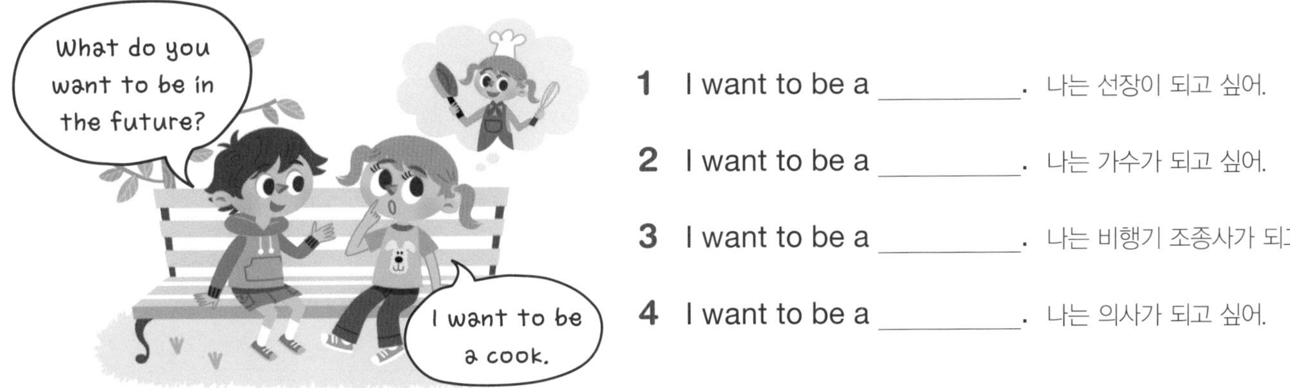

1 I want to be a ________. 나는 선장이 되고 싶어.

2 I want to be a ________. 나는 가수가 되고 싶어.

3 I want to be a ________. 나는 비행기 조종사가 되고 싶어.

4 I want to be a ________. 나는 의사가 되고 싶어.

Buildings 건물

MP3-52 단어 | 영한 | 한영

그림을 보면서 단어를 듣고 따라해 보세요.

fire station 소방서

hospital 병원

bank 은행

library 도서관

police station 경찰서

church 교회

post office 우체국

supermarket 슈퍼마켓

우리말을 보면서 영어를 따라 써 보세요.

1 소방서	fire station	5 경찰서	police station
2 병원	hospital	6 교회	church
3 은행	bank	7 우체국	post office
4 도서관	library	8 슈퍼마켓	supermarket

step 3

A. 그림에 알맞은 단어를 〈보기〉에서 골라 써 보세요.

1

2

3

4
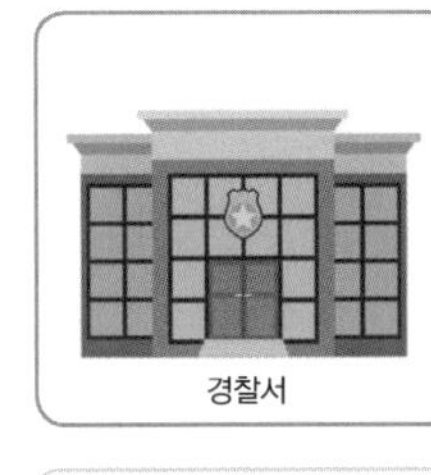

보기 police station church hospital library

B. 우리말을 보고 빈칸을 채워 단어를 완성하세요.

1	police st☐tion	경찰서	5	li☐rary	도서관
2	ho☐pital	병원	6	p☐st office	우체국
3	ch☐rch	교회	7	su☐ermarket	슈퍼마켓
4	ba☐k	은행	8	f☐re station	소방서

C. 우리말을 읽고 알맞은 단어를 넣어 문장을 완성해 보세요.

1 There is a ____________ near my house.
우리집 주변에 은행이 있어요.

2 There is a ____________ near my house.
우리집 주변에 우체국이 있어요.

3 There is a ____________ near my house.
우리집 주변에 슈퍼마켓이 있어요.

4 There is a ____________ near my house.
우리집 주변에 소방서가 있어요.

UNIT 44

Review 4

UNIT 34 – UNIT 43

A 듣고 풀기

1. 단어를 듣고, 알맞은 단어에 ○표 하세요. MP3-53

a.

napkin | menu

b.

coin | count

c.

snowy | sunny

d.

Valentine's Day | Christmas

e.

teenager | baby

f.

nurse | doctor

2. 문장을 듣고, 알맞은 문장에 ○표 하세요. MP3-54

a.

He is ugly.

He is cute.

b.

I can't wait for vacation.

I can't wait for Thanksgiving Day.

c.

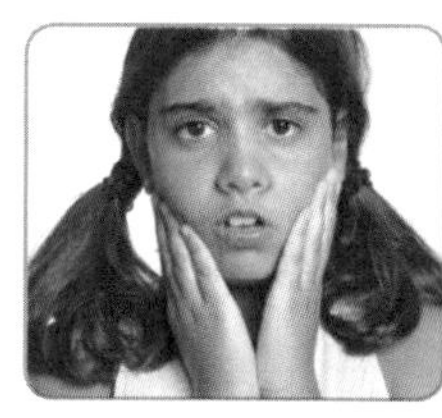

I feel excited.

I feel worried.

d.

It will be cloudy.

It will be hot.

3. 대화를 듣고, 빈칸에 들어갈 알맞은 단어를 고르세요. MP3-55

Q: How do you feel?
A: I feel ______________.

a. angry b. sleepy c. joyful

B 듣고 쓰기

들려주는 단어를 영어로 쓴 다음 뜻을 써 보세요. MP3-56

a.

b.

c.

d.

e.

f.

g.

h.

i.

j.

k.

l.

m.

n.

o.

p.

q.

r.

s.

t.

C 읽고 풀기

1. 각 상자에 들어갈 알맞은 단어를 〈보기〉에서 골라 써 보세요.

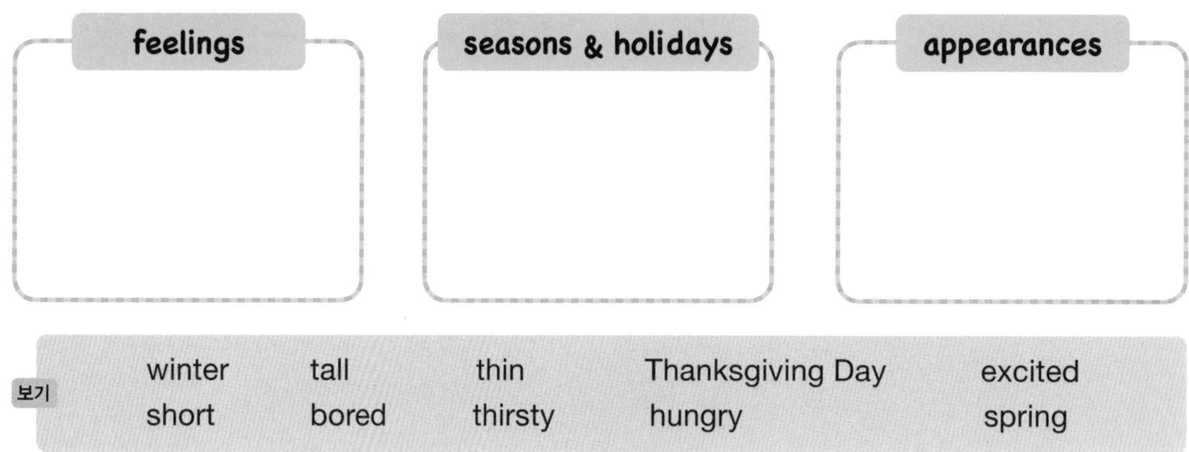

보기

winter	tall	thin	Thanksgiving Day	excited
short	bored	thirsty	hungry	spring

2. 그림과 알맞은 단어를 연결해 보세요.

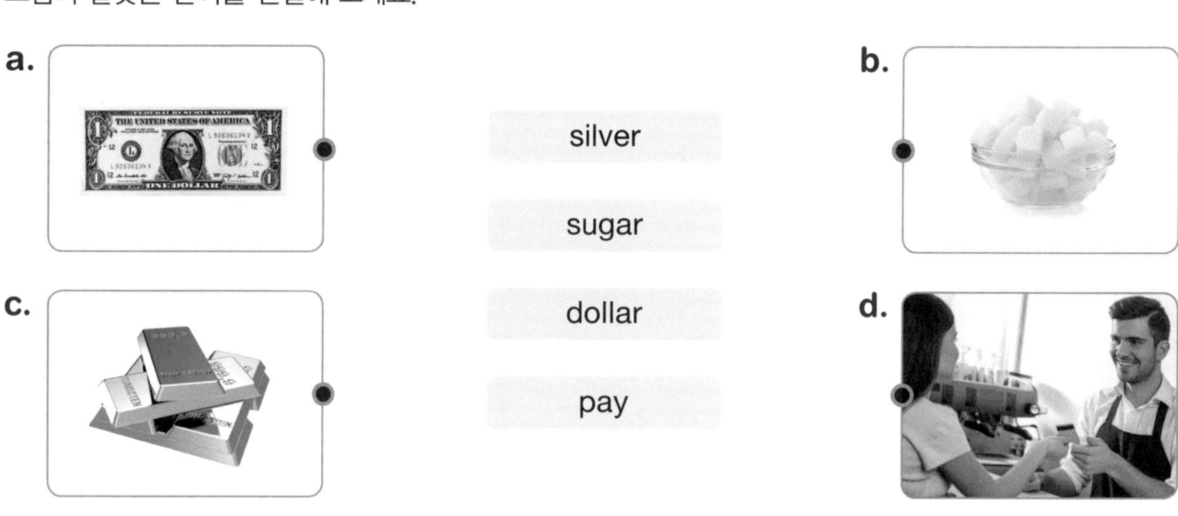

3. 우리말을 보고 빈칸을 채워 단어를 완성해 보세요.

a. 가수 s _ ng _ r

b. 저축하다 s _ v _

c. 어린 아이 c _ il _

d. 간호사 n _ rs _

e. 남자 _ a _

f. 비행기 조종사 _ ilo _

g. 뚱뚱한 _ a _

h. 행복한 h _ pp _

4. 그림에 알맞은 문장을 〈보기〉에서 골라 쓰세요.

a. 

b. 

c. 

보기 • It will be cold. • He is handsome. • There is a piggy bank.

5. 우리말을 보고 알맞은 단어에 ○표 하세요.

a. 후추좀 건네 주실래요? Would you pass me the pepper | salt ?

b. 테이블에 동전이 있어요. There is a credit card | coin on the table.

c. 그녀는 놀랐어요. She feels surprised | tired .

d. 나는 소방관이 되고 싶어요. I want to be a captain | firefighter .

6. 〈보기〉에 있는 단어를 찾아보세요.

W	A	R	M	D	M	L	G
T	Y	U	J	R	G	X	J
C	X	N	C	U	O	X	M
H	T	H	R	P	L	K	L
I	O	S	D	C	D	Y	H
O	H	U	N	G	R	Y	J
N	A	P	K	I	N	O	I
C	A	P	T	A	I	N	H

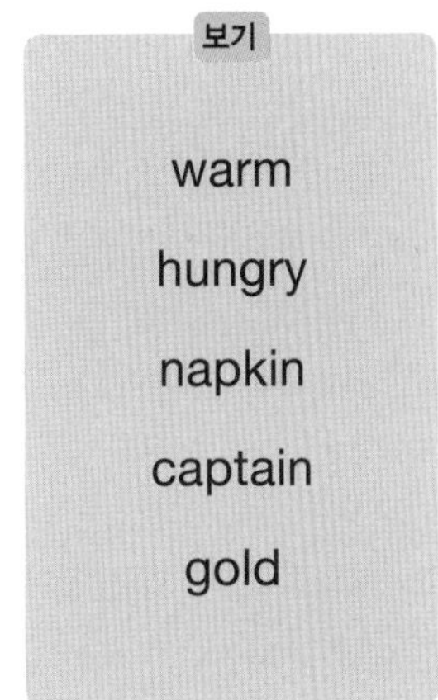

Playgrounds 놀이터

UNIT 45

MP3-57 단어 | 영한 | 한영

그림을 보면서 단어를 듣고 따라해 보세요.

hide-and-seek 숨바꼭질

seesaw 시소

swing 그네

jungle gym 정글짐

hula hoop 훌라후프

jump rope 줄넘기

slide 미끄럼틀

merry-go-round 회전목마

우리말을 보면서 영어를 따라 써 보세요.

1 숨바꼭질 hide-and-seek

2 시소 seesaw

3 그네 swing

4 정글짐 jungle gym

5 훌라후프 hula hoop

6 줄넘기 jump rope

7 미끄럼틀 slide

8 회전목마 merry-go-round

step 3

A. 단어를 보고 알맞은 그림을 고른 다음 뜻을 쓰세요.

1 swing →

2 hide-and-seek →

3 merry-go-round →

4 jump rope →

B. 그림을 보고 알맞은 단어에 ○표 하세요.

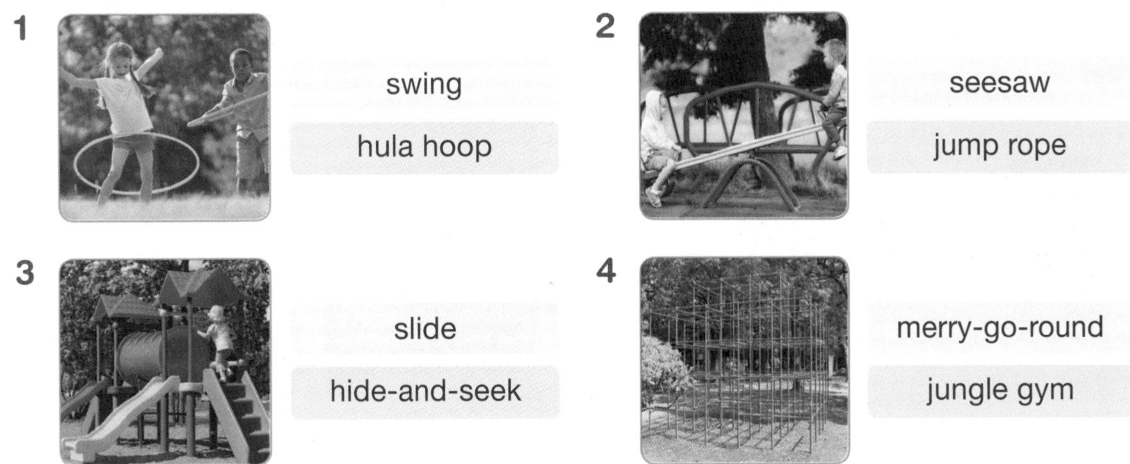

1 swing / hula hoop

2 seesaw / jump rope

3 slide / hide-and-seek

4 merry-go-round / jungle gym

C. 우리말을 읽고 알맞은 단어를 넣어 문장을 완성해 보세요.

1 __________ is really fun. 그네는 정말 재밌어.

2 __________ is really fun. 훌라후프는 정말 재밌어.

3 __________ is really fun. 미끄럼틀은 정말 재밌어.

4 __________ is really fun. 정글짐은 정말 재밌어.

UNIT 46

Parks 공원

MP3-58 단어 | 영한 | 한영

step 1 그림을 보면서 단어를 듣고 따라해 보세요.

bench 벤치

grass 잔디

trashcan 쓰레기통

stone 돌

tree 나무

fountain 분수

butterfly 나비

flower 꽃

step 2 우리말을 보면서 영어를 따라 써 보세요.

1	벤치	bench	5	나무	tree
2	잔디	grass	6	분수	fountain
3	쓰레기통	trash can	7	나비	butterfly
4	돌	stone	8	꽃	flower

step 3

A. 그림에 알맞은 단어를 〈보기〉에서 골라 써 보세요.

보기 flower stone tree butterfly

B. 우리말을 보고 빈칸을 채워 단어를 완성하세요.

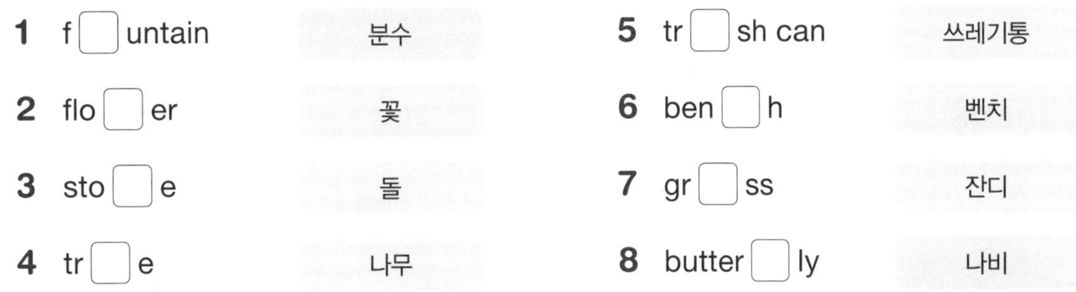

1 f☐untain 분수
2 flo☐er 꽃
3 sto☐e 돌
4 tr☐e 나무
5 tr☐sh can 쓰레기통
6 ben☐h 벤치
7 gr☐ss 잔디
8 butter☐ly 나비

C. 우리말을 읽고 알맞은 단어를 넣어 문장을 완성해 보세요.

1 Is there a ____________ in the park?
공원에 나비가 있어?

2 Is there a ____________ in the park?
공원에 벤치가 있어?

3 Is there a ____________ in the park?
공원에 돌이 있어?

4 Is there a ____________ in the park?
공원에 쓰레기통이 있어?

Five Senses 다섯가지 감각

UNIT 47

MP3-59 단어 | 영한 | 한영

그림을 보면서 단어를 듣고 따라해 보세요.

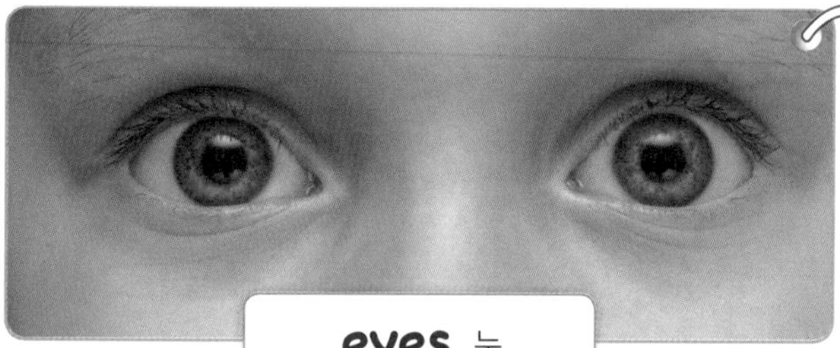

eyes 눈

see 보다

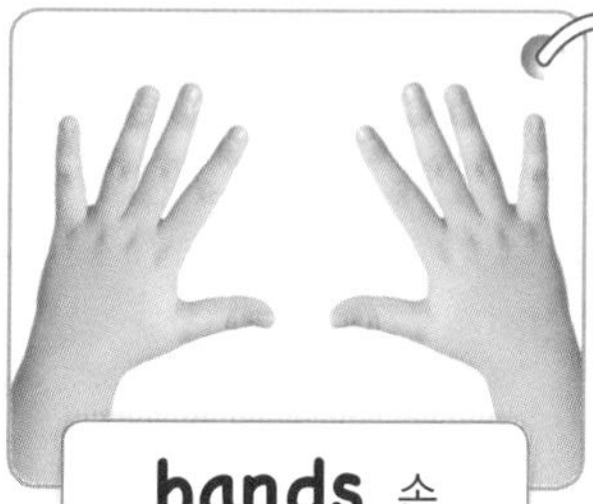

hands 손

touch 만지다

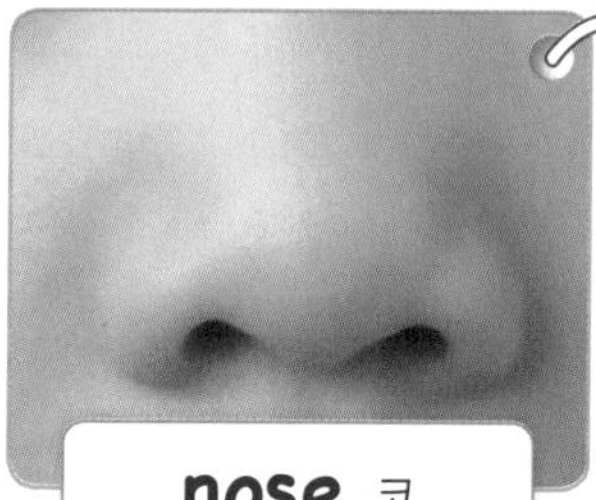

nose 코

smell 냄새를 맡다

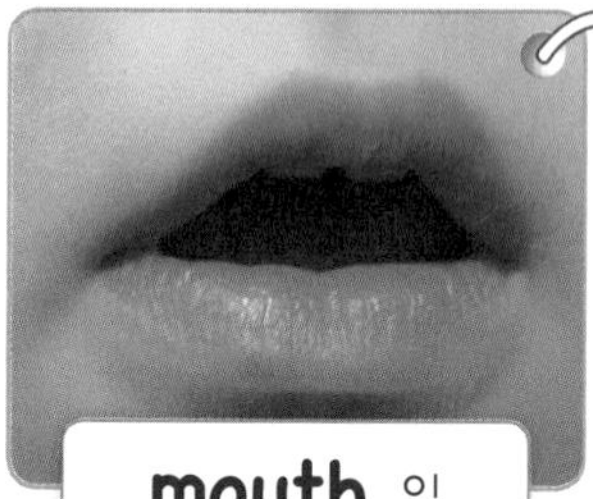

mouth 입

taste 맛보다

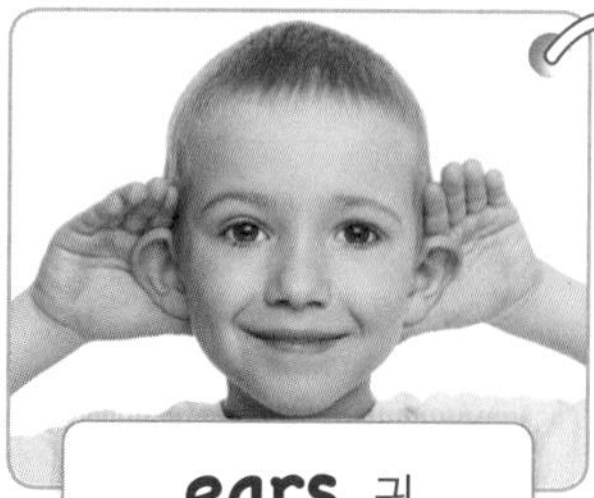

ears 귀

hear 듣다

우리말을 보면서 영어를 따라 써 보세요.

1	눈	eyes	6	냄새를 맡다	smell
2	보다	see	7	입	mouth
3	손	hands	8	맛보다	taste
4	만지다	touch	9	귀	ears
5	코	nose	10	듣다	hear

step 3

A. 그림을 보고 알맞은 단어와 뜻을 연결해 보세요.

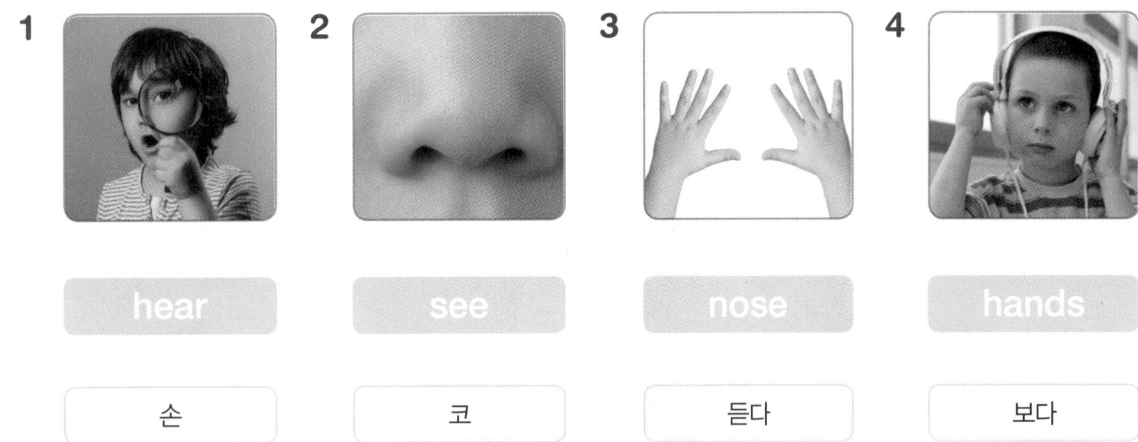

B. 그림을 보고 알맞은 단어를 〈보기〉에서 찾아 쓰세요.

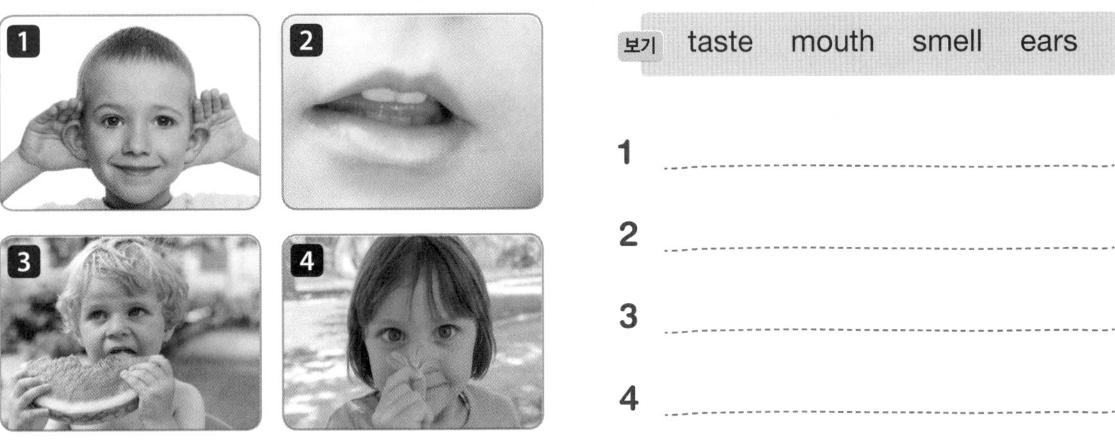

C. 우리말을 읽고 알맞은 단어에 ○표 하세요.

1 나는 눈으로 볼 수 있어요.
I can see with my [eyes | nose].

2 나는 귀로 들을 수 있어요.
I can hear with my [mouth | ears].

3 나는 손으로 만질 수 있어요.
I can touch with my [hands | ears].

4 나는 코로 냄새 맡을 수 있어요.
I can smell with my [nose | mouth].

Sicknesses 질병

MP3-60 단어 | 영한 | 한영

그림을 보면서 단어를 듣고 따라해 보세요.

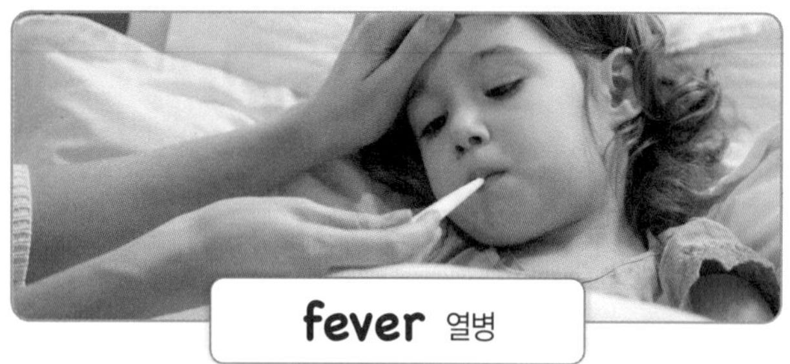
fever 열병

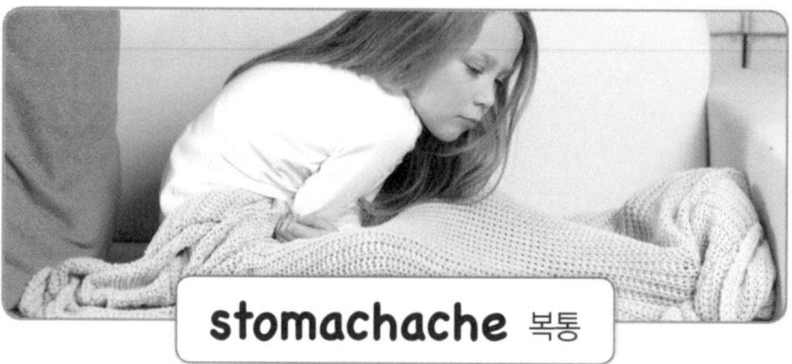
stomachache 복통

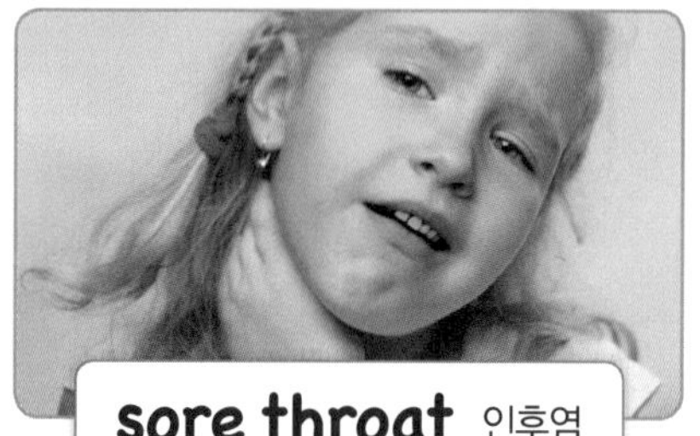
sore throat 인후염

runny nose 콧물

headache 두통

cold 감기

cough 기침

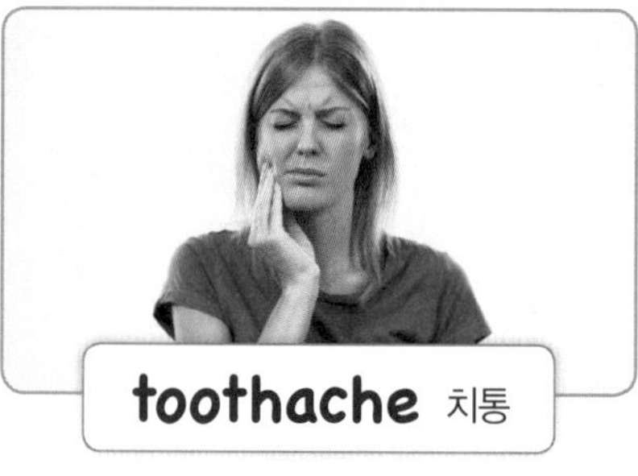
toothache 치통

step 2 우리말을 보면서 영어를 따라 써 보세요.

1	열병	fever	5	두통	headache
2	복통	stomachache	6	감기	cold
3	인후염	sore throat	7	기침	cough
4	콧물	runny nose	8	치통	toothache

step 3

A. 〈보기〉를 읽고 그림에 알맞은 기호를 쓴 다음 단어를 써 보세요.

보기 a. runny nose b. headache c. stomachache d. sore throat

B. 우리말을 보고 빈칸을 채워 단어를 완성하세요.

C. 우리말을 읽고 알맞은 단어를 넣어 문장을 완성해 보세요.

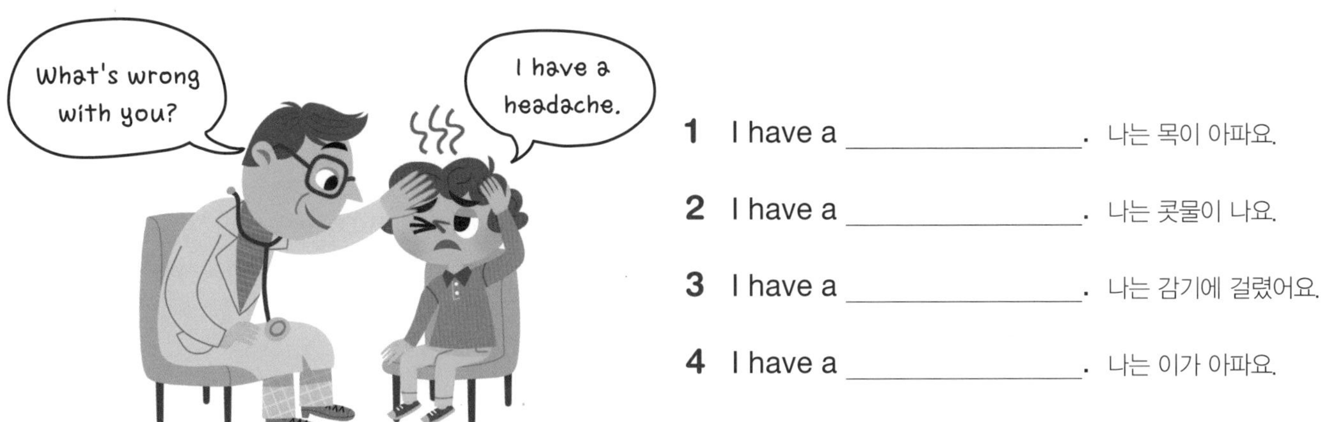

1 I have a ________________. 나는 목이 아파요.

2 I have a ________________. 나는 콧물이 나요.

3 I have a ________________. 나는 감기에 걸렸어요.

4 I have a ________________. 나는 이가 아파요.

UNIT 49 Adjectives I 형용사 I

MP3-61 단어 | 영한 | 한영

그림을 보면서 단어를 듣고 따라해 보세요.

slow 느린 ↔ **fast** 빠른

empty 빈 ↔ **full** 가득찬

big 큰 ↔ **small** 작은

clean 깨끗한 ↔ **dirty** 더러운

step 2 우리말을 보면서 영어를 따라 써 보세요.

1 느린	slow	5 큰	big
2 빠른	fast	6 작은	small
3 빈	empty	7 깨끗한	clean
4 가득찬	full	8 더러운	dirty

step 3

A. 그림을 보고 알맞은 단어와 뜻을 연결해 보세요.

1	2	3	4
big	small	dirty	clean
깨끗한	작은	큰	더러운

B. 그림을 보고 알맞은 단어를 〈보기〉에서 찾아 쓰세요.

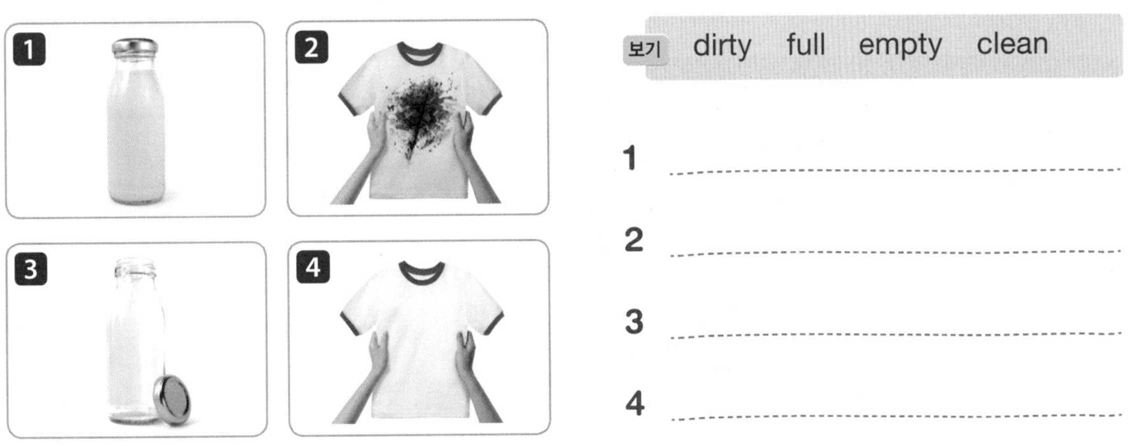

보기 dirty full empty clean

1 ....

2 ....

3 ....

4 ....

C. 우리말을 읽고 알맞은 단어에 ○표 하세요.

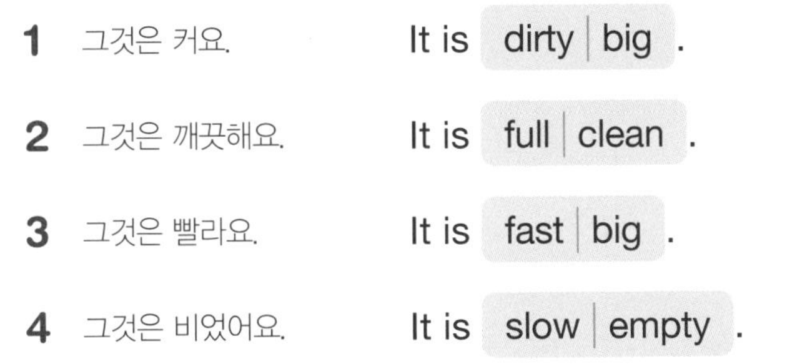

1 그것은 커요. It is dirty | big .

2 그것은 깨끗해요. It is full | clean .

3 그것은 빨라요. It is fast | big .

4 그것은 비었어요. It is slow | empty .

Adjectives Ⅱ 형용사Ⅱ

UNIT 50

MP3-62 단어 | 영한 | 한영

그림을 보면서 단어를 듣고 따라해 보세요.

heavy 무거운 ⟷ **light** 가벼운

dry 마른 ⟷ **wet** 젖은

bright 밝은 ⟷ **dark** 어두운

cheap 싼 ⟷ **expensive** 값비싼

우리말을 보면서 영어를 따라 써 보세요.

1	무거운	heavy	5	밝은	bright
2	가벼운	light	6	어두운	dark
3	마른	dry	7	싼	cheap
4	젖은	wet	8	값비싼	expensive

step 3

A. 그림에 알맞은 단어를 〈보기〉에서 골라 써 보세요.

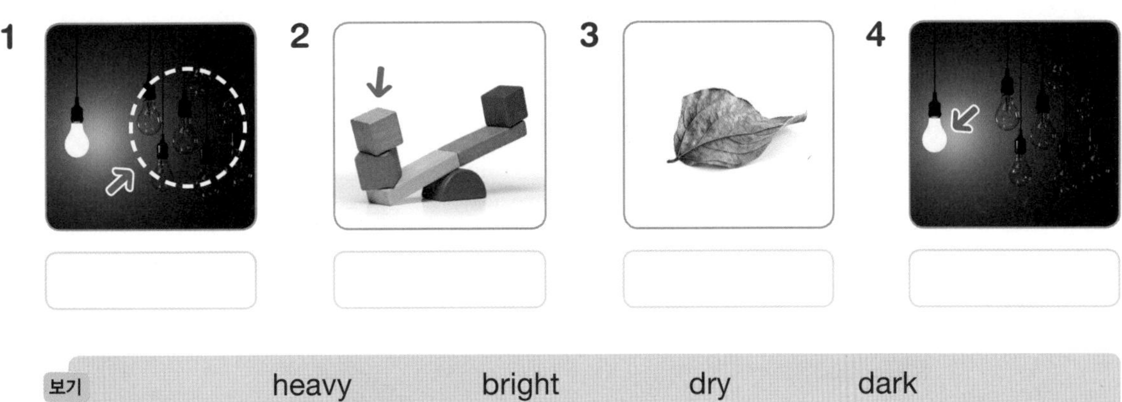

보기 heavy bright dry dark

B. 우리말을 보고 빈칸을 채워 단어를 완성하세요.

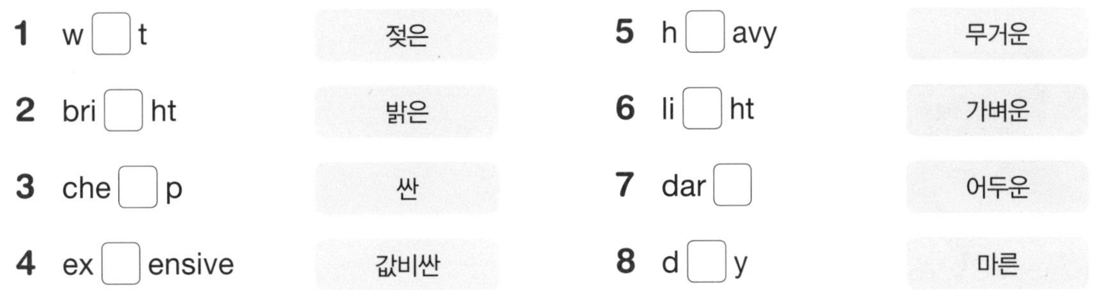

C. 우리말을 읽고 알맞은 단어를 넣어 문장을 완성해 보세요.

1 They aren't ________. 그것들은 가볍지 않아.

2 They aren't ________. 그것들은 어둡지 않아.

3 They aren't ________. 그것들은 비싸지 않아.

4 They aren't ________. 그것들은 싸지 않아.

Adjectives Ⅲ 형용사Ⅲ

UNIT 51

MP3-63 단어 | 영한 | 한영

그림을 보면서 단어를 듣고 따라해 보세요.

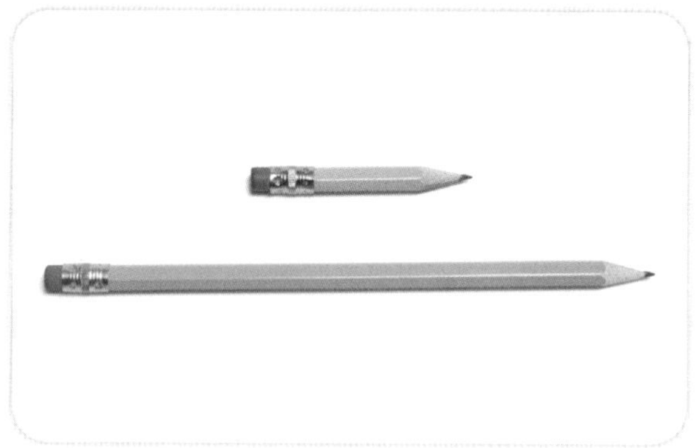

short 짧은 ⟷ **long** 긴

old 오래된 ⟷ **new** 새로운

poor 가난한 ⟷ **rich** 부유한

thin 얇은 ⟷ **thick** 두꺼운

step 2 우리말을 보면서 영어를 따라 써 보세요.

1	짧은	short	5	가난한	poor
2	긴	long	6	부유한	rich
3	오래된	old	7	얇은	thin
4	새로운	new	8	두꺼운	thick

A. 그림을 보고 알맞은 단어와 뜻을 연결해 보세요.

1	2	3	4
poor	old	long	thick
두꺼운	오래된	가난한	긴

B. 그림을 보고 알맞은 단어를 〈보기〉에서 찾아 쓰세요.

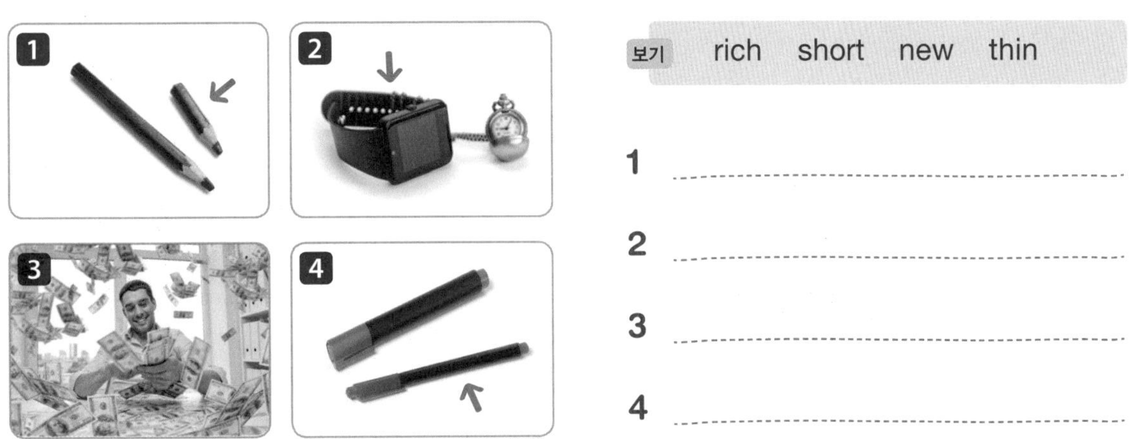

보기 rich short new thin

1 ______________________

2 ______________________

3 ______________________

4 ______________________

C. 우리말을 읽고 알맞은 단어에 ○표 하세요.

1 내 가방은 새 거예요. My bag is long | new .

2 내 연필은 오래됐어요. My pencil is short | old .

3 그는 가난해요. He is poor | thick .

4 그녀는 부자예요. She is rich | thin .

UNIT 52 Adjectives IV 형용사Ⅳ

MP3-64 단어 | 영한 | 한영

그림을 보면서 단어를 듣고 따라해 보세요.

weak 약한 ⟷ **strong** 강한

hard 딱딱한 ⟷ **soft** 부드러운

low 낮은 ⟷ **high** 높은

old 늙은 ⟷ **young** 젊은

우리말을 보면서 영어를 따라 써 보세요.

1	약한	weak	5	낮은	low
2	강한	strong	6	높은	high
3	딱딱한	hard	7	늙은	old
4	부드러운	soft	8	젊은	young

step 3

A. 〈보기〉를 읽고 그림에 알맞은 기호를 쓴 다음 단어를 써 보세요.

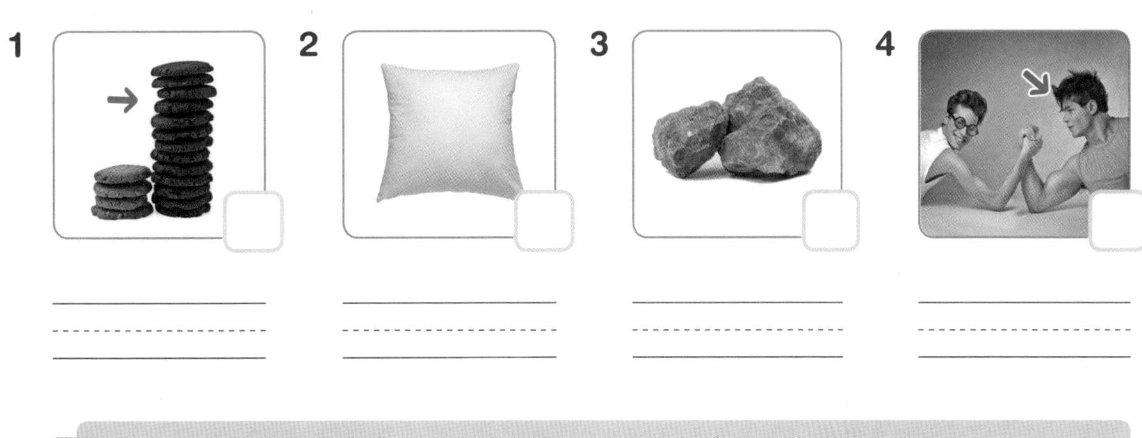

보기 a. high b. hard c. soft d. strong

B. 우리말에 맞게 단어의 철자를 바르게 써 보세요.

1 t s o r n g 강한 ____________

2 o l w 낮은 ____________

3 g h i h 높은 ____________

4 e w k a 약한 ____________

5 a h r d 딱딱한 ____________

6 f o t s 부드러운 ____________

C. 우리말을 읽고 알맞은 단어를 넣어 문장을 완성해 보세요.

1 He is ________. 그는 나이가 많다.

2 The cushion is ________. 그 쿠션은 부드럽다.

3 The rock is ________. 그 바위는 딱딱하다.

4 She is ________. 그녀는 약하다.

UNIT 53 Adjectives V 형용사 V

MP3-65 단어 | 영한 | 한영

그림을 보면서 단어를 듣고 따라해 보세요.

busy 바쁜

late 늦은

famous 유명한

quick 빠른

alive 살아있는

dead 죽은

loud 시끄러운

deep 깊은

step 2 우리말을 보면서 영어를 따라 써 보세요.

1	바쁜	busy	5	살아있는	alive
2	늦은	late	6	죽은	dead
3	유명한	famous	7	시끄러운	loud
4	빠른	quick	8	깊은	deep

A. 그림을 보고 알맞은 단어와 뜻을 연결해 보세요.

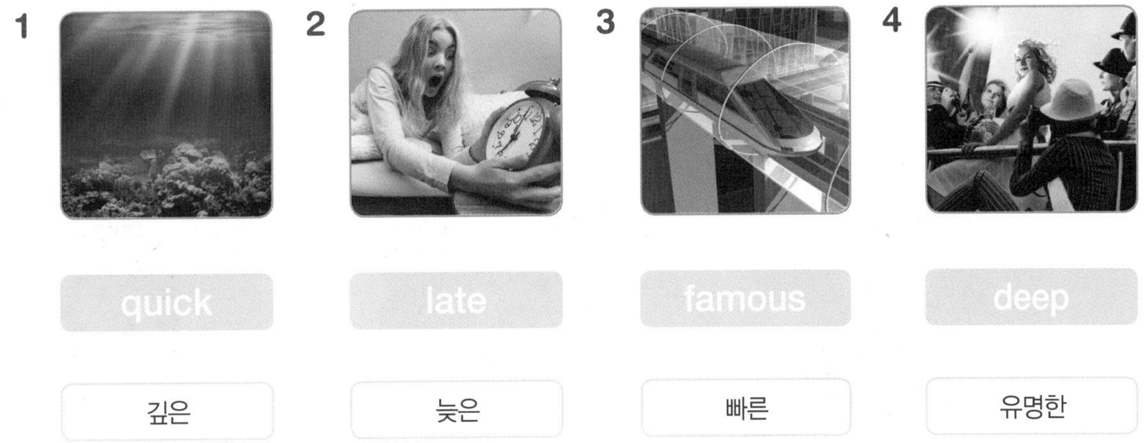

B. 그림을 보고 알맞은 단어를 〈보기〉에서 찾아 쓰세요.

1 ....

2 ....

3 ....

4 ....

C. 우리말을 읽고 알맞은 단어에 ○표 하세요.

1 우리 아빠는 바빠요. My dad is busy | late .

2 그 배우는 유명해요. The actor is deep | famous .

3 그 강은 깊어요. The river is loud | deep .

4 그 기차는 빨라요. The train is alive | quick .

UNIT 54 Adjectives Ⅵ 형용사Ⅵ

MP3-66 단어 | 영한 | 한영

step 1 그림을 보면서 단어를 듣고 따라해 보세요.

gentle 온화한

shy 수줍은

quiet 조용한

strange 이상한

stupid 어리석은

afraid 두려운

smart 똑똑한

brave 용감한

step 2 우리말을 보면서 영어를 따라 써 보세요.

1 온화한 gentle

2 수줍은 shy

3 조용한 quiet

4 이상한 strange

5 어리석은 stupid

6 두려운 afraid

7 똑똑한 smart

8 용감한 brave

step 3

A. 그림에 알맞은 단어를 〈보기〉에서 골라 써 보세요.

보기 shy strange smart brave

B. 우리말을 보고 빈칸을 채워 단어를 완성하세요.

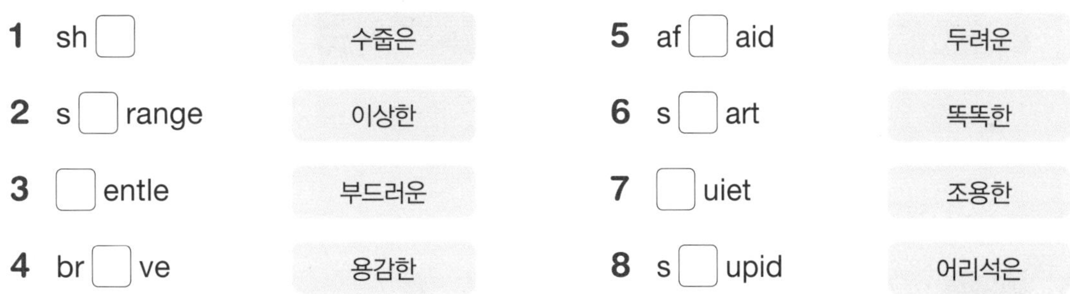

C. 우리말을 읽고 알맞은 단어를 넣어 문장을 완성해 보세요.

1 My best friend is ______________.
내 친한 친구는 똑똑해.

2 My dad is ______________.
우리 아빠는 용감해.

3 My dog is ______________.
우리 개는 멍청해.

4 My sister is ______________.
내 여동생은 조용해.

UNIT 55

Review 5

■ UNIT 44 – UNIT 54

A 듣고 풀기

1. 단어를 듣고, 알맞은 단어에 ○표 하세요. MP3-67

a. 

jungle gym | slide

b. 

bench | tree

c. 

headache | stomachache

d. 

empty | big

e. 

smell | see

f. 

dry | heavy

2. 문장을 듣고, 알맞은 문장에 ○표 하세요. MP3-68

a. 

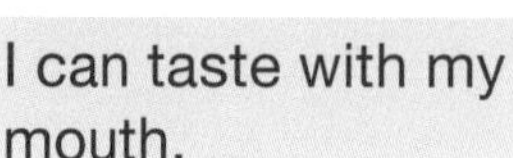

I can feel with my hands.

I can taste with my mouth.

b. 

Is there a fountain in the park?

Is there a stone in the park?

c. 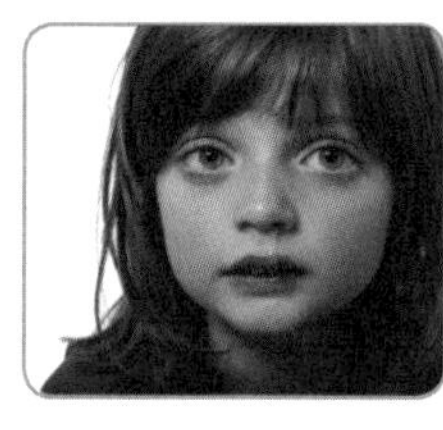

I have a runny nose.

I have a toothache.

d. 

It is full.

It is dirty.

3. 대화를 듣고, 빈칸에 들어갈 알맞은 단어를 고르세요. MP3-69

Q: What's wrong with you?

A: I have a ____________.

a. runny nose **b.** cold **c.** headache

B 듣고 쓰기

들려주는 단어를 영어로 쓴 다음 뜻을 써 보세요. MP3-70

a.

b.

c.

d.

e.

f.

g.

h.

i.

j.

k.

l.

m.

n.

o.

p.

q.

r.

s.

t.

C 읽고 풀기

1. 각 상자에 들어갈 알맞은 단어를 〈보기〉에서 골라 써 보세요.

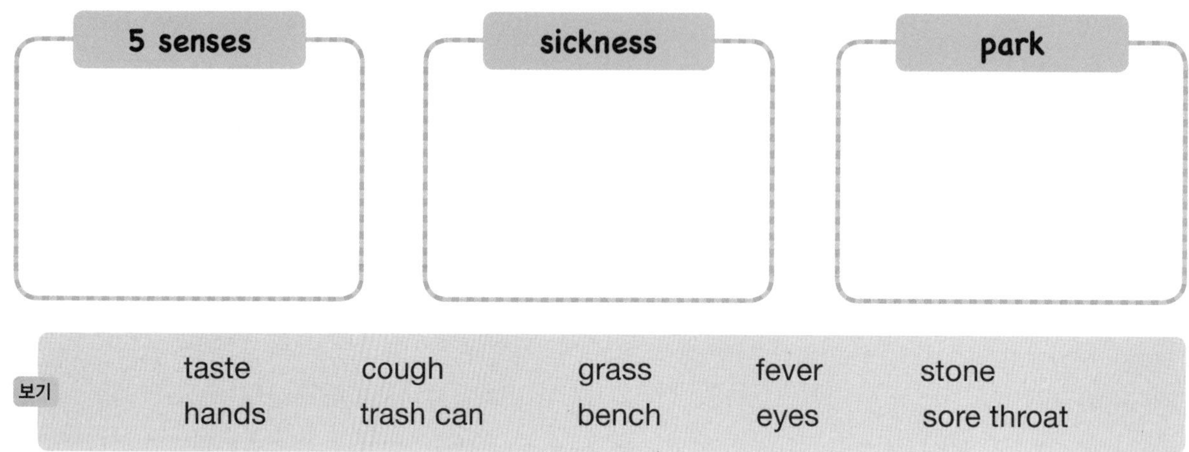

2. 그림과 알맞은 단어를 연결해 보세요.

3. 우리말을 보고 빈칸을 채워 단어를 완성해 보세요.

a.	바쁜	b _ s _	**e.**	조용한	_ uie _
b.	이상한	_ tran _ e	**f.**	시소	s _ es _ w
c.	무서운	_ frai _	**g.**	깨끗한	_ le _ n
d.	가득찬	_ ul _	**h.**	살아있는	a _ i _ e

4. 그림에 알맞은 문장을 〈보기〉에서 골라 쓰세요.

a. 

b. 

c. 

보기 • The actress is famous. • She is stupid. • The cushion is soft.

5. 우리말을 보고 알맞은 단어에 ○표 하세요.

a. 그네는 정말 재밌어. Jump rope | Swing is really fun.

b. 난 감기 걸렸어. I have a cold | runny nose .

c. 그것은 빨라. It is slow | fast .

d. 내 가방은 새 거야. My bag is old | new .

6. 크로스워드 퍼즐을 풀어보세요.

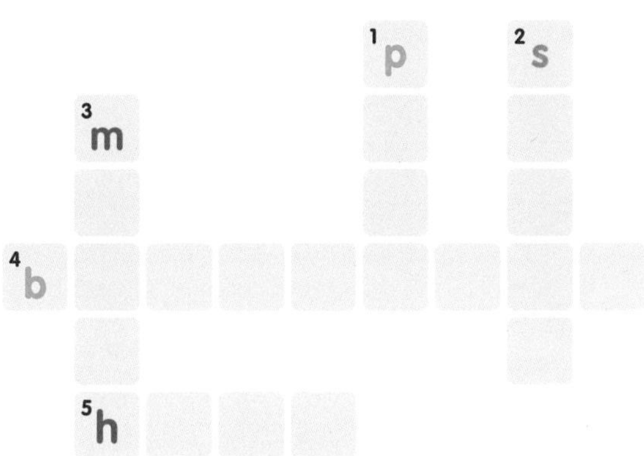

→ Across

4. 

5. 

1. 

2. 

3. 

UNIT 56

Action Verbs I 동작 동사 I

MP3-71 단어 | 영한 | 한영

step 1 그림을 보면서 단어를 듣고 따라해 보세요.

open 열다 ↔ **close** 닫다

sit 앉다 ↔ **stand** 일어서다

ask 묻다 ↔ **answer** 답하다

leave 떠나다 ↔ **arrive** 도착하다

step 2 우리말을 보면서 영어를 따라 써 보세요.

1 열다	open	5 묻다	ask
2 닫다	close	6 답하다	answer
3 앉다	sit	7 떠나다	leave
4 일어서다	stand	8 도착하다	arrive

step 3

A. 단어를 보고 알맞은 그림을 고른 다음 뜻을 쓰세요.

1 stand →

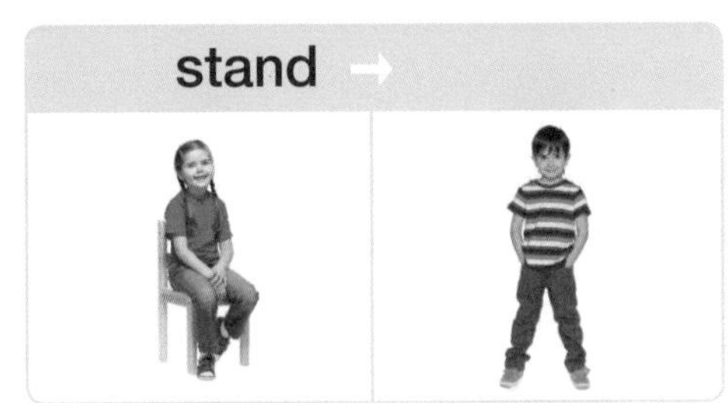

2 open →

3 answer →

4 leave →

B. 그림을 보고 알맞은 단어에 ○표 하세요.

1 sit | stand

2 open | close

3 answer | ask

4 arrive | leave

C. 우리말을 읽고 알맞은 단어를 넣어 문장을 완성해 보세요.

1 ________ the door, please.
문을 열어주세요.

2 ________ the window, please.
창문을 닫아주세요.

3 ________ my question, please.
내 질문에 답을 해주세요.

4 ________ down, please.
앉아보세요.

UNIT 57 Action Verbs Ⅱ 동작 동사 Ⅱ

MP3-72 단어 | 영한 | 한영

step 1 그림을 보면서 단어를 듣고 따라해 보세요.

go 가다 ↔ **come** 오다

pull 당기다 ↔ **push** 밀다

catch 잡다 ↔ **throw** 던지다

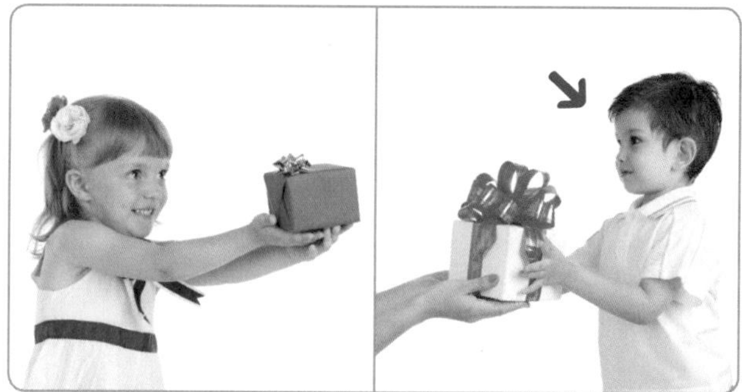

give 주다 ↔ **take** 받다

step 2 우리말을 보면서 영어를 따라 써 보세요.

1	가다	go	5	잡다	catch
2	오다	come	6	던지다	throw
3	당기다	pull	7	주다	give
4	밀다	push	8	받다	take

A. 그림에 알맞은 단어를 〈보기〉에서 골라 써 보세요.

보기 go push give take

B. 우리말을 보고 빈칸을 채워 단어를 완성하세요.

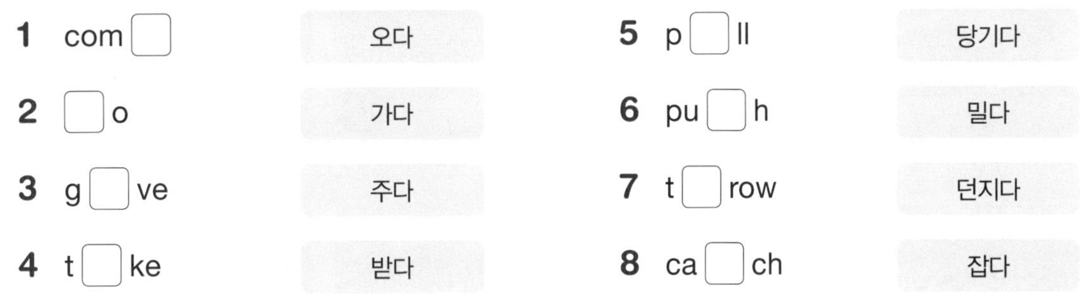

1 com□ 오다
2 □o 가다
3 g□ve 주다
4 t□ke 받다
5 p□ll 당기다
6 pu□h 밀다
7 t□row 던지다
8 ca□ch 잡다

C. 우리말을 읽고 알맞은 단어를 넣어 문장을 완성해 보세요.

1 Can you ________ to my house?
우리 집으로 와주겠어요?

2 Can you ________ the ball?
공을 던져 줄래요?

3 Can you ________ the handle?
손잡이를 당겨 줄래요?

4 Can you ________ my present?
내 선물을 받아줄래요?

UNIT 58

Action Verbs Ⅲ 동작 동사 Ⅲ

MP3-73 단어 | 영한 | 한영

step 1 그림을 보면서 단어를 듣고 따라해 보세요.

jump 뛰어오르다

climb 올라가다

fly 날다

clap 박수치다

swim 수영하다

run 뛰다

walk 걷다

carry 옮기다

step 2 우리말을 보면서 영어를 따라 써 보세요.

1	뛰어오르다	jump	5	수영하다	swim
2	올라가다	climb	6	뛰다	run
3	날다	fly	7	걷다	walk
4	박수치다	clap	8	옮기다	carry

A. 그림을 보고 알맞은 단어와 뜻을 연결해 보세요.

B. 그림을 보고 알맞은 단어를 〈보기〉에서 찾아 쓰세요.

C. 우리말을 읽고 알맞은 단어에 ○표 하세요.

1 같이 수영하자. Let's jump | swim together .

2 같이 옮기자. Let's run | carry together .

3 같이 걷자. Let's walk | climb together .

4 같이 뛰자. Let's run | jump together .

UNIT 59 Action Verbs Ⅳ 동작 동사 Ⅳ

MP3-74 단어 | 영한 | 한영

step 1 그림을 보면서 단어를 듣고 따라해 보세요.

point 가리키다

sing 노래하다

dance 춤추다

talk 이야기하다

drink 마시다

study 공부하다

call 전화하다

draw 그리다

step 2 우리말을 보면서 영어를 따라 써 보세요.

1 가리키다 point

2 노래하다 sing

3 춤추다 dance

4 이야기하다 talk

5 마시다 drink

6 공부하다 study

7 전화하다 call

8 그리다 draw

step 3

A. 〈보기〉를 읽고 그림에 알맞은 기호를 쓴 다음 단어를 써 보세요.

1 2 3 4

보기 a. drink b. call c. point d. draw

B. 우리말에 맞게 단어의 철자를 바르게 써 보세요.

1 k t a l 이야기하다 ______________

2 r w a d 그리다 ______________

3 g i s n 노래하다 ______________

4 d y s u t 공부하다 ______________

5 e n d a c 춤추다 ______________

6 l l c a 전화하다 ______________

C. 우리말을 읽고 알맞은 단어를 넣어 문장을 완성해 보세요.

1 I am ______________ a song.
나는 노래하고 있어요.

2 I am ______________ some milk.
나는 우유를 마시고 있어요.

3 I am ______________ English.
나는 영어를 공부하고 있어요.

4 I am ______________ a picture.
나는 그림을 그리고 있어요.

Action Verbs V 동작 동사 V

UNIT 60

MP3-75 단어 | 영한 | 한영

그림을 보면서 단어를 듣고 따라해 보세요.

drive 운전하다

speak 말하다

fight 싸우다

cry 울다

ride 타다

kick 차다

laugh 웃다

meet 만나다

step 2 우리말을 보면서 영어를 따라 써 보세요.

1	운전하다	drive	5	타다	ride
2	말하다	speak	6	차다	kick
3	싸우다	fight	7	웃다	laugh
4	울다	cry	8	만나다	meet

step 3

A. 단어를 보고 알맞은 그림을 고른 다음 뜻을 쓰세요.

1 fight →

2 kick →

3 cry →

4 ride →

B. 우리말을 보고 빈칸을 채워 단어를 완성하세요.

1 d☐ive 운전하다

2 sp☐ak 말하다

3 ☐ry 울다

4 kic☐ 차다

5 fig☐t 싸우다

6 m☐et 만나다

7 lau☐h 웃다

8 ☐ide 타다

C. 우리말을 읽고 알맞은 단어를 넣어 문장을 완성해 보세요.

1 Can we ________ tomorrow?
우리 내일 만날 수 있니?

2 Can you ________ a bicycle?
너는 자전거를 탈 수 있니?

3 Can you ________ a car?
너는 차를 운전할 수 있니?

4 Can you ________ English?
너는 영어를 말할 수 있니?

Hobbies 취미

MP3-76 단어 | 영한 | 한영

그림을 보면서 단어를 듣고 따라해 보세요.

listening to music
음악 감상

watching movies
영화 보기

taking pictures
사진 찍기

cooking
요리하기

collecting coins
동전 모으기

inline skating
인라인 스케이팅

reading comics
만화책 읽기

playing chess
체스 두기

우리말을 보면서 영어를 따라 써 보세요.

1 음악 감상 listening to music
2 영화 보기 watching movies
3 사진 찍기 taking pictures
4 요리하기 cooking
5 동전 모으기 collecting coins
6 인라인 스케이팅 inline skating
7 만화책 읽기 reading comics
8 체스 두기 playing chess

A. 그림에 알맞은 단어를 〈보기〉에서 골라 써 보세요.

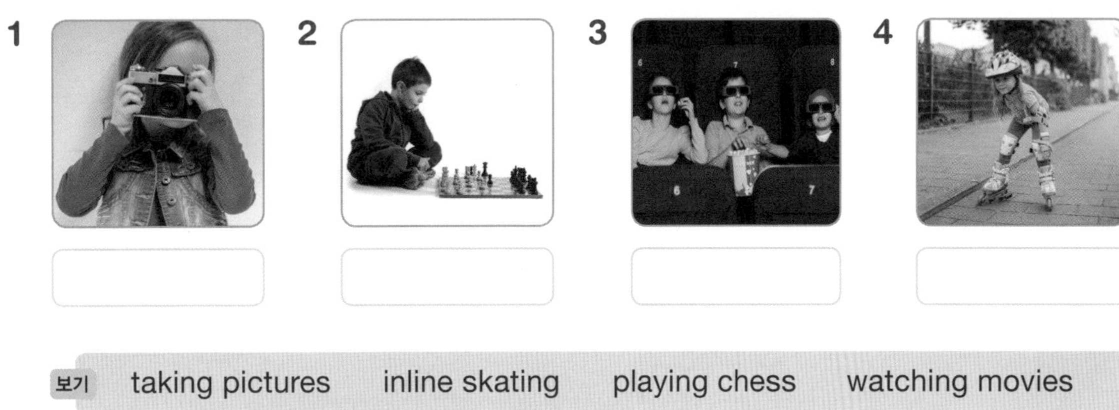

보기 taking pictures　inline skating　playing chess　watching movies

B. 단어를 보고 알맞은 단어에 ○표 하세요.

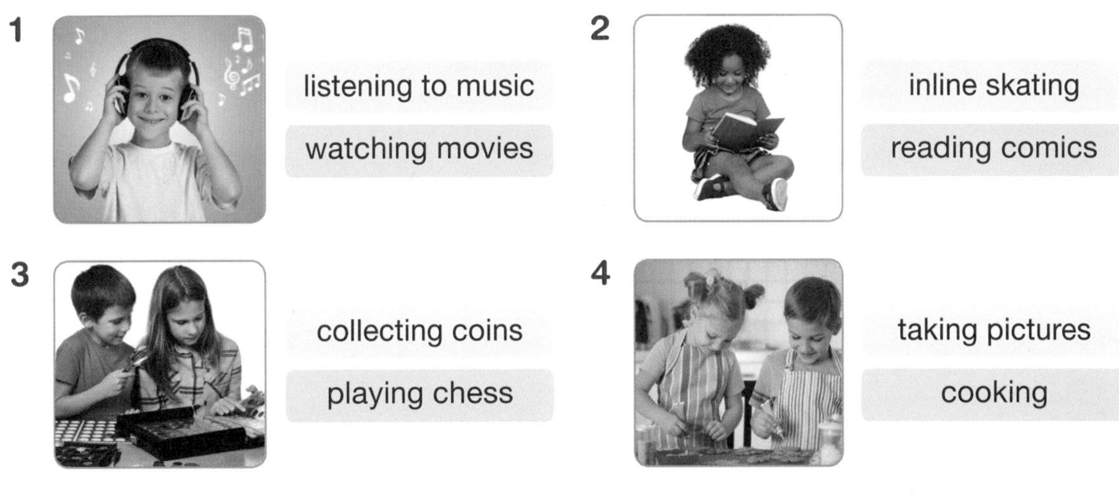

1 listening to music / watching movies

2 inline skating / reading comics

3 collecting coins / playing chess

4 taking pictures / cooking

C. 우리말을 읽고 알맞은 단어를 넣어 문장을 완성해 보세요.

1 My hobby is ________________.
내 취미는 사진 찍는 것이예요.

2 My hobby is ________________.
내 취미는 요리하는 것이예요.

3 My hobby is ________________.
내 취미는 인라인 스케이트 타는 것이예요.

4 My hobby is ________________.
내 취미는 만화책을 읽는 것이예요.

Transportation 교통수단

MP3-77 단어 | 영한 | 한영

그림을 보면서 단어를 듣고 따라해 보세요.

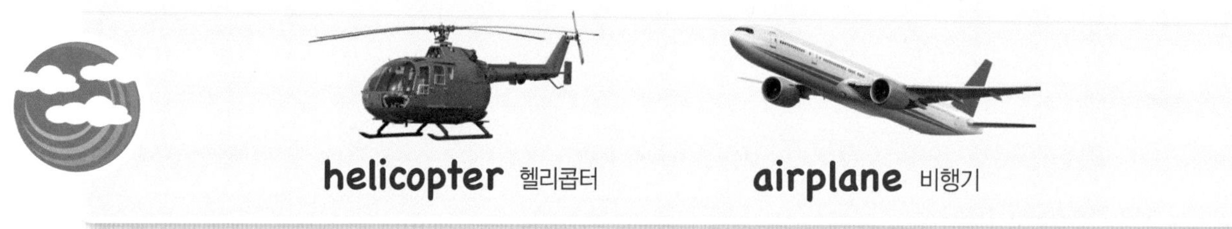

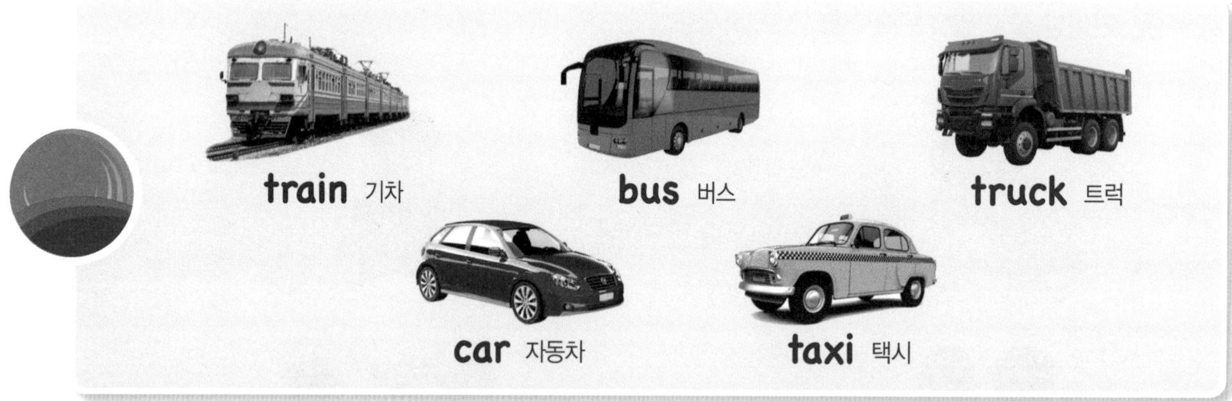

step 2 우리말을 보면서 영어를 따라 써 보세요.

1	헬리콥터	helicopter	5	트럭	truck
2	비행기	airplane	6	자동차	car
3	기차	train	7	택시	taxi
4	버스	bus	8	배	boat

A. 그림을 보고 알맞은 단어와 뜻을 연결해 보세요.

truck	train	airplane	car
기차	자동차	비행기	트럭

B. 그림을 보고 알맞은 단어를 〈보기〉에서 찾아 쓰세요.

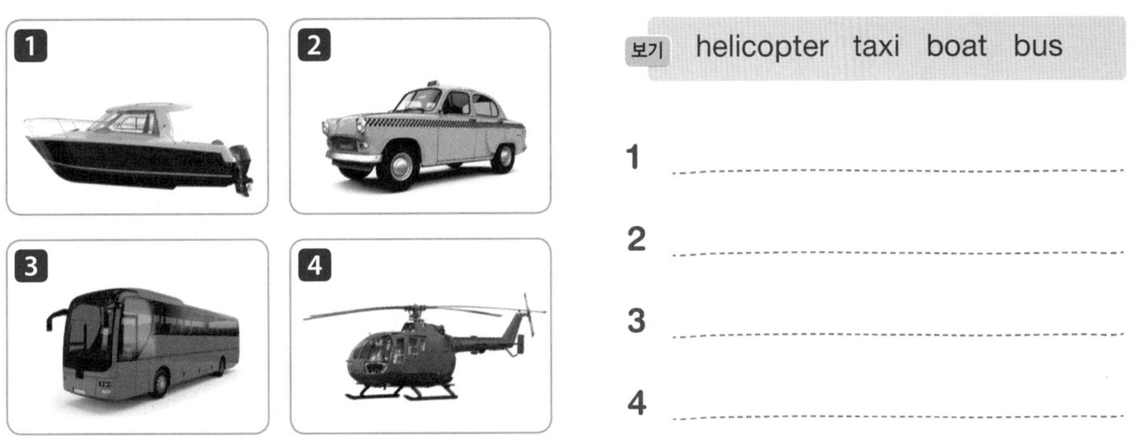

보기 helicopter taxi boat bus

1 ______________

2 ______________

3 ______________

4 ______________

C. 우리말을 읽고 알맞은 단어를 넣어 문장을 완성해 보세요.

1 I go to school by ________.
나는 자동차 타고 학교에 가.

2 I go to school by ________.
나는 버스 타고 학교에 가.

3 I go to school by ________.
나는 택시 타고 학교에 가.

4 I go to school by ________.
나는 배 타고 학교에 가.

Directions 방향

UNIT 63

MP3-78 단어 | 영한 | 한영

그림을 보면서 단어를 듣고 따라해 보세요.

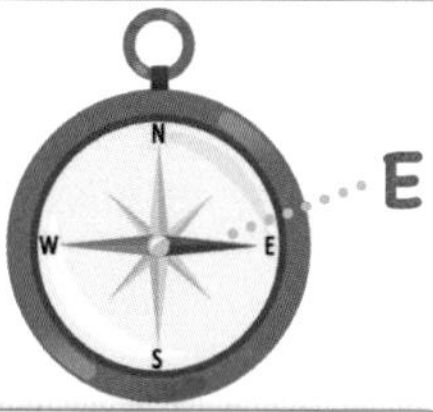

SOUTH NORTH EAST

east 동쪽

west 서쪽

south 남쪽

north 북쪽

right 오른쪽

left 왼쪽

turn 돌다, 회전하다

straight 똑바로

우리말을 보면서 영어를 따라 써 보세요.

1 동쪽 east

2 서쪽 west

3 남쪽 south

4 북쪽 north

5 오른쪽 right

6 왼쪽 left

7 돌다, 회전하다 turn

8 똑바로 straight

step 3

A. 〈보기〉를 읽고 그림에 알맞은 기호를 쓴 다음 단어를 써 보세요.

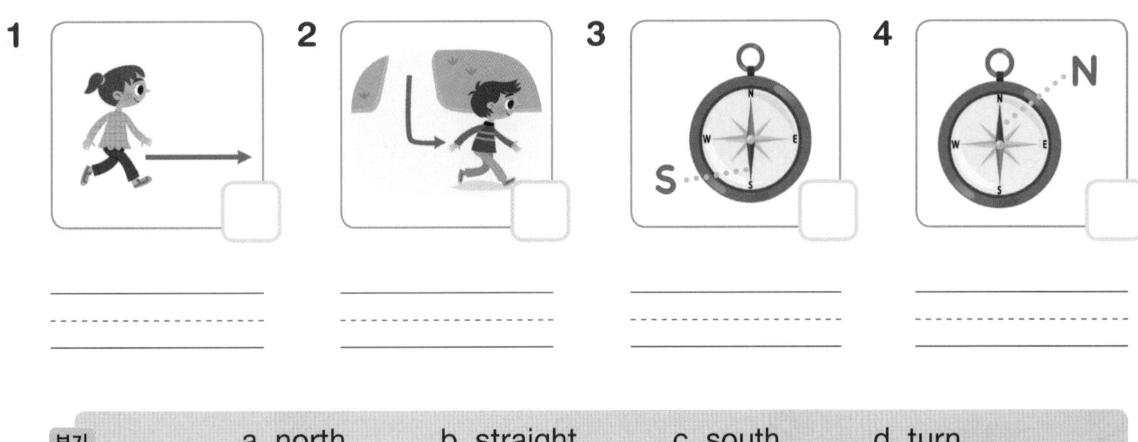

보기 a. north b. straight c. south d. turn

B. 우리말에 맞게 단어의 철자를 바르게 써 보세요.

1 t a e s 동쪽 ______

2 s u t o h 남쪽 ______

3 f t e l 왼쪽 ______

4 r g i h t 오른쪽 ______

5 o r n h t 북쪽 ______

6 w t e s 서쪽 ______

C. 우리말을 읽고 알맞은 단어에 ○표 하세요.

1 오른쪽으로 도세요. Turn right | left , please.

2 왼쪽으로 도세요. Turn left | right , please.

3 똑바로 앞으로 가세요. Go south | straight ahead.

4 어느 쪽이 동쪽이죠? Which way is west | east ?

Ordinal Numbers 서수

MP3-79 단어 | 영한 | 한영

그림을 보면서 단어를 듣고 따라해 보세요.

first 첫 번째
second 두 번째
third 세 번째
fourth 네 번째
fifth 다섯 번째
sixth 여섯 번째
seventh 일곱 번째
eighth 여덟 번째
ninth 아홉 번째
tenth 열 번째

step 2 우리말을 보면서 영어를 따라 써 보세요.

1	첫 번째	first	6	여섯 번째	sixth
2	두 번째	second	7	일곱 번째	seventh
3	세 번째	third	8	여덟 번째	eighth
4	네 번째	fourth	9	아홉 번째	ninth
5	다섯 번째	fifth	10	열 번째	tenth

step 3

A. 〈보기〉를 읽고 그림에 알맞은 기호를 쓴 다음 단어를 써 보세요.

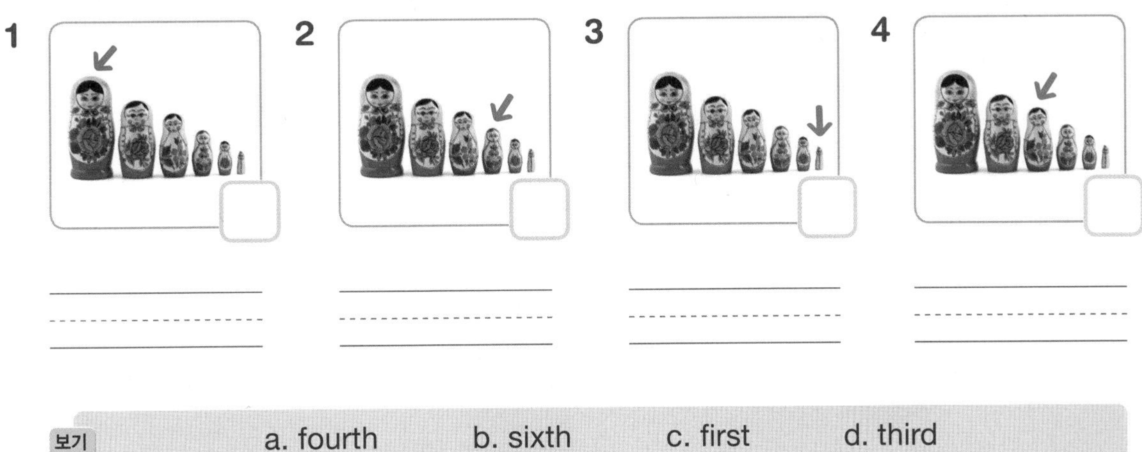

보기 a. fourth b. sixth c. first d. third

B. 우리말을 보고 빈칸을 채워 단어를 완성하세요.

1 s☐cond 두 번째

2 nin☐h 아홉 번째

3 ei☐hth 여덟 번째

4 fo☐rth 네 번째

5 ☐irst 첫 번째

6 fi☐th 다섯 번째

7 tent☐ 열 번째

8 th☐rd 세 번째

C. 우리말을 읽고 알맞은 단어를 넣어 문장을 완성해 보세요.

1 I am in the ________ grade. 전 7학년이에요.

2 I am in the ________ grade. 전 4학년이에요.

3 I am in the ________ grade. 전 10학년이에요.

4 I am in the ________ grade. 전 9학년이에요.

Birthdays 생일

MP3-80 단어 | 영한 | 한영

그림을 보면서 단어를 듣고 따라해 보세요.

present 선물

cake 케이크

birthday hat 생일모자

balloon 풍선

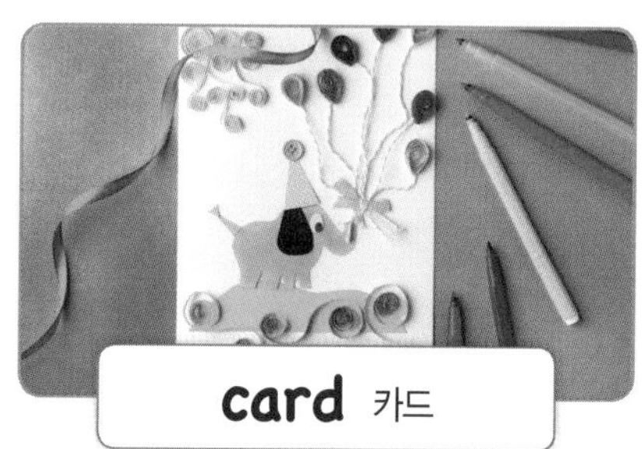

card 카드

candle 양초

blow 불다

celebrate 축하하다

step 2 우리말을 보면서 영어를 따라 써 보세요.

1 선물 present

2 케이크 cake

3 생일모자 birthday hat

4 풍선 balloon

5 카드 card

6 양초 candle

7 불다 blow

8 축하하다 celebrate

step 3

A. 그림에 알맞은 단어를 〈보기〉에서 골라 써 보세요.

보기 cake balloon celebrate blow

B. 그림을 보고 알맞은 단어에 ○표 하세요.

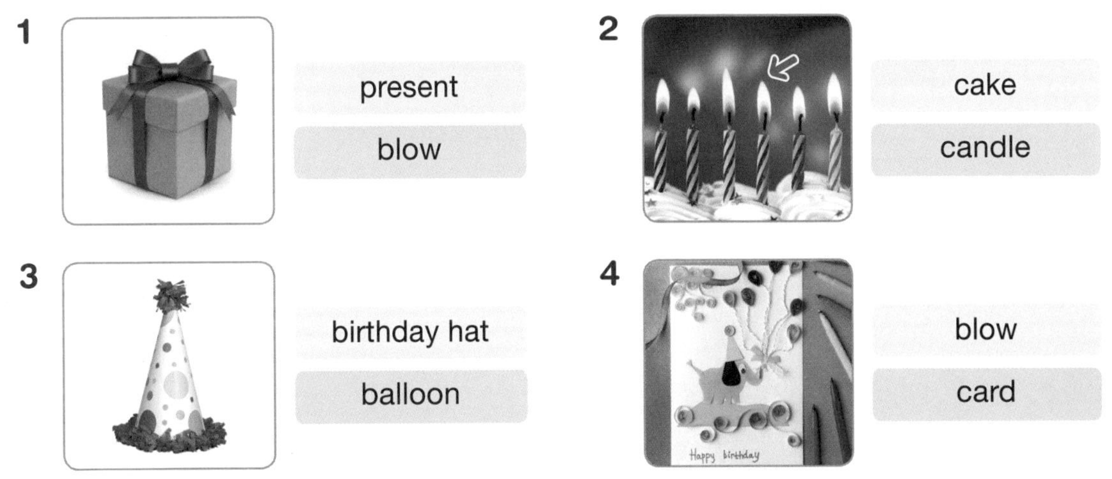

C. 우리말을 읽고 알맞은 단어를 넣어 문장을 완성해 보세요.

1 I bought a birthday ______________ for you.
너를 위해 생일 선물을 샀어.

2 I bought a birthday ______________ for you.
너를 위해 생일 케이크를 샀어.

3 I bought a ________ for your birthday party.
네 생일 파티를 위해 카드를 샀어.

4 I bought a ________ for your birthday party.
네 생일 파티를 위해 풍선을 샀어.

Review 6

■ UNIT 56 – UNIT 65

A 듣고 풀기

1. 단어를 듣고, 알맞은 단어에 ○표 하세요. MP3-81

a. 

catch | pull

b. 

carry | climb

c. 

laugh | dance

d. 

ride | cry

e. 

cooking | reading comics

f. 

truck | boat

2. 문장을 듣고, 알맞은 문장에 ○표 하세요. MP3-82

a. 

Sit down, please.

Close the door.

b. 

They are swimming.

They are running.

c.

Go straight ahead.

Turn right.

d.

He bought a cake.

He bought a card.

3. 대화를 듣고, 빈칸에 들어갈 알맞은 단어를 고르세요. MP3-83

Q: How do you go to school?
A: I go to school by ____________.

a. car **b.** taxi **c.** train

B 듣고 쓰기

들려주는 단어를 영어로 쓴 다음 뜻을 써 보세요. MP3-84

a.

b.

c.

d.

e.

f.

g.

h.

i.

j.

k.

l.

m.

n.

o.

p.

q.

r.

s.

t.

C 읽고 풀기

1. 각 상자에 들어갈 알맞은 단어를 〈보기〉에서 골라 써 보세요.

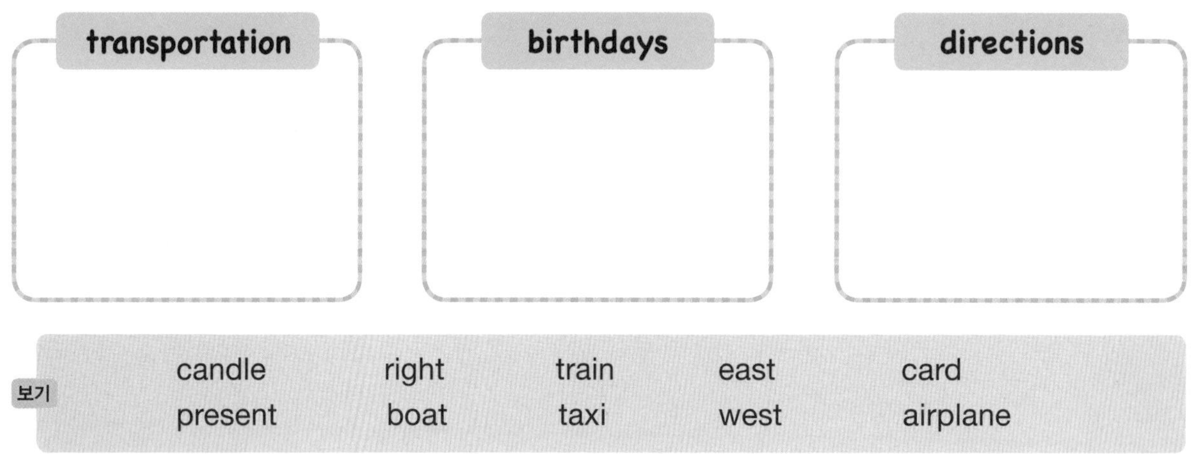

보기				
candle	right	train	east	card
present	boat	taxi	west	airplane

2. 그림과 알맞은 단어를 연결해 보세요.

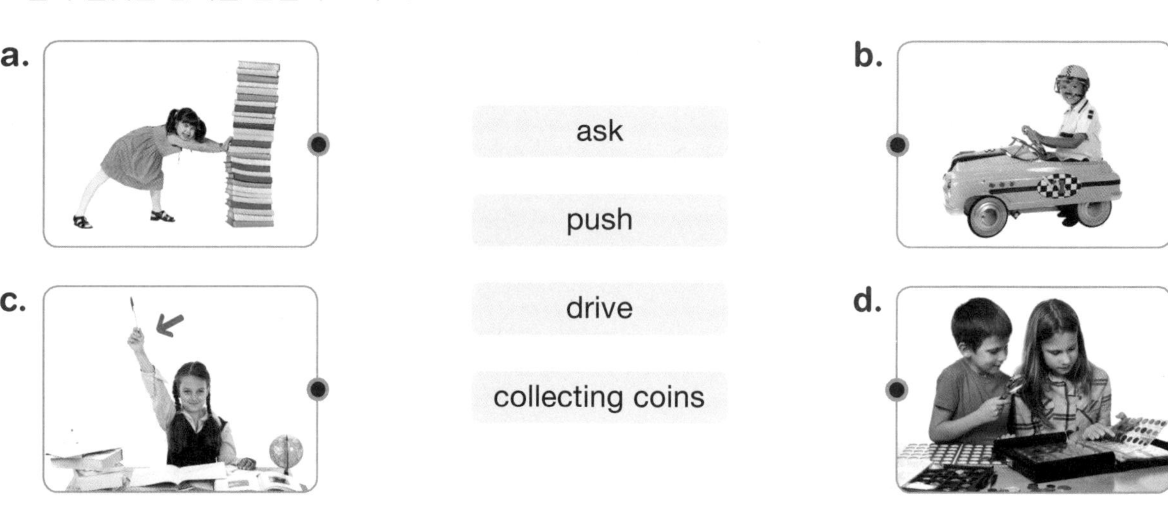

3. 우리말을 보고 빈칸을 채워 단어를 완성해 보세요.

a.	열다	_ p _ n	e.	답하다	an _ _ er
b.	주다	_ _ ve	f.	옮기다	ca _ _ y
c.	남쪽	s _ _ th	g.	두 번째	se _ on _
d.	다섯 번째	fi _ _ h	h.	열 번째	ten _ _

4. 그림에 알맞은 문장을 〈보기〉에서 골라 쓰세요.

a. 

b. 

c. 

보기
• I like listening to music. • He is in third place. • He is kicking a ball.

5. 우리말을 보고 알맞은 단어에 ○표 하세요.

a. 그녀는 자전거를 탈 수 있어요. She can ride | jump a bicycle.

b. 나는 우리 가족을 그리고 있어. I am pointing | drawing my family.

c. 내 취미는 사진 찍는 것이다. My hobby is taking pictures | cooking .

d. 그는 촛불을 끌 수 있나요? Can he turn | blow the candles?

6. 〈보기〉에 있는 단어를 찾아보세요.

D	R	I	N	K	X	F	G
J	W	K	N	W	U	I	M
S	C	B	C	U	L	G	O
M	S	T	A	N	D	H	L
F	H	E	S	O	B	T	X
S	E	V	E	N	T	H	F
W	A	L	K	A	N	L	Q
V	I	N	Z	F	L	Y	X

보기
drink
fight
fly
seventh
stand
walk

UNIT 67 Days of the Week 요일

MP3-85 단어 | 영한 | 한영

step 1 그림을 보면서 단어를 듣고 따라해 보세요.

step 2 우리말을 보면서 영어를 따라 써 보세요.

1 월요일 Monday

2 화요일 Tuesday

3 수요일 Wednesday

4 목요일 Thursday

5 금요일 Friday

6 토요일 Saturday

7 일요일 Sunday

A. 단어를 보고 알맞은 그림을 고르세요.

1 **화요일**

Monday | Tuesday

2 **일요일**

3 **토요일**

Thursday | Saturday

4 **수요일**

Thursday | Wednesday

B. 그림을 보고 알맞은 단어에 ○표 하세요.

1	Monday	일요일	월요일
2	Thursday	목요일	토요일
3	Wednesday	화요일	수요일
4	Friday	금요일	월요일

C. 우리말을 읽고 알맞은 단어를 넣어 문장을 완성해 보세요.

1 Today is ________________. 오늘은 화요일이에요.

2 Today is ________________. 오늘은 금요일이에요.

3 Today is ________________. 오늘은 토요일이에요.

4 Today is ________________. 오늘은 일요일이에요.

Months of the Year 월

MP3-86 단어 | 영한 | 한영

그림을 보면서 단어를 듣고 따라해 보세요.

우리말을 보면서 영어를 따라 써 보세요.

1	1월	January	7	7월	July
2	2월	February	8	8월	August
3	3월	March	9	9월	September
4	4월	April	10	10월	October
5	5월	May	11	11월	November
6	6월	June	12	12월	December

step 3

A. 그림에 알맞은 우리말을 〈보기〉에서 골라 써 보세요.

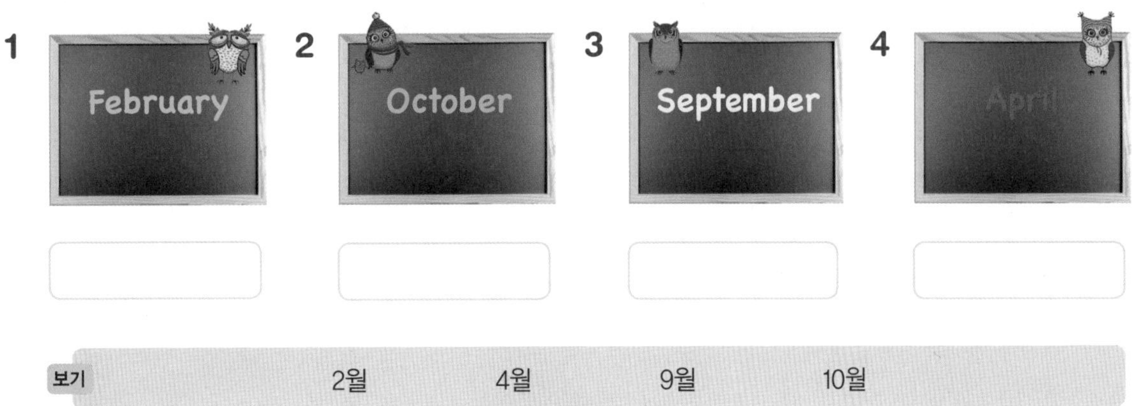

보기 2월 4월 9월 10월

B. 우리말을 보고 빈칸을 채워 단어를 완성하세요.

C. 우리말을 읽고 알맞은 단어를 넣어 문장을 완성해 보세요.

1 My birthday is in ______________.
내 생일은 3월이야.

2 My birthday is in ______________.
내 생일은 8월이야.

3 My birthday is in ______________.
내 생일은 12월이야.

4 My birthday is in ______________.
내 생일은 5월이야.

Daily Routines I 하루일과 I

UNIT 69

MP3-87 단어 | 영한 | 한영

그림을 보면서 단어를 듣고 따라해 보세요.

wake up 일어나다

brush my teeth 이를 닦다

wash my face 세수하다

comb my hair 머리를 빗다

eat breakfast 아침을 먹다

go to school 학교에 가다

eat lunch 점심을 먹다

play with friends 친구와 놀다

우리말을 보면서 영어를 따라 써 보세요.

1 일어나다 wake up

2 이를 닦다 brush my teeth

3 세수하다 wash my face

4 머리를 빗다 comb my hair

5 아침을 먹다 eat breakfast

6 학교에 가다 go to school

7 점심을 먹다 eat lunch

8 친구와 놀다 play with friends

A. 그림을 보고 알맞은 단어와 뜻을 연결해 보세요.

1

2 

3 

4 

eat breakfast	brush my teeth	go to school	play with friends
친구와 놀다	학교에 가다	이를 닦다	아침을 먹다

B. 그림을 보고 알맞은 단어를 〈보기〉에서 찾아 쓰세요.

1 

2 

3 

4 

보기
wash my face　eat lunch
comb my hair　wake up

1 ....

2 ....

3 ....

4 ....

C. 우리말을 읽고 알맞은 단어에 ○표 하세요.

1 나는 머리를 빗어요. I brush my teeth | comb my hair .

2 나는 일찍 일어나요. I wake up | eat lunch early.

3 나는 학교에 가요. I eat breakfast | go to school .

4 나는 얼굴을 씻어요. I wash my face | play with friends .

UNIT 70 Daily Routines Ⅱ 하루일과 Ⅱ

MP3-88 단어 | 영한 | 한영

그림을 보면서 단어를 듣고 따라해 보세요.

go home 집에 가다

play games 게임을 하다

exercise 운동하다

do homework 숙제를 하다

watch TV 텔레비전을 보다

eat dinner 저녁을 먹다

take a shower 샤워하다

go to bed 잠자리에 들다

우리말을 보면서 영어를 따라 써 보세요.

1	집에 가다	go home	5	텔레비전을 보다	watch TV
2	게임을 하다	play games	6	저녁을 먹다	eat dinner
3	운동하다	exercise	7	샤워하다	take a shower
4	숙제를 하다	do homework	8	잠자리에 들다	go to bed

step 3

A. 〈보기〉를 읽고 그림에 알맞은 기호를 쓴 다음 단어를 써 보세요.

보기 a. take a shower b. eat dinner c. play games d. watch TV

B. 우리말을 보고 빈칸을 채워 단어를 완성하세요.

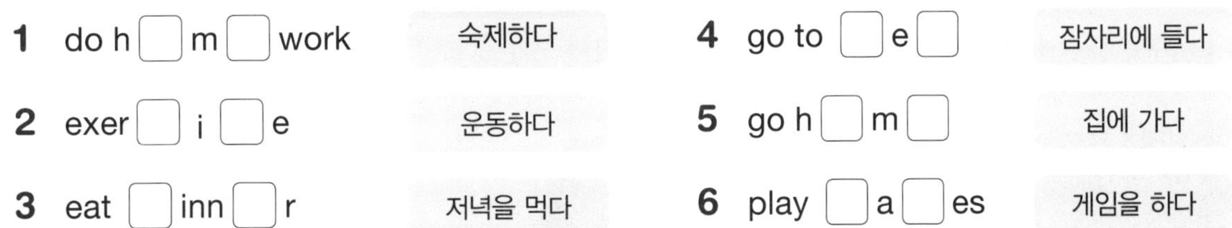

C. 우리말을 읽고 알맞은 단어를 넣어 문장을 완성해 보세요.

1 I ______________________. 나는 숙제를 해.

2 I ______________________. 나는 저녁을 먹어.

3 I ______________________. 나는 운동을 해.

4 I ______________________. 나는 잠자리에 들어.

UNIT 71 Classroom Language I 교실 영어 I

MP3-89 단어 | 영한 | 한영

그림을 보면서 단어를 듣고 따라해 보세요.

listen carefully 잘 듣다

draw a picture 그림을 그리다

speak loudly 큰 소리로 말하다

be quiet 조용히 하다

pay attention 집중하다

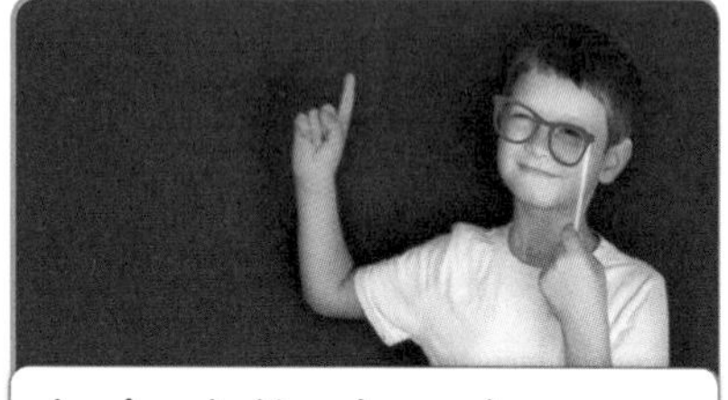

look at the board 칠판을 보다

open your book 책을 펴다

close your book 책을 접다

우리말을 보면서 영어를 따라 써 보세요.

1 잘 듣다 listen carefully

2 그림을 그리다 draw a picture

3 큰 소리로 말하다 speak loudly

4 조용히 하다 be quiet

5 집중하다 pay attention

6 칠판을 보다 look at the board

7 책을 펴다 open your book

8 책을 접다 close your book

step 3

A. 단어를 보고 알맞은 그림을 고른 다음 뜻을 쓰세요.

1 listen carefully →

2 draw a picture →

3 pay attention →

4 be quiet →

B. 우리말에 맞게 단어의 철자를 바르게 써 보세요.

1 l s t n e i 듣다 ____________

2 d w a r 그리다 ____________

3 l o e s c 닫다, 접다 ____________

4 k o l o 보다 ____________

5 t e i u q 조용한 ____________

6 p e a k s 말하다 ____________

C. 우리말을 읽고 알맞은 단어를 넣어 문장을 완성해 보세요.

1 Speak ____________, please. 큰 소리로 말하세요.

2 Be ____________, please. 조용히 하세요.

3 Pay ____________, please. 집중하세요.

4 ____________ at the board, please. 칠판을 보세요.

UNIT 72 Classroom Language Ⅱ 교실 영어 Ⅱ

MP3-90 단어 | 영한 | 한영

그림을 보면서 단어를 듣고 따라해 보세요.

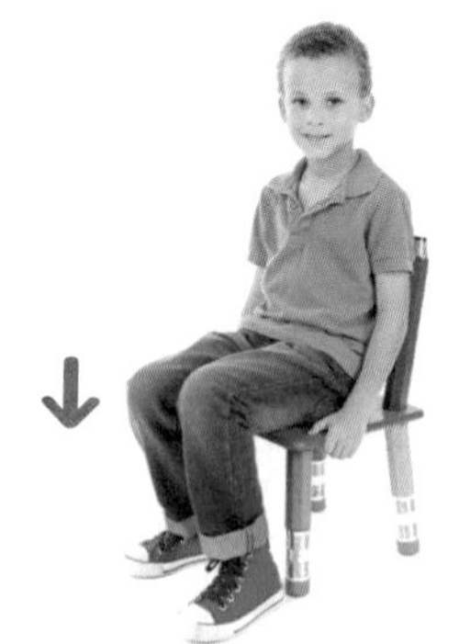

have a seat (자리에) 앉다

raise your hand 손을 들다

work with your partner 짝활동을 하다

stand up 일어나다

write a letter 글자를 쓰다

read a book 책을 읽다

line up 한 줄로 서다

push your chair in 의자를 밀어 넣다

우리말을 보면서 영어를 따라 써 보세요.

1	(자리에) 앉다	have a seat	5	글자를 쓰다	write a letter
2	일어나다	stand up	6	책을 읽다	read a book
3	손을 들다	raise your hand	7	한 줄로 서다	line up
4	짝활동을 하다	work with your partner	8	의자를 밀어 넣다	push your chair in

A. 그림을 보고 알맞은 단어와 뜻을 연결해 보세요.

1 2 3 4 

have a seat | stand up | read a book | write a letter

책을 읽다 | (자리에) 앉다 | 글자를 쓰다 | 일어나다

B. 그림을 보고 알맞은 단어를 〈보기〉에서 찾아 쓰세요.

1 

2 

3 

보기 work with your partner push your chair in line up

C. 우리말을 읽고 알맞은 단어에 ○표 하세요.

1 의자를 밀어 넣으세요. Please line up | push your chair in .

2 손을 드세요. Please raise your hand | read a book .

3 일어나세요. Please sit down | stand up .

4 자리에 앉으세요. Please have a seat | stand up .

Nature 자연

UNIT 73

MP3-91 단어 | 영한 | 한영

그림을 보면서 단어를 듣고 따라해 보세요.

sky 하늘

mountain 산

lake 호수

river 강

sea 바다

forest 숲

jungle 정글

desert 사막

step 2

우리말을 보면서 영어를 따라 써 보세요.

1	하늘	sky	5	바다	sea
2	산	mountain	6	숲	forest
3	호수	lake	7	정글	jungle
4	강	river	8	사막	desert

step 3

A. 단어를 보고 알맞은 그림을 고른 다음 뜻을 쓰세요.

1 mountain →

2 lake →

3 forest →

4 desert →

B. 단어를 보고 알맞은 단어에 ○표 하세요.

1	2	3	4
sky | lake	desert | jungle	forest | river	sea | mountain

C. 그림을 보고 알맞은 단어를 넣어 문장을 완성해 보세요.

1 There is a ________ in my town.
우리 마을엔 산이 있어.

2 There is a ________ in my town.
우리 마을엔 강이 있어.

3 There is a ________ in my town.
우리 마을엔 호수가 있어.

4 There is a ________ in my town.
우리 마을엔 바다가 있어.

Space 우주

MP3-92 단어 | 영한 | 한영

그림을 보면서 단어를 듣고 따라해 보세요.

sun 태양

moon 달

rocket 로켓

astronaut 우주인

earth 지구

planet 행성

star 별

spaceship 우주선

우리말을 보면서 영어를 따라 써 보세요.

1	태양	sun	5	지구	earth
2	달	moon	6	행성	planet
3	로켓	rocket	7	별	star
4	우주인	astronaut	8	우주선	spaceship

A. 그림에 알맞은 단어를 〈보기〉에서 골라 써 보세요.

보기 astronaut earth sun spaceship

B. 우리말을 보고 빈칸을 채워 단어를 완성하세요.

1 pl□net 행성
2 s□ar 별
3 ro□ket 로켓
4 m□on 달
5 □stronaut 우주인
6 ear□h 지구
7 s□n 태양
8 spaces□ip 우주선

C. 우리말을 읽고 알맞은 단어를 넣어 문장을 완성해 보세요.

1 I want to go to the ______________.
나는 달에 가고 싶어요.

2 I want to be an ______________.
나는 우주인이 되고 싶어요.

3 I want to take a ______________.
나는 우주선을 타고 싶어요.

4 I want to explore the ______________.
나는 그 행성을 탐험하고 싶어요.

UNIT 75 Vacations 휴가

MP3-93 단어 | 영한 | 한영

step 1 그림을 보면서 단어를 듣고 따라해 보세요.

go swimming 수영하러 가다

go fishing 낚시하러 가다

beach ball 비치볼

build a sandcastle 모래성을 쌓다

sunblock 선크림

sandals 샌들

swimsuit 수영복

gather seashells 조개를 줍다

step 2 우리말을 보면서 영어를 따라 써 보세요.

1 수영하러 가다 go swimming

2 낚시하러 가다 go fishing

3 비치볼 beach ball

4 모래성을 쌓다 build a sandcastle

5 선크림 sunblock

6 샌들 sandals

7 수영복 swimsuit

8 조개를 줍다 gather seashells

A. 그림을 보고 알맞은 단어와 뜻을 연결해 보세요.

B. 그림을 보고 알맞은 단어를 〈보기〉에서 찾아 쓰세요.

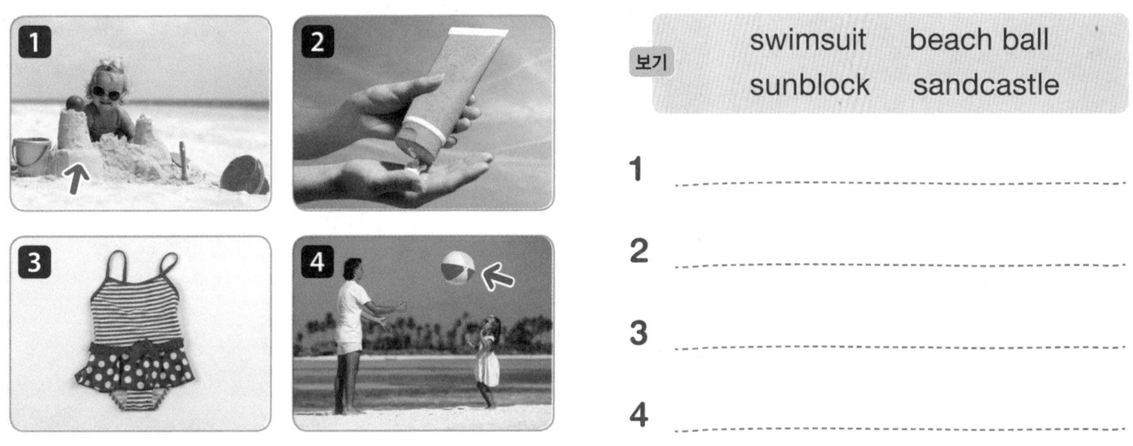

1 ______________________

2 ______________________

3 ______________________

4 ______________________

C. 우리말을 읽고 알맞은 단어에 ○표 하세요.

1 수영하러 가자. Let's [go swimming | go fishing].

2 낚시하러 가자. Let's [go shopping | go fishing].

3 조개를 줍자. Let's [play with a beach ball | gather seashells].

4 모래성을 쌓자. Let's [build a sandcastle | wear sandals].

UNIT 76 Shopping 쇼핑

MP3-94 단어 | 영한 | 한영

step 1 그림을 보면서 단어를 듣고 따라해 보세요.

customer 손님

buy 사다

sell 팔다

market 시장

store 가게

price 가격

salesperson 판매원

go shopping 쇼핑하러 가다

step 2 우리말을 보면서 영어를 따라 써 보세요.

1	손님	customer	5	가게	store
2	사다	buy	6	가격	price
3	팔다	sell	7	판매원	salesperson
4	시장	market	8	쇼핑하러 가다	go shopping

step 3

A. 〈보기〉를 읽고 그림에 알맞은 기호를 쓴 다음 단어를 써 보세요.

1 ______ 2 ______ 3 ______ 4 ______

보기 a. salesperson b. market c. customer d. store

B. 우리말에 맞게 단어의 철자를 바르게 써 보세요.

1 b y u 사다 ______

2 k t e m r a 시장 ______

3 r i e c p 가격 ______

4 r e t s o 상점 ______

5 l l s e 팔다 ______

6 s u r o m t e c 손님 ______

C. 우리말을 읽고 알맞은 단어를 넣어 문장을 완성해 보세요.

1 They ______ clothes.
그들은 옷을 팔아요.

2 There are many ______.
손님이 많아요.

3 He is a ______.
그는 점원이에요.

4 I am going to ______ a bag.
저는 가방을 살 거예요.

UNIT 77 Magic Words 마법의 말

MP3-95 단어 | 영한 | 한영

그림을 보면서 단어를 듣고 따라해 보세요.

I'm sorry.
미안해요.

May I ~?
~해도 될까요?

Thank you.
감사해요.

Excuse me. 실례합니다.

Please. 해주세요.

우리말을 보면서 영어를 따라 써 보세요.

1 미안해요. I'm sorry.

2 ~해도 될까요? May I ~?

3 감사해요. Thank you.

4 실례합니다. Excuse me.

5 해주세요. Please.

step 3

A. 그림을 보고 알맞은 단어와 뜻을 연결해 보세요.

1　　2　　3　　4

I'm sorry.	Thank you.	Excuse me.	Please.
고마워요.	실례합니다.	해주세요.	미안해요.

B. 우리말을 보고 빈칸을 채워 단어를 완성하세요.

1 I'm s☐rry.　미안해요.

2 T☐ank you.　고마워요.

3 Exc☐se me.　실례합니다.

4 Plea☐e.　해주세요.

C. 우리말을 읽고 알맞은 단어에 ○표 하세요.

1 미안해요.　I'm sorry | late .

2 제가 들어가도 될까요?　May | Must I come in?

3 고마워요.　Thank | Mind you.

4 실례합니다.　Excuse | Let me.

Review 7

UNIT 78

■ UNIT 67 – UNIT 77

A 듣고 풀기

1. 단어를 듣고, 알맞은 단어에 ○표 하세요. MP3-96

a. 

eat lunch | wake up

b. 

river | forest

c. 

swimsuit | sandals

d. 

price | store

e. 

moon | star

f. 

jungle | lake

2. 문장을 듣고, 알맞은 문장에 ○표 하세요. MP3-97

a. 

Please stand up.

Please read a book.

b. 

Let's go swimming.

Let's build a sandcastle.

c. 

Close your books!

Be quiet!

d. 

I comb my hair.

I wash my face.

3. 대화를 듣고, 빈칸에 들어갈 알맞은 단어를 고르세요. MP3-98

Q: What do you do in the afternoon?
A: I play ____________.

a. exercise **b.** go home **c.** games

B 듣고 쓰기

들려주는 단어를 영어로 쓴 다음 뜻을 써 보세요. MP3-99

C 읽고 풀기

1. 각 상자에 들어갈 알맞은 단어를 〈보기〉에서 골라 써 보세요.

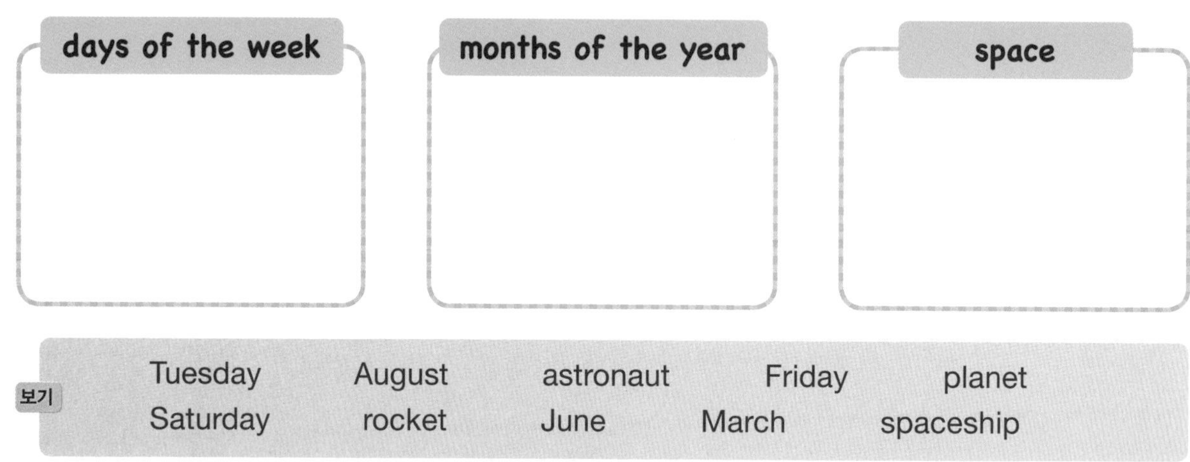

2. 그림과 알맞은 단어를 연결해 보세요.

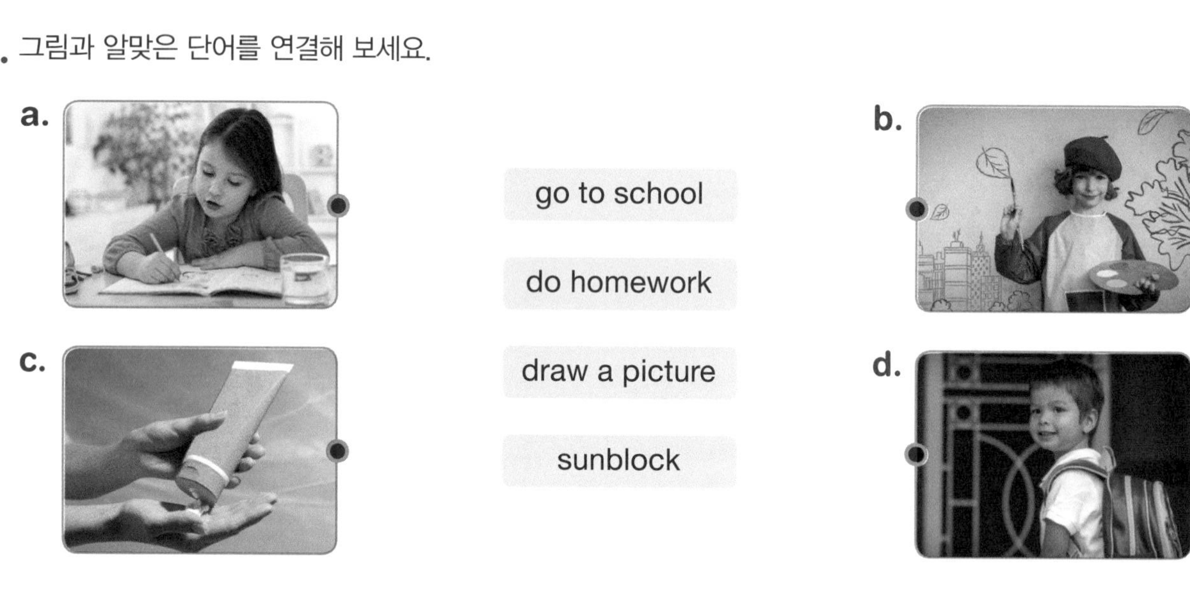

3. 우리말을 보고 빈칸을 채워 단어를 완성해 보세요.

a.	산	m ☐ untai ☐	**e.**	수요일	We ☐ ☐ esday
b.	2월	Fe ☐ rua ☐ y	**f.**	사다	☐ u ☐
c.	운동하다	e ☐ er ☐ ise	**g.**	하늘	s ☐ ☐
d.	모래성	sa ☐ dc ☐ stle	**h.**	강	☐ i ☐ er

4. 그림에 알맞은 문장을 〈보기〉에서 골라 쓰세요.

a. 

b. 

c. 

보기 • Speak loudly. • Please push your chair in. • He wants to be an astronaut.

5. 우리말을 보고 알맞은 단어에 ○표 하세요.

a. 내 생일은 10월이야. My birthday is in October | November .

b. 오늘은 일요일이야. It is Tuesday | Sunday .

c. 실례합니다. I'm sorry. | Excuse me .

d. 나는 얼굴을 씻어요. I wash | eat my face.

6. 크로스워드 퍼즐을 풀어보세요.

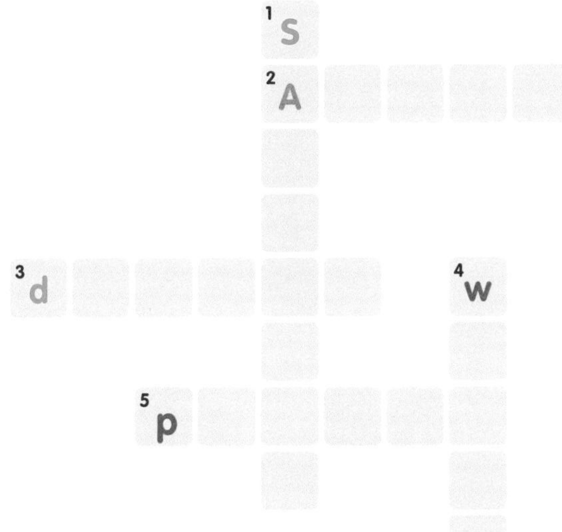

→ Across

2. 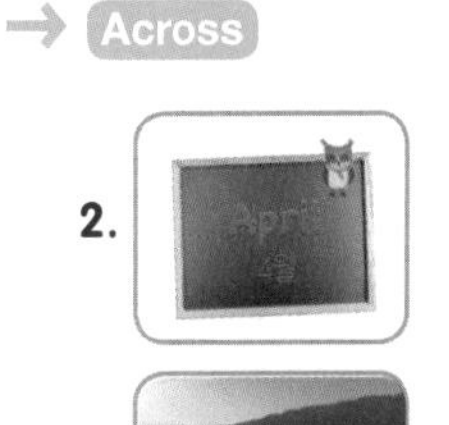

3. 

5. 

↓ Down

1. 

4. 

UNIT 79 Puzzle & Quiz Ⅰ

step 1 다음에 나오는 단어를 퍼즐에서 찾아 보세요.

1 
afternoon

2 
bathroom

3 
blouse

4 
bookcase

5 
bowl

16 
yellow

15 
under

14 
skirt

13 
seven

12 
scissors

6 
classroom

7 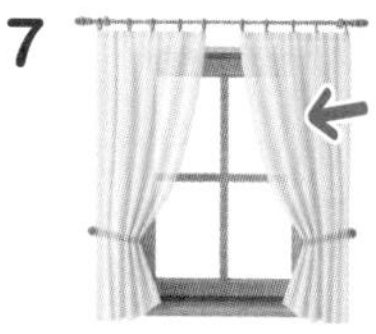
curtain

8 
finger

9 
heart

10 
history

11 
notebook

다음에 나오는 암호 해독표를 참고하여 아래 문장을 써 보세요.

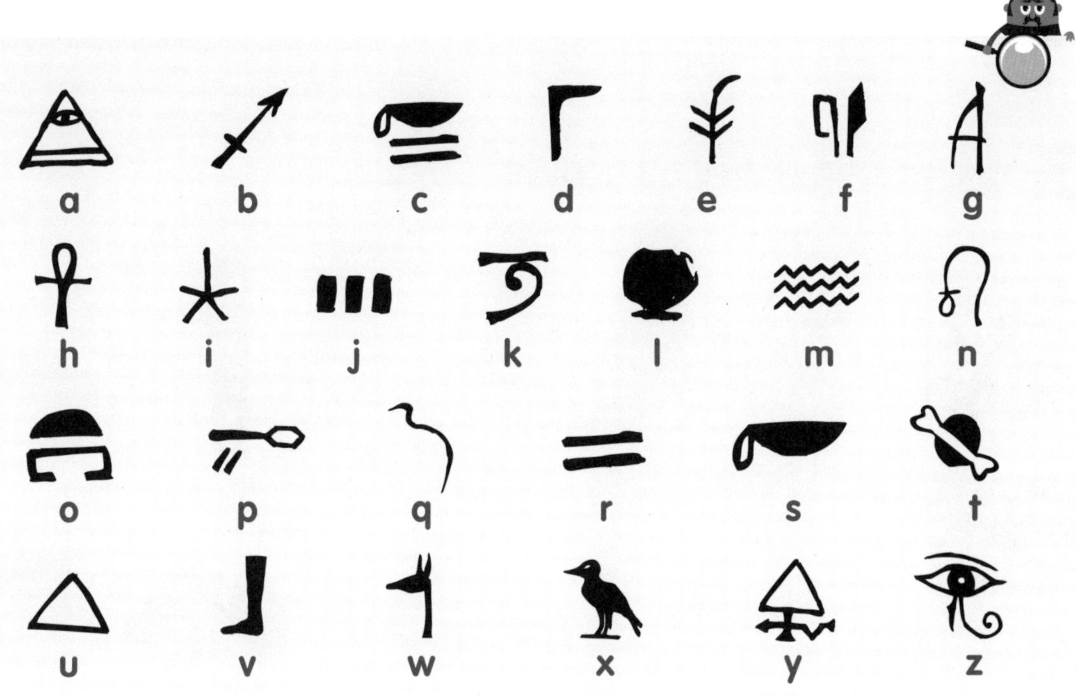

1

He is .

2

.

3

.

4

.

5

.

Puzzle & Quiz Ⅱ

그림에 맞는 철자를 써 넣어 빈칸을 완성하세요.

1 r
2 s
3 c
4 d
5 h
6 f
7 m
8 l
9 d
10 h
11 s
12 e
13 w
14 j
15 c
16 f

1

2

3

4

5 →

5 ↓

6

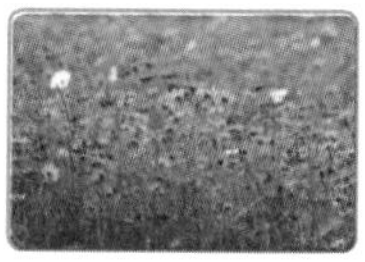

7

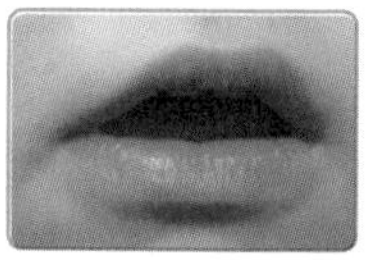

8

도서관

9

10

11

12

13

14

15

16

step 2 그림에 맞는 단어를 쓴 다음 맨 아래에 나오는 단어의 철자를 써 보세요.

1 
2 ❶ p
3 ❷
4 ❸
5
6 ❹
7
8 ❺
9 ❻
10
11
12

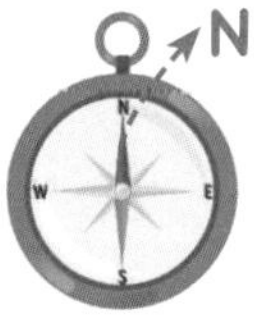

1 2 3 4 5 6 7 8 9 10 11 12

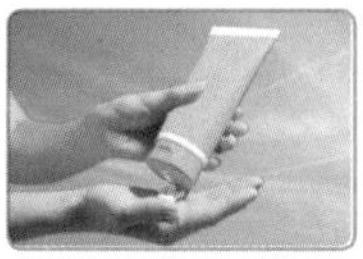

6 N

❶	❷	❸	❹	❺	❻
p					

정답

정답

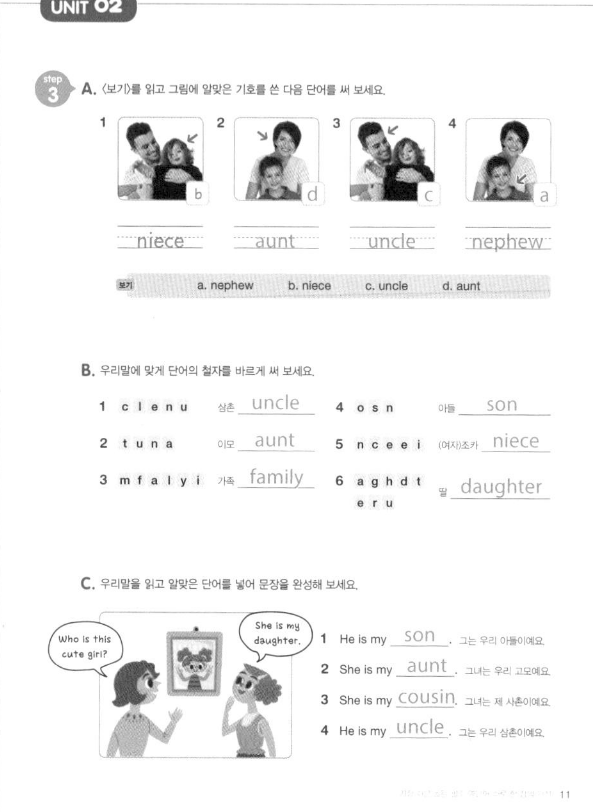

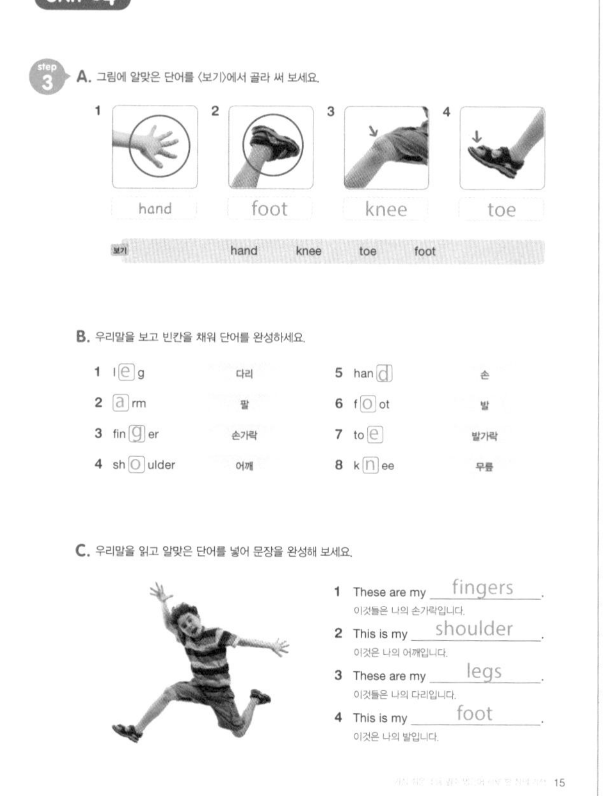

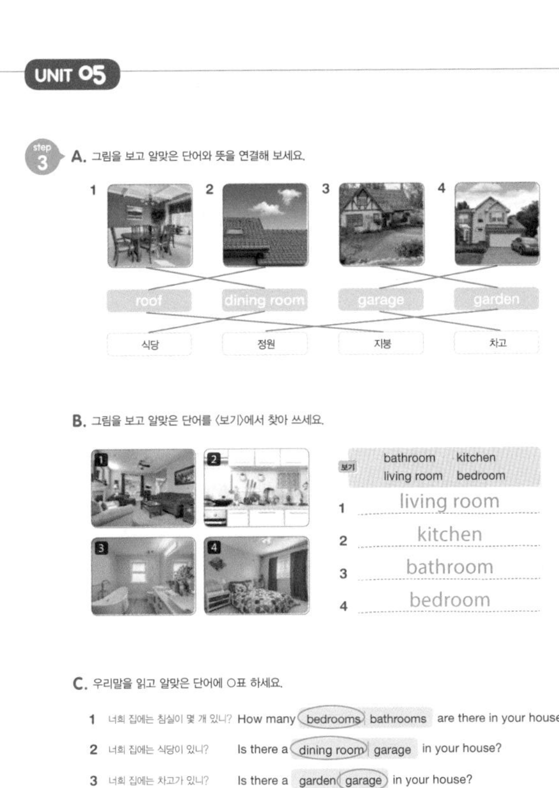
UNIT 05
A. 그림을 보고 알맞은 단어와 뜻을 연결해 보세요.
roof
dining room
garage
garden
식당
정원
지붕
차고
B. 그림을 보고 알맞은 단어를 〈보기〉에서 찾아 쓰세요.
보기 bathroom kitchen living room bedroom
1 living room
2 kitchen
3 bathroom
4 bedroom
C. 우리말을 읽고 알맞은 단어에 O표 하세요.
1 너희 집에는 침실이 몇 개 있니? How many bedrooms bathrooms are there in your house?
2 너희 집에는 식당이 있니? Is there a dining room garage in your house?
3 너희 집에는 차고가 있니? Is there a garden garage in your house?
4 너희 집에는 욕실이 몇 개 있니? How many bedrooms bathrooms are there in your house?
17

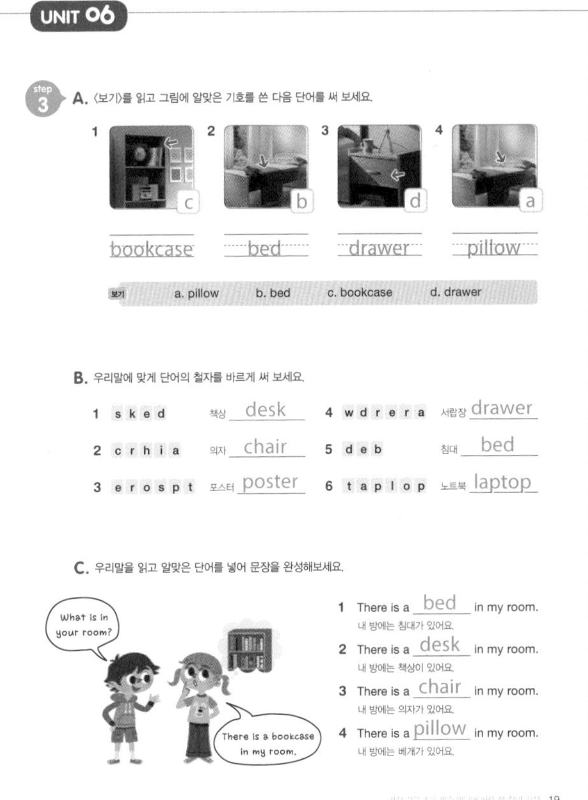
UNIT 06
A. 〈보기〉를 읽고 그림에 알맞은 기호를 쓴 다음 단어를 써 보세요.
1 c bookcase
2 b bed
3 d drawer
4 a pillow
보기 a. pillow b. bed c. bookcase d. drawer
B. 우리말에 맞게 단어의 철자를 바르게 써 보세요.
1 s k e d 책상 desk
2 c r h i a 의자 chair
3 e r o s p t 포스터 poster
4 w d r e r a 서랍장 drawer
5 d e b 침대 bed
6 t a p l o p 노트북 laptop
C. 우리말을 읽고 알맞은 단어를 넣어 문장을 완성해보세요.
What is in your room?
There is a bookcase in my room.
1 There is a bed in my room. 내 방에는 침대가 있어요.
2 There is a desk in my room. 내 방에는 책상이 있어요.
3 There is a chair in my room. 내 방에는 의자가 있어요.
4 There is a pillow in my room. 내 방에는 베개가 있어요.
19

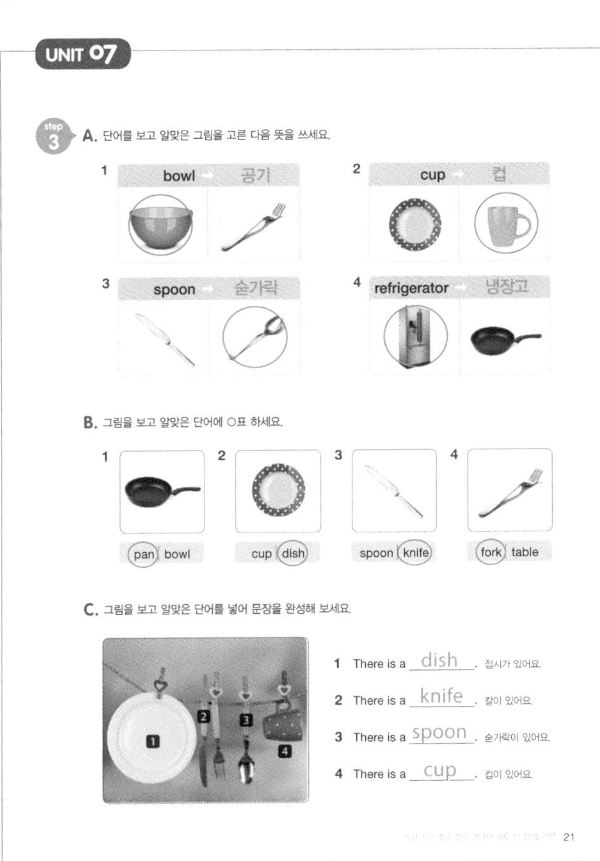
UNIT 07
A. 단어를 보고 알맞은 그림을 고른 다음 뜻을 쓰세요.
1 bowl 공기
2 cup 컵
3 spoon 숟가락
4 refrigerator 냉장고
B. 그림을 보고 알맞은 단어에 O표 하세요.
1 pan bowl
2 cup dish
3 spoon knife
4 fork table
C. 그림을 보고 알맞은 단어를 넣어 문장을 완성해 보세요.
1 There is a dish. 접시가 있어요.
2 There is a knife. 칼이 있어요.
3 There is a spoon. 숟가락이 있어요.
4 There is a cup. 컵이 있어요.
21

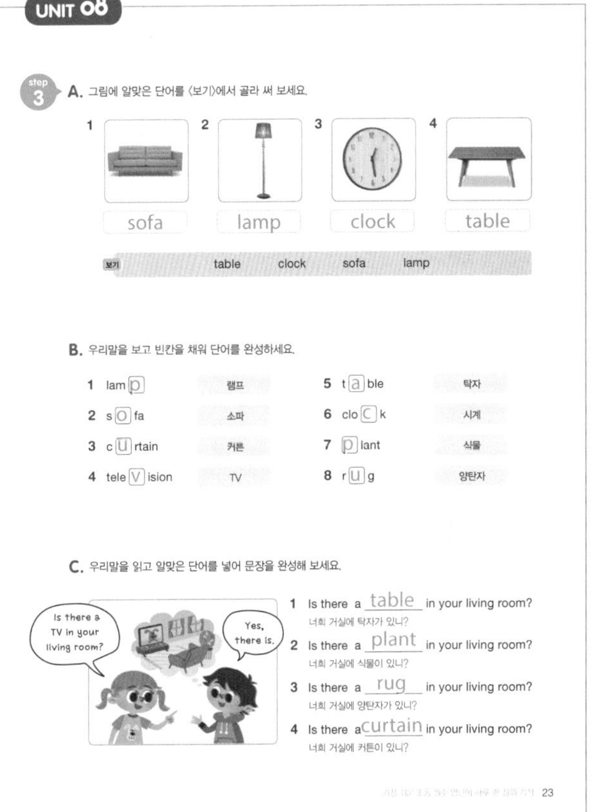
UNIT 08
A. 그림에 알맞은 단어를 〈보기〉에서 골라 써 보세요.
1 sofa
2 lamp
3 clock
4 table
보기 table clock sofa lamp
B. 우리말을 보고 빈칸을 채워 단어를 완성하세요.
1 lamp 램프
2 sofa 소파
3 curtain 커튼
4 television TV
5 table 탁자
6 clock 시계
7 plant 식물
8 rug 양탄자
C. 우리말을 읽고 알맞은 단어를 넣어 문장을 완성해 보세요.
Is there a TV in your living room?
Yes, there is.
1 Is there a table in your living room? 너희 거실에 탁자가 있니?
2 Is there a plant in your living room? 너희 거실에 식물이 있니?
3 Is there a rug in your living room? 너희 거실에 양탄자가 있니?
4 Is there a curtain in your living room? 너희 거실에 커튼이 있니?
23

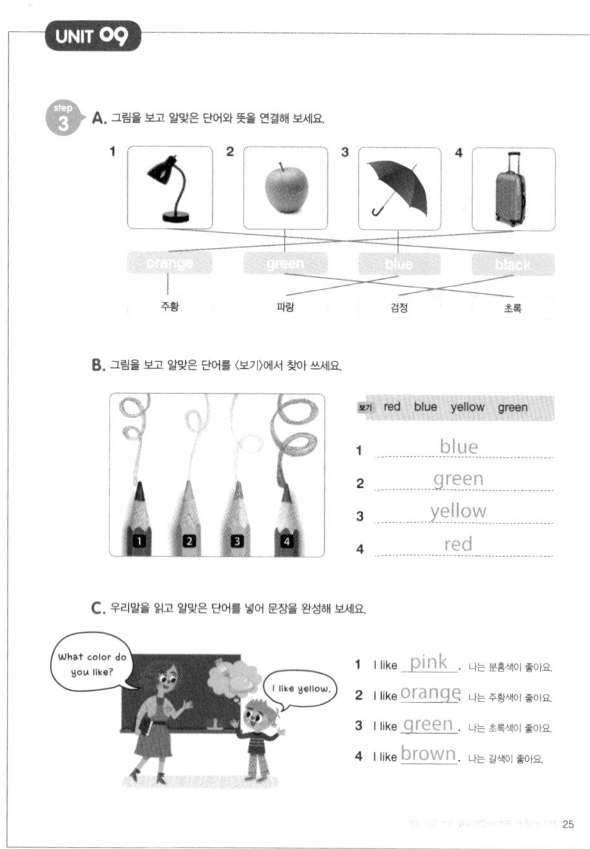
UNIT 09
A. 그림을 보고 알맞은 단어와 뜻을 연결해 보세요.
orange green blue black
주황 파랑 검정 초록
B. 그림을 보고 알맞은 단어를 〈보기〉에서 찾아 쓰세요.
보기 red blue yellow green
1 blue
2 green
3 yellow
4 red
C. 우리말을 읽고 알맞은 단어를 넣어 문장을 완성해 보세요.
What color do you like?
I like yellow.
1 I like pink. 나는 분홍색이 좋아요.
2 I like orange. 나는 주황색이 좋아요.
3 I like green. 나는 초록색이 좋아요.
4 I like brown. 나는 갈색이 좋아요.
25

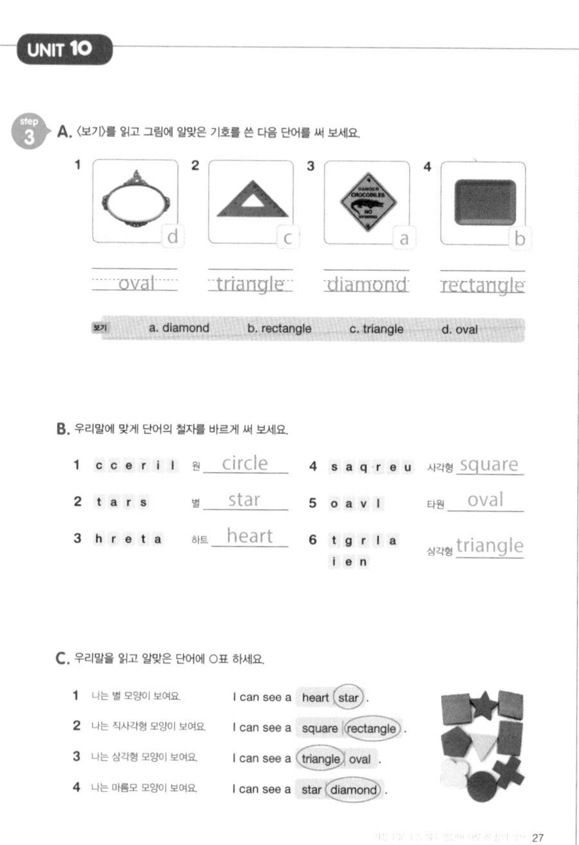
UNIT 10
A. 〈보기〉를 읽고 그림에 알맞은 기호를 쓴 다음 단어를 써 보세요.
1 d oval
2 c triangle
3 a diamond
4 b rectangle
보기 a. diamond b. rectangle c. triangle d. oval
B. 우리말에 맞게 단어의 철자를 바르게 써 보세요.
1 c c e r i l 원 circle
2 t a r s 별 star
3 h r e t a 하트 heart
4 s a q r e u 사각형 square
5 o a v l 타원 oval
6 t g r l a i e n 삼각형 triangle
C. 우리말을 읽고 알맞은 단어에 O표 하세요.
1 나는 별 모양이 보여요. I can see a heart (star).
2 나는 직사각형 모양이 보여요. I can see a square (rectangle).
3 나는 삼각형 모양이 보여요. I can see a (triangle) oval.
4 나는 마름모 모양이 보여요. I can see a star (diamond).
27

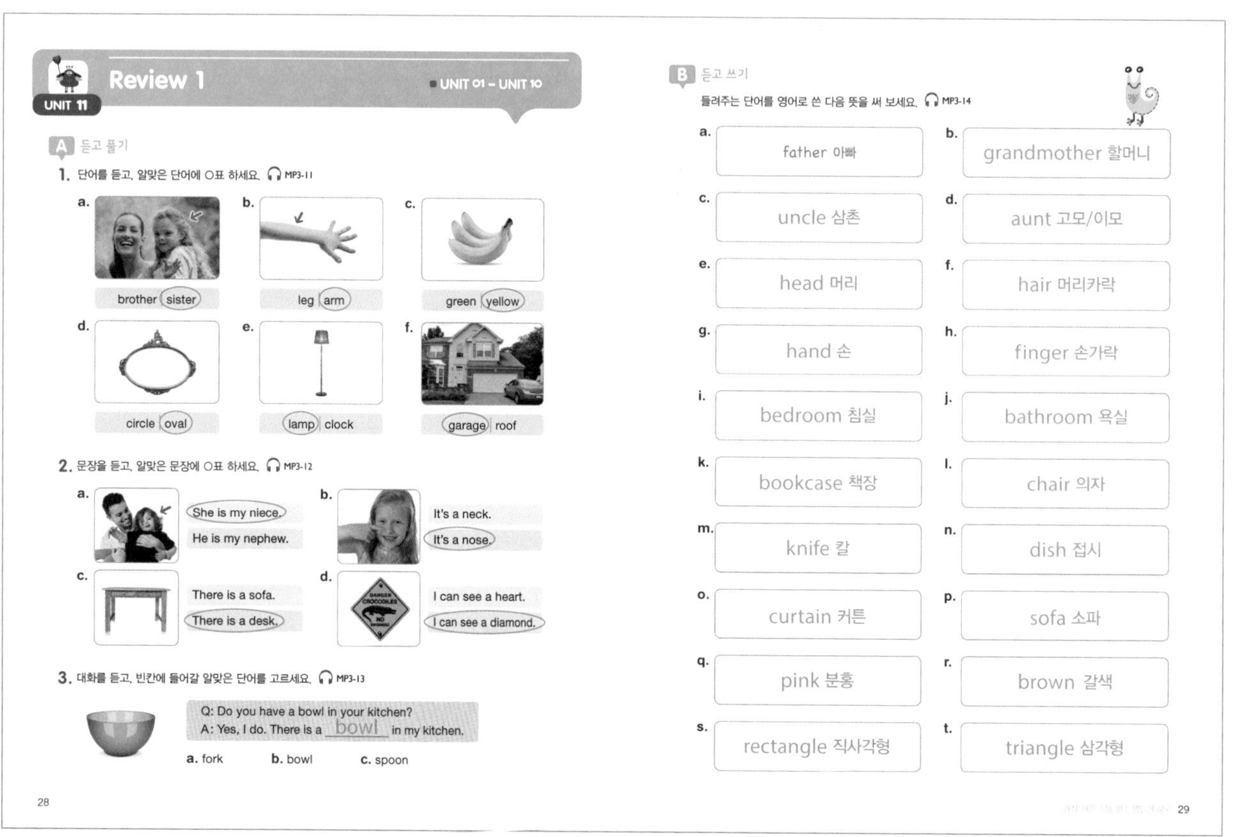
UNIT 11
Review 1
UNIT 01 – UNIT 10
A 듣고 풀기
1. 단어를 듣고, 알맞은 단어에 O표 하세요. MP3-11
a. brother (sister)
b. leg (arm)
c. green (yellow)
d. circle (oval)
e. (lamp) clock
f. (garage) roof
2. 문장을 듣고, 알맞은 문장에 O표 하세요. MP3-12
a. (She is my niece.) He is my nephew.
b. It's a neck. (It's a nose.)
c. There is a sofa. (There is a desk.)
d. I can see a heart. (I can see a diamond.)
3. 대화를 듣고, 빈칸에 들어갈 알맞은 단어를 고르세요. MP3-13
Q: Do you have a bowl in your kitchen?
A: Yes, I do. There is a bowl in my kitchen.
a. fork b. bowl c. spoon
28
B 듣고 쓰기
들려주는 단어를 영어로 쓴 다음 뜻을 써 보세요. MP3-14
a. father 아빠
b. grandmother 할머니
c. uncle 삼촌
d. aunt 고모/이모
e. head 머리
f. hair 머리카락
g. hand 손
h. finger 손가락
i. bedroom 침실
j. bathroom 욕실
k. bookcase 책장
l. chair 의자
m. knife 칼
n. dish 접시
o. curtain 커튼
p. sofa 소파
q. pink 분홍
r. brown 갈색
s. rectangle 직사각형
t. triangle 삼각형
29

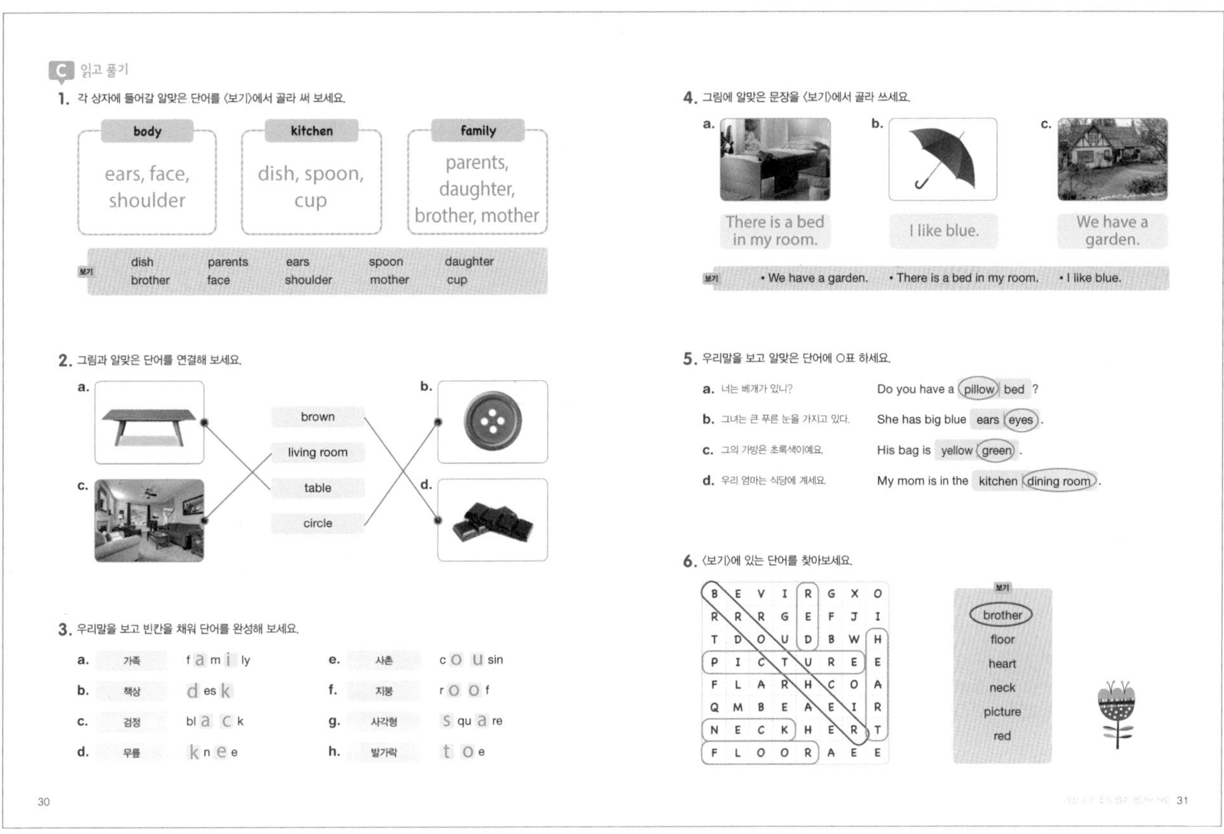

C 읽고 풀기

1. 각 상자에 들어갈 알맞은 단어를 <보기>에서 골라 써 보세요.

body	kitchen	family
ears, face, shoulder	dish, spoon, cup	parents, daughter, brother, mother

보기 dish parents ears spoon daughter brother face shoulder mother cup

2. 그림과 알맞은 단어를 연결해 보세요.

a. b. c. d.

brown
living room
table
circle

3. 우리말을 보고 빈칸을 채워 단어를 완성해 보세요.

a. 가족 f a m i ly
b. 책상 d es k
c. 검정 bl a c k
d. 무릎 k n e e
e. 사촌 c o u sin
f. 지붕 r o o f
g. 사각형 s qu a re
h. 발가락 t o e

30

4. 그림에 알맞은 문장을 <보기>에서 골라 쓰세요.

a. There is a bed in my room.
b. I like blue.
c. We have a garden.

보기 • We have a garden. • There is a bed in my room. • I like blue.

5. 우리말을 보고 알맞은 단어에 O표 하세요.

a. 너는 베개가 있니? Do you have a (pillow) bed ?
b. 그녀는 큰 푸른 눈을 가지고 있다. She has big blue ears (eyes).
c. 그의 가방은 초록색이에요. His bag is yellow (green).
d. 우리 엄마는 식당에 계세요. My mom is in the kitchen (dining room).

6. <보기>에 있는 단어를 찾아보세요.

B	E	V	I	R	G	X	O
R	R	R	G	E	F	J	I
T	O	O	U	D	B	W	H
P	I	C	T	U	R	E	E
F	L	A	R	H	C	O	A
Q	M	B	E	A	E	I	R
N	E	C	K	H	E	R	T
F	L	O	O	R	A	E	E

보기 brother floor heart neck picture red

31

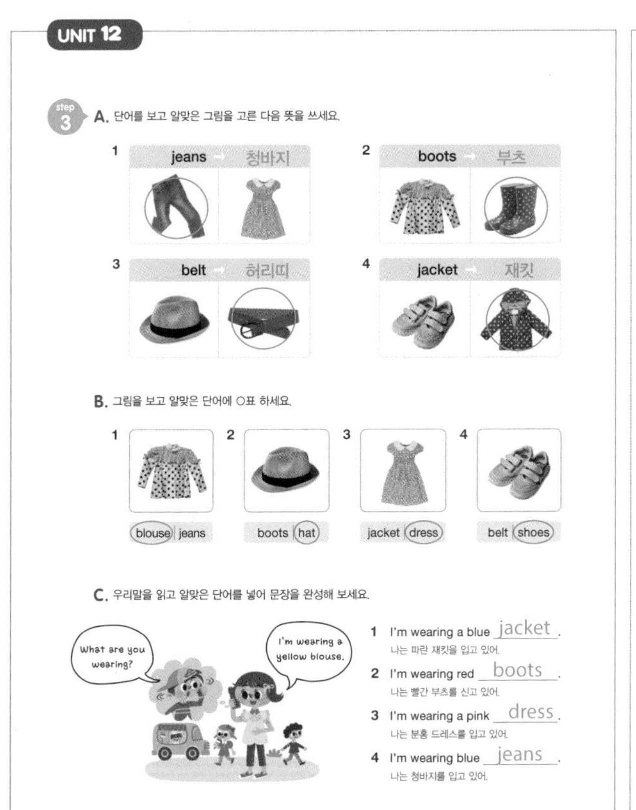

UNIT 12

step 3 A. 단어를 보고 알맞은 그림을 고른 다음 뜻을 쓰세요.

1 jeans → 청바지
2 boots → 부츠
3 belt → 허리띠
4 jacket → 재킷

B. 그림을 보고 알맞은 단어에 O표 하세요.

1 (blouse) jeans
2 boots (hat)
3 jacket (dress)
4 belt (shoes)

C. 우리말을 읽고 알맞은 단어를 넣어 문장을 완성해 보세요.

1 I'm wearing a blue jacket .
나는 파란 재킷을 입고 있어.
2 I'm wearing red boots .
나는 빨간 부츠를 신고 있어.
3 I'm wearing a pink dress .
나는 분홍 드레스를 입고 있어.
4 I'm wearing blue jeans .
나는 청바지를 입고 있어.

33

UNIT 13

step 3 A. 그림에 알맞은 단어를 <보기>에서 골라 써 보세요.

1 socks
2 vest
3 pants
4 sweater

보기 sweater vest pants socks

B. 우리말을 보고 빈칸을 채워 단어를 완성하세요.

1 sk i rt 치마
2 v est 조끼
3 sho r ts 반바지
4 pan t s 바지
5 s w eater 스웨터
6 co a t 코트
7 T-s h irt 티셔츠
8 s o cks 양말

C. 그림을 보고 알맞은 단어를 넣어 문장을 완성해 보세요.

1 Are these your shorts ?
이것들은 당신의 반바지입니까?
2 Is this your sweater ?
이것은 당신의 스웨터입니까?
3 Are these your socks ?
이것들은 당신의 양말입니까?
4 Is this your coat ?
이것은 당신의 코트입니까?

35

정답

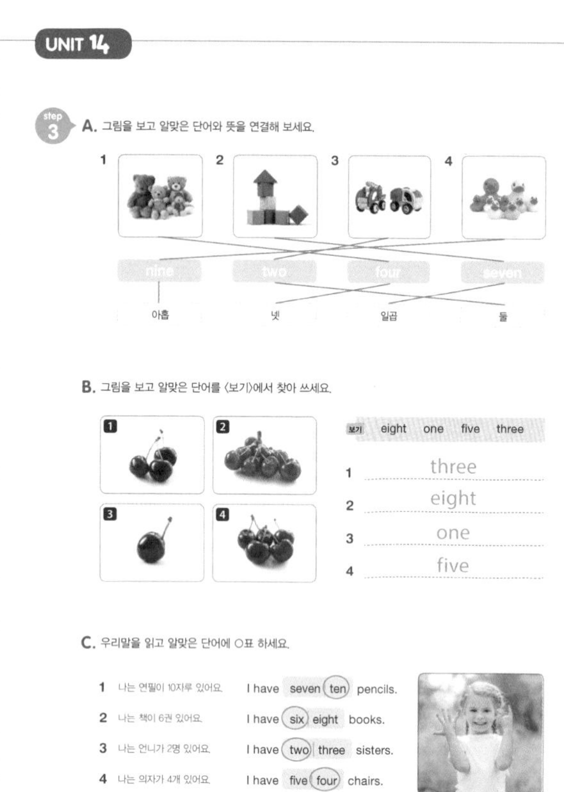

UNIT 14

step 3

A. 그림을 보고 알맞은 단어와 뜻을 연결해 보세요.

1 2 3 4

nine two four seven

아홉 넷 일곱 둘

B. 그림을 보고 알맞은 단어를 〈보기〉에서 찾아 쓰세요.

보기 eight one five three

1 three
2 eight
3 one
4 five

C. 우리말을 읽고 알맞은 단어에 O표 하세요.

1 나는 연필이 10자루 있어요. I have seven (ten) pencils.
2 나는 책이 6권 있어요. I have (six) eight books.
3 나는 언니가 2명 있어요. I have (two) three sisters.
4 나는 의자가 4개 있어요. I have five (four) chairs.

37

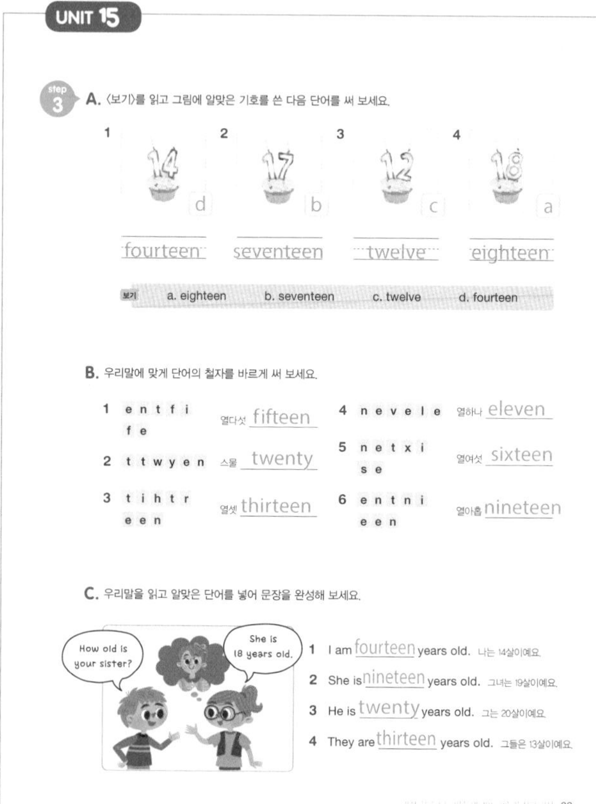

UNIT 15

step 3

A. 〈보기〉를 읽고 그림에 알맞은 기호를 쓴 다음 단어를 써 보세요.

1 d fourteen
2 b seventeen
3 c twelve
4 a eighteen

보기 a. eighteen b. seventeen c. twelve d. fourteen

B. 우리말에 맞게 단어의 철자를 바르게 써 보세요.

1 e n t f i f e 열다섯 fifteen
2 t t w y e n 스물 twenty
3 t i h t r e e n 열셋 thirteen
4 n e v e l e 열하나 eleven
5 n e t x i s e 열여섯 sixteen
6 e n t n i e e n 열아홉 nineteen

C. 우리말을 읽고 알맞은 단어를 넣어 문장을 완성해 보세요.

1 I am fourteen years old. 나는 14살이에요.
2 She is nineteen years old. 그녀는 19살이에요.
3 He is twenty years old. 그는 20살이에요.
4 They are thirteen years old. 그들은 13살이에요.

39

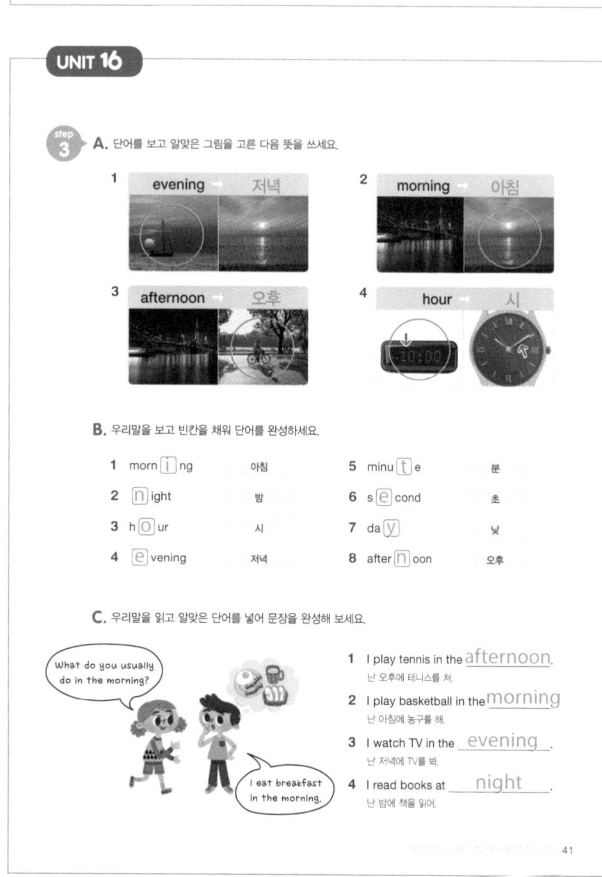

UNIT 16

step 3

A. 단어를 보고 알맞은 그림을 고른 다음 뜻을 쓰세요.

1 evening → 저녁
2 morning → 아침
3 afternoon → 오후
4 hour → 시

B. 우리말을 보고 빈칸을 채워 단어를 완성하세요.

1 morn[i]ng 아침
2 [n]ight 밤
3 h[o]ur 시
4 [e]vening 저녁
5 minu[t]e 분
6 s[e]cond 초
7 da[y] 낮
8 after[n]oon 오후

C. 우리말을 읽고 알맞은 단어를 넣어 문장을 완성해 보세요.

1 I play tennis in the afternoon. 난 오후에 테니스를 쳐.
2 I play basketball in the morning. 난 아침에 농구를 해.
3 I watch TV in the evening. 난 저녁에 TV를 봐.
4 I read books at night. 난 밤에 책을 읽어.

41

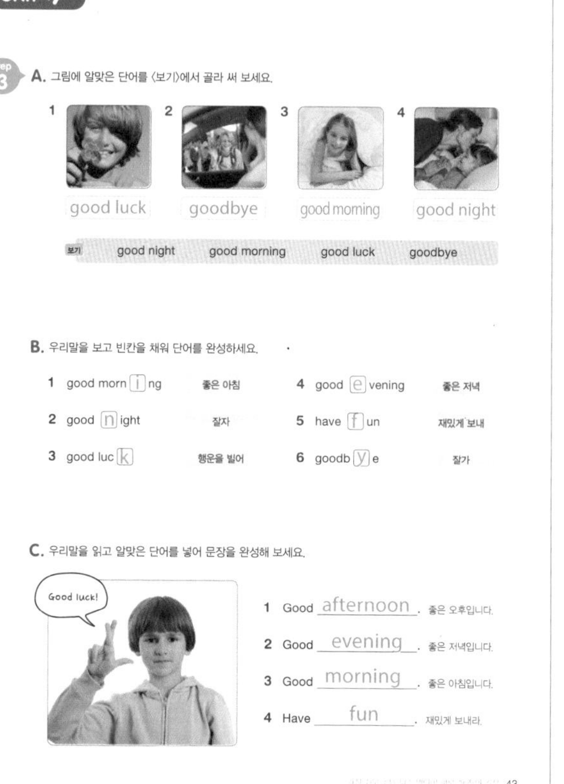

UNIT 17

step 3

A. 그림에 알맞은 단어를 〈보기〉에서 골라 써 보세요.

1 good luck
2 goodbye
3 good morning
4 good night

보기 good night good morning good luck goodbye

B. 우리말을 보고 빈칸을 채워 단어를 완성하세요.

1 good morn[i]ng 좋은 아침
2 good [n]ight 잘 자
3 good luc[k] 행운을 빌어
4 good [e]vening 좋은 저녁
5 have [f]un 재밌게 보내
6 goodb[y]e 잘 가

C. 우리말을 읽고 알맞은 단어를 넣어 문장을 완성해 보세요.

1 Good afternoon. 좋은 오후입니다.
2 Good evening. 좋은 저녁입니다.
3 Good morning. 좋은 아침입니다.
4 Have fun. 재밌게 보내라.

43

UNIT 18

step 3 A. <보기>를 읽고 그림에 알맞은 기호를 쓴 다음 단어를 써 보세요.

1 d notebook
2 c book
3 a ruler
4 b crayon

보기 a. ruler b. crayon c. book d. notebook

B. 그림을 보고 알맞은 단어를 <보기>에서 찾아 쓰세요.

보기 pencil pen ruler eraser

1 ruler
2 eraser
3 pencil
4 pen

C. 우리말을 읽고 알맞은 단어에 O표 하세요.

1 이것은 제 가위예요. This is my (scissors) crayon .
2 이것은 제 공책이에요. This is my eraser (notebook).
3 이것은 제 펜이에요. This is my (pen) ruler .
4 이것은 제 연필이에요. This is my book (pencil).

45

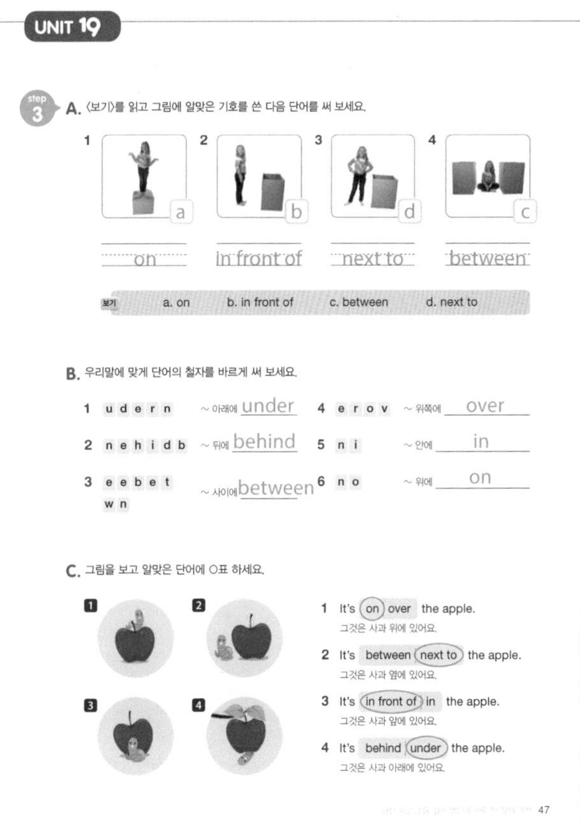
UNIT 19

step 3 A. <보기>를 읽고 그림에 알맞은 기호를 쓴 다음 단어를 써 보세요.

1 a on
2 b in front of
3 d next to
4 c between

보기 a. on b. in front of c. between d. next to

B. 우리말에 맞게 단어의 철자를 바르게 써 보세요.

1 u d e r n ~ 아래에 under
2 n e h i d b ~ 뒤에 behind
3 e e b e t w n ~ 사이에 between
4 e r o v ~ 위쪽에 over
5 n i ~ 안에 in
6 n o ~ 위에 on

C. 그림을 보고 알맞은 단어에 O표 하세요.

1 It's (on) over the apple.
그것은 사과 위에 있어요.
2 It's between (next to) the apple.
그것은 사과 옆에 있어요.
3 It's (in front of) in the apple.
그것은 사과 앞에 있어요.
4 It's behind (under) the apple.
그것은 사과 아래에 있어요.

47

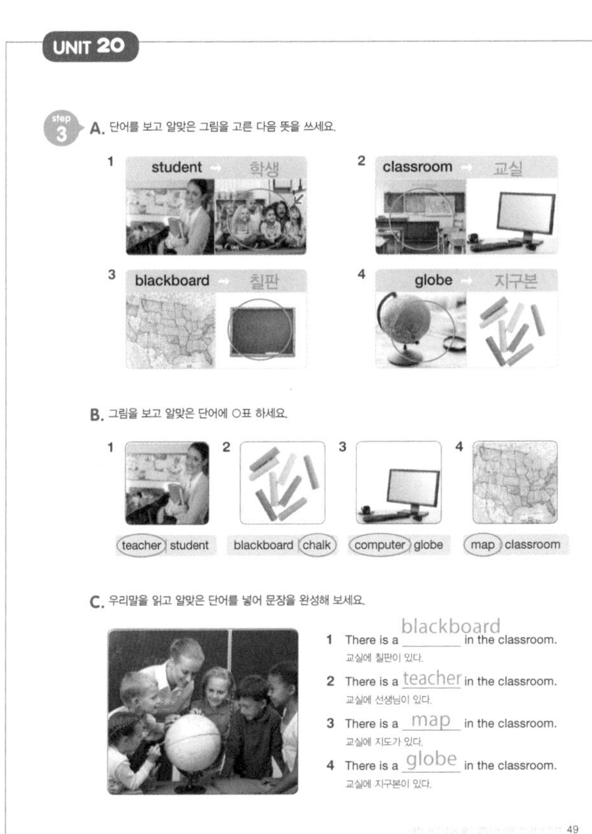
UNIT 20

step 3 A. 단어를 보고 알맞은 그림을 고른 다음 뜻을 쓰세요.

1 student → 학생
2 classroom → 교실
3 blackboard → 칠판
4 globe → 지구본

B. 그림을 보고 알맞은 단어에 O표 하세요.

1 (teacher) student
2 blackboard (chalk)
3 (computer) globe
4 (map) classroom

C. 우리말을 읽고 알맞은 단어를 넣어 문장을 완성해 보세요.

1 There is a blackboard in the classroom.
교실에 칠판이 있다.
2 There is a teacher in the classroom.
교실에 선생님이 있다.
3 There is a map in the classroom.
교실에 지도가 있다.
4 There is a globe in the classroom.
교실에 지구본이 있다.

49

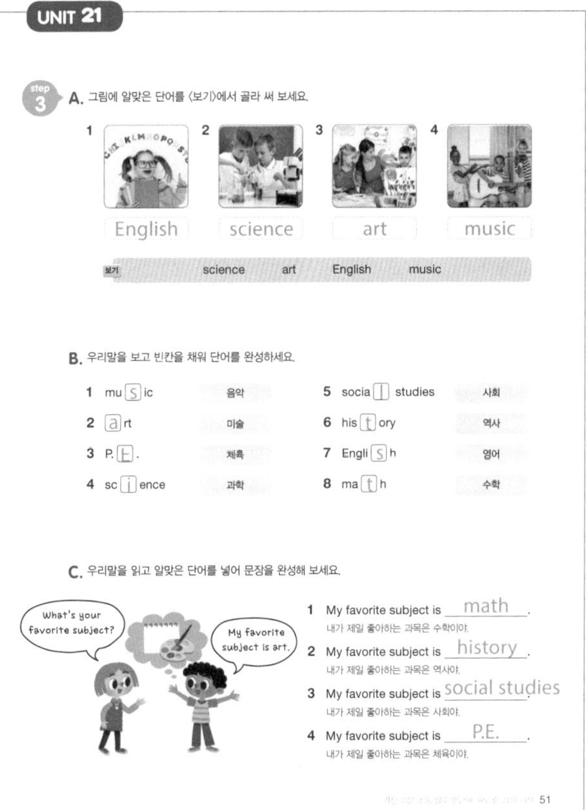
UNIT 21

step 3 A. 그림에 알맞은 단어를 <보기>에서 골라 써 보세요.

1 English
2 science
3 art
4 music

보기 science art English music

B. 우리말을 보고 빈칸을 채워 단어를 완성하세요.

1 mu s ic 음악
2 a rt 미술
3 P. E . 체육
4 sc i ence 과학
5 socia l studies 사회
6 his t ory 역사
7 Engli s h 영어
8 ma t h 수학

C. 우리말을 읽고 알맞은 단어를 넣어 문장을 완성해 보세요.

1 My favorite subject is math .
내가 제일 좋아하는 과목은 수학이야.
2 My favorite subject is history .
내가 제일 좋아하는 과목은 역사야.
3 My favorite subject is social studies .
내가 제일 좋아하는 과목은 사회야.
4 My favorite subject is P.E. .
내가 제일 좋아하는 과목은 체육이야.

51

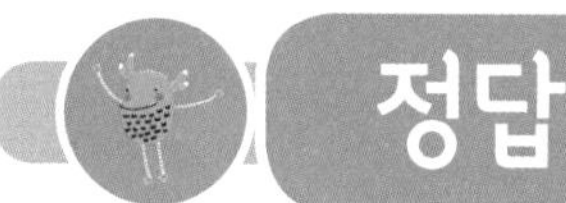

정답

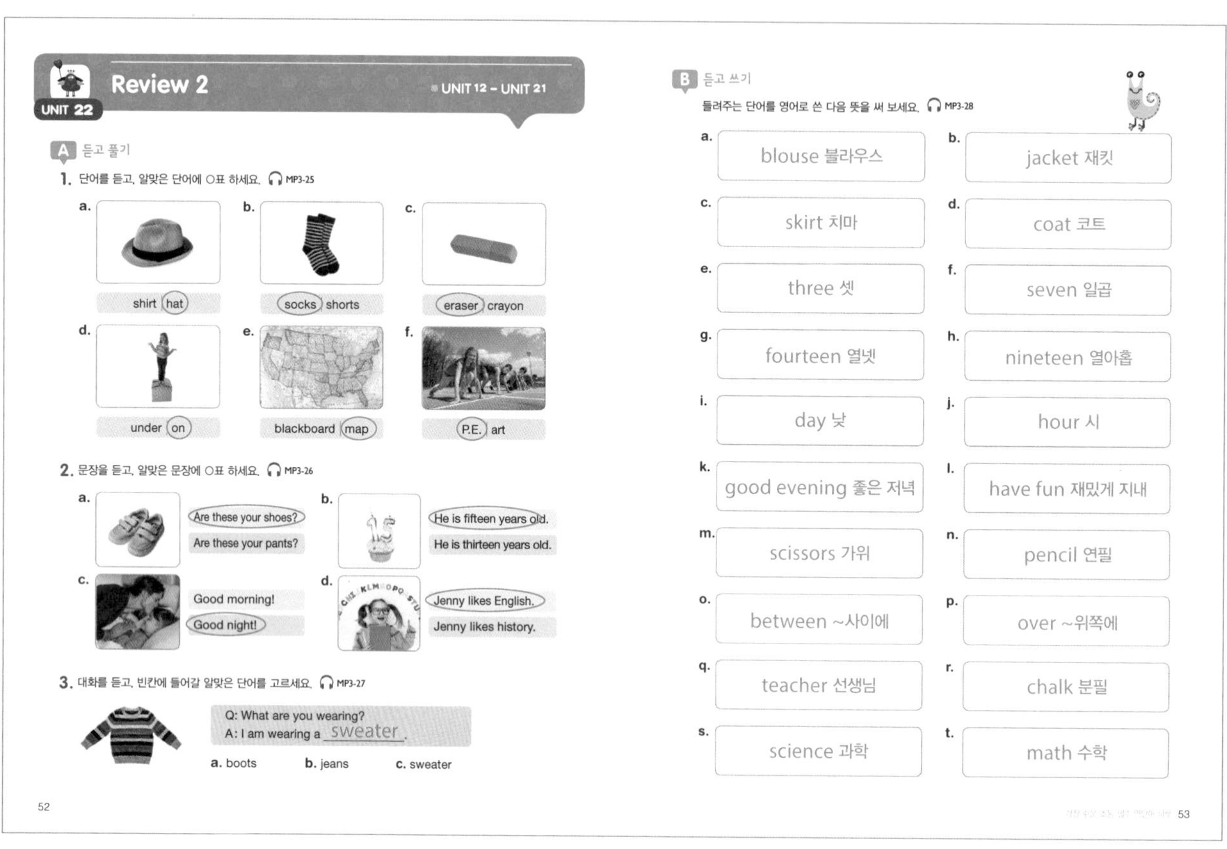

UNIT 22 Review 2

UNIT 12 – UNIT 21

A 듣고 풀기

1. 단어를 듣고, 알맞은 단어에 O표 하세요. MP3-25

a. shirt (hat)
b. (socks) shorts
c. (eraser) crayon
d. under (on)
e. blackboard (map)
f. (P.E.) art

2. 문장을 듣고, 알맞은 문장에 O표 하세요. MP3-26

a. (Are these your shoes?) / Are these your pants?
b. (He is fifteen years old.) / He is thirteen years old.
c. Good morning! / (Good night!)
d. (Jenny likes English.) / Jenny likes history.

3. 대화를 듣고, 빈칸에 들어갈 알맞은 단어를 고르세요. MP3-27

Q: What are you wearing?
A: I am wearing a sweater.

a. boots b. jeans c. sweater

52

B 듣고 쓰기

들려주는 단어를 영어로 쓴 다음 뜻을 써 보세요. MP3-28

a.	blouse 블라우스	b.	jacket 재킷
c.	skirt 치마	d.	coat 코트
e.	three 셋	f.	seven 일곱
g.	fourteen 열넷	h.	nineteen 열아홉
i.	day 낮	j.	hour 시
k.	good evening 좋은 저녁	l.	have fun 재밌게 지내
m.	scissors 가위	n.	pencil 연필
o.	between ~사이에	p.	over ~위쪽에
q.	teacher 선생님	r.	chalk 분필
s.	science 과학	t.	math 수학

53

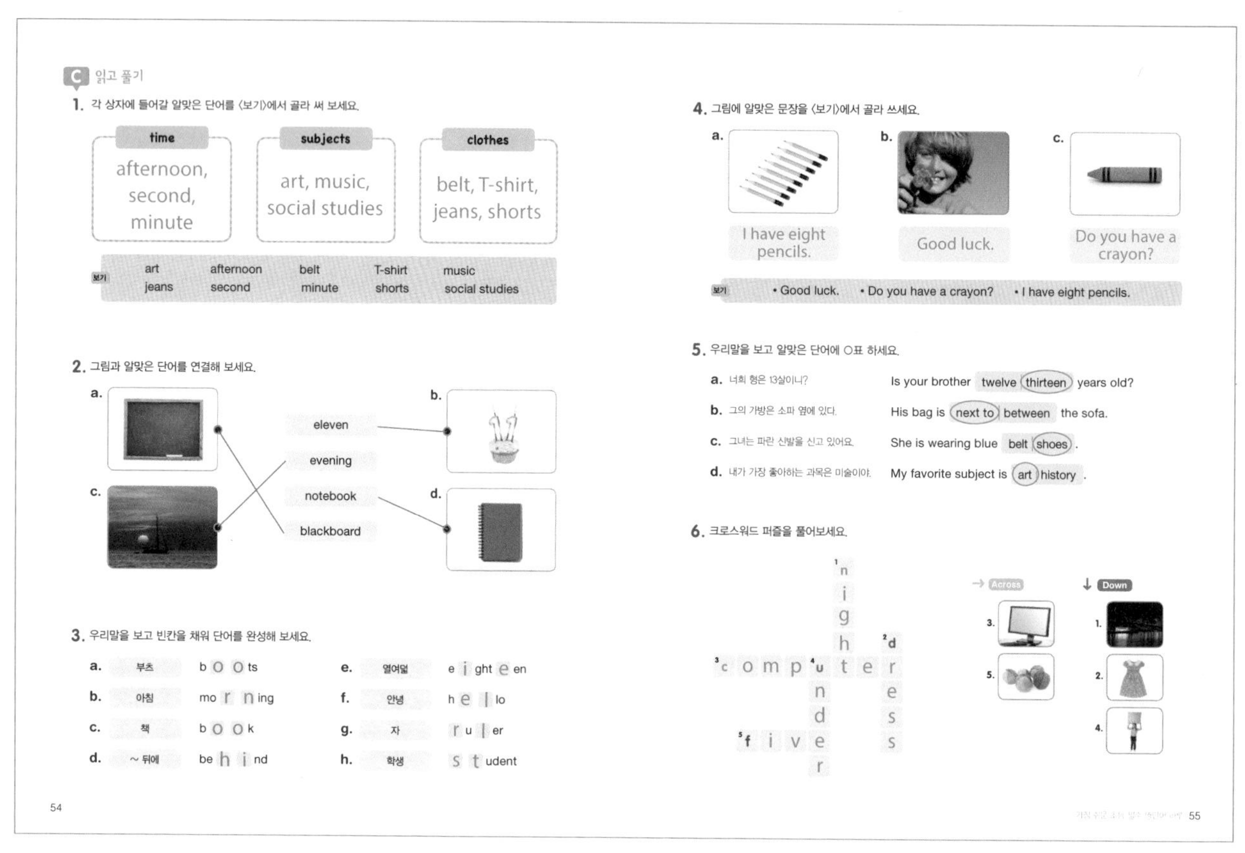

C 읽고 풀기

1. 각 상자에 들어갈 알맞은 단어를 〈보기〉에서 골라 써 보세요.

time	subjects	clothes
afternoon, second, minute	art, music, social studies	belt, T-shirt, jeans, shorts

보기: art, afternoon, belt, T-shirt, music, jeans, second, minute, shorts, social studies

2. 그림과 알맞은 단어를 연결해 보세요.

a. blackboard
b. eleven
c. evening
d. notebook

3. 우리말을 보고 빈칸을 채워 단어를 완성해 보세요.

a. 부츠 b o o ts
b. 아침 mo r n ing
c. 책 b o o k
d. ~뒤에 be h i nd
e. 열여덟 e i ght e en
f. 안녕 h e l lo
g. 자 r u l er
h. 학생 s t udent

54

4. 그림에 알맞은 문장을 〈보기〉에서 골라 쓰세요.

a. I have eight pencils.
b. Good luck.
c. Do you have a crayon?

보기: • Good luck. • Do you have a crayon? • I have eight pencils.

5. 우리말을 보고 알맞은 단어에 O표 하세요.

a. 너희 형은 13살이니? Is your brother twelve (thirteen) years old?
b. 그의 가방은 소파 옆에 있다. His bag is (next to) between the sofa.
c. 그녀는 파란 신발을 신고 있어요. She is wearing blue belt (shoes).
d. 내가 가장 좋아하는 과목은 미술이야. My favorite subject is (art) history.

6. 크로스워드 퍼즐을 풀어보세요.

Across: 3. computer 5. five
Down: 1. nighteen 2. dresses 4. under

55

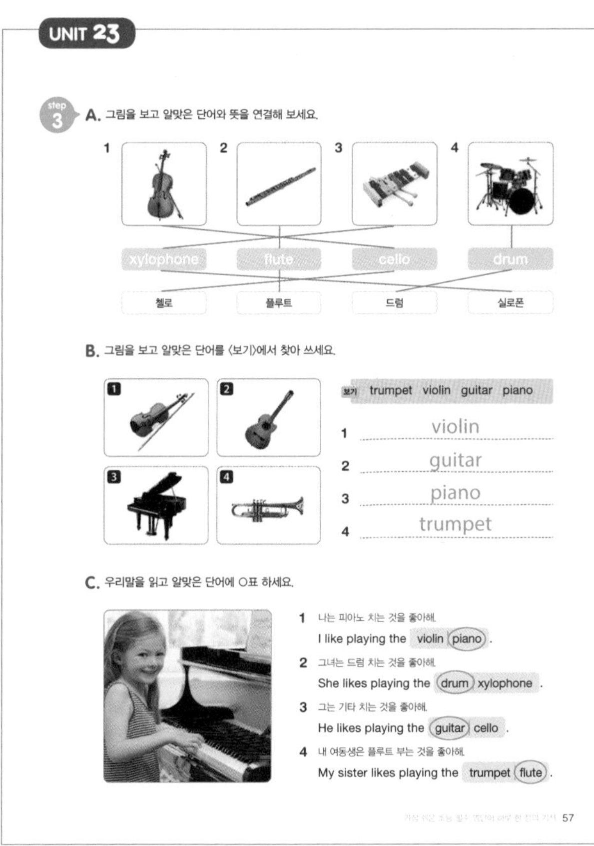

UNIT 23

step 3 A. 그림을 보고 알맞은 단어와 뜻을 연결해 보세요.

1 2 3 4

xylophone flute cello drum

첼로 플루트 드럼 실로폰

B. 그림을 보고 알맞은 단어를 〈보기〉에서 찾아 쓰세요.

보기 trumpet violin guitar piano

1 violin
2 guitar
3 piano
4 trumpet

C. 우리말을 읽고 알맞은 단어에 O표 하세요.

1 나는 피아노 치는 것을 좋아해.
I like playing the violin (piano) .
2 그녀는 드럼 치는 것을 좋아해.
She likes playing the (drum) xylophone .
3 그는 기타 치는 것을 좋아해.
He likes playing the (guitar) cello .
4 내 여동생은 플루트 부는 것을 좋아해.
My sister likes playing the trumpet (flute) .

57

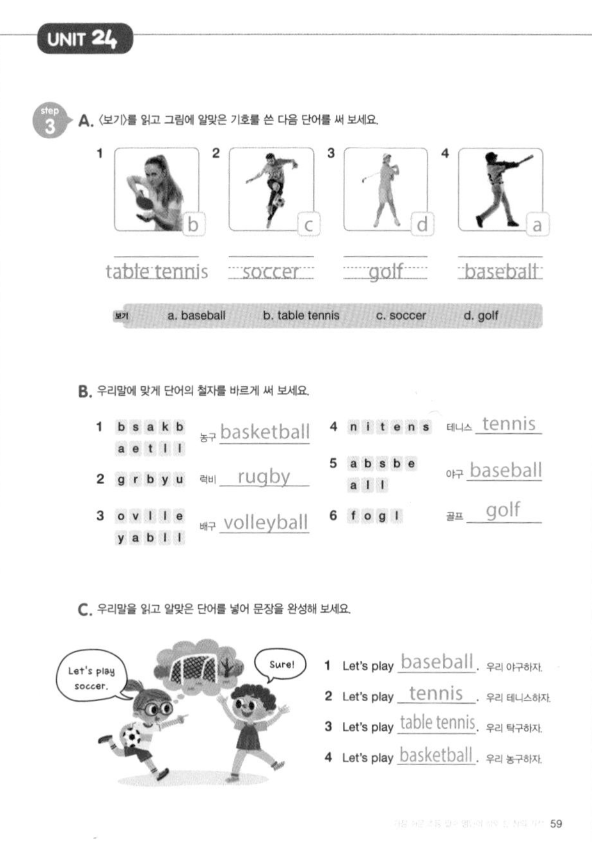

UNIT 24

step 3 A. 〈보기〉를 읽고 그림에 알맞은 기호를 쓴 다음 단어를 써 보세요.

1 b table tennis
2 c soccer
3 d golf
4 a baseball

보기 a. baseball b. table tennis c. soccer d. golf

B. 우리말에 맞게 단어의 철자를 바르게 써 보세요.

1 b s a k b a e t l l 농구 basketball
2 g r b y u 럭비 rugby
3 o v l l e y a b l l 배구 volleyball
4 n i t e n s 테니스 tennis
5 a b s b e a l l 야구 baseball
6 f o g l 골프 golf

C. 우리말을 읽고 알맞은 단어를 넣어 문장을 완성해 보세요.

1 Let's play baseball. 우리 야구하자.
2 Let's play tennis. 우리 테니스하자.
3 Let's play table tennis. 우리 탁구하자.
4 Let's play basketball. 우리 농구하자.

59

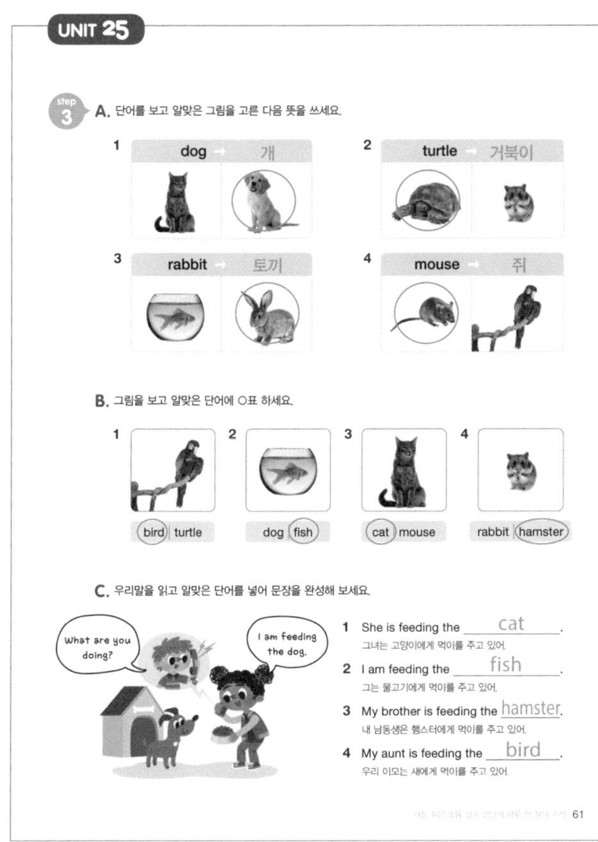

UNIT 25

step 3 A. 단어를 보고 알맞은 그림을 고른 다음 뜻을 쓰세요.

1 dog → 개
2 turtle → 거북이
3 rabbit → 토끼
4 mouse → 쥐

B. 그림을 보고 알맞은 단어에 O표 하세요.

1 (bird) turtle
2 dog (fish)
3 (cat) mouse
4 rabbit (hamster)

C. 우리말을 읽고 알맞은 단어를 넣어 문장을 완성해 보세요.

1 She is feeding the cat.
그녀는 고양이에게 먹이를 주고 있어.
2 I am feeding the fish.
그는 물고기에게 먹이를 주고 있어.
3 My brother is feeding the hamster.
내 남동생은 햄스터에게 먹이를 주고 있어.
4 My aunt is feeding the bird.
우리 이모는 새에게 먹이를 주고 있어.

61

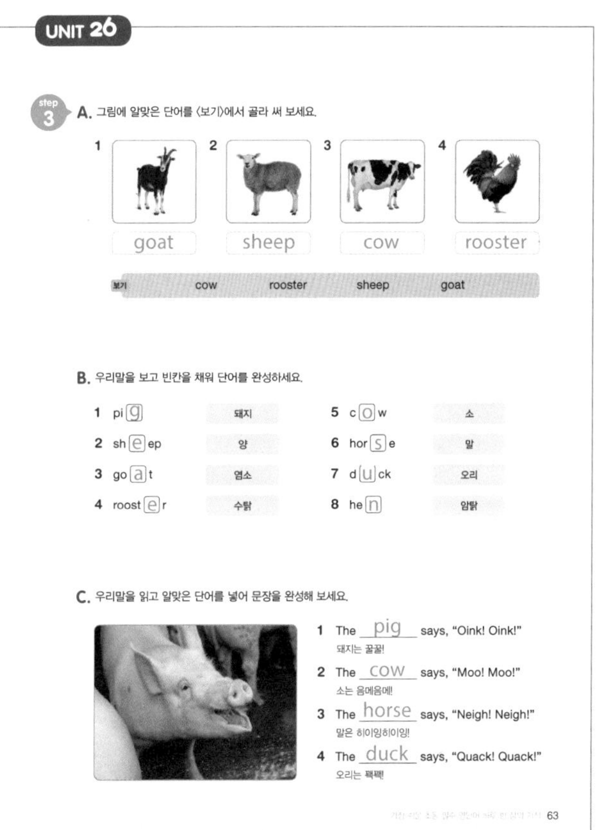

UNIT 26

step 3 A. 그림에 알맞은 단어를 〈보기〉에서 골라 써 보세요.

1 goat
2 sheep
3 cow
4 rooster

보기 cow rooster sheep goat

B. 우리말을 보고 빈칸을 채워 단어를 완성하세요.

1 pi[g] 돼지
2 sh[e]ep 양
3 go[a]t 염소
4 roost[e]r 수탉
5 c[o]w 소
6 hor[s]e 말
7 d[u]ck 오리
8 he[n] 암탉

C. 우리말을 읽고 알맞은 단어를 넣어 문장을 완성해 보세요.

1 The pig says, "Oink! Oink!"
돼지는 꿀꿀!
2 The cow says, "Moo! Moo!"
소는 음메음메!
3 The horse says, "Neigh! Neigh!"
말은 히이잉히이잉!
4 The duck says, "Quack! Quack!"
오리는 꽥꽥!

63

정답

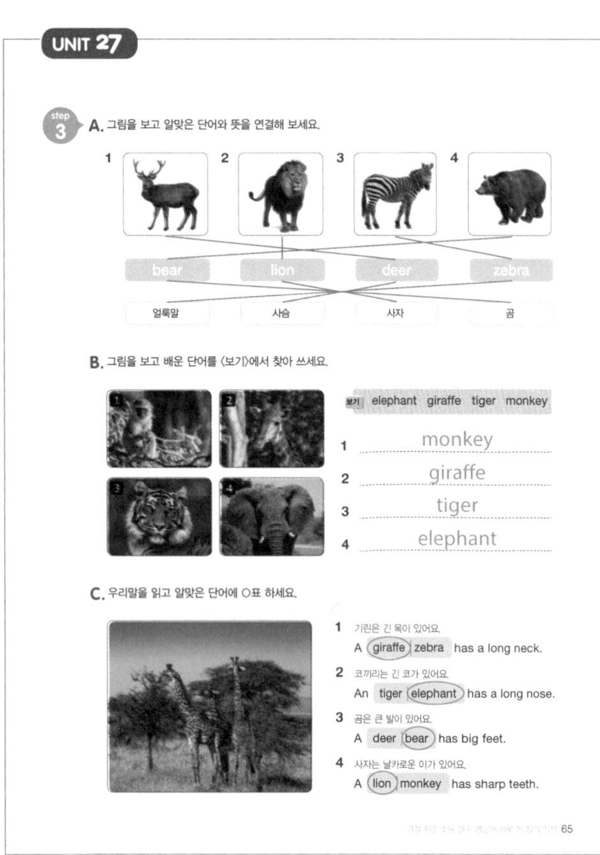

UNIT 27

step 3

A. 그림을 보고 알맞은 단어와 뜻을 연결해 보세요.

1 2 3 4

bear lion deer zebra

얼룩말 사슴 사자 곰

B. 그림을 보고 배운 단어를 〈보기〉에서 찾아 쓰세요.

보기 elephant giraffe tiger monkey

1 monkey
2 giraffe
3 tiger
4 elephant

C. 우리말을 읽고 알맞은 단어에 ○표 하세요.

1 기린은 긴 목이 있어요.
A (giraffe) zebra has a long neck.

2 코끼리는 긴 코가 있어요.
An tiger (elephant) has a long nose.

3 곰은 큰 발이 있어요.
A deer (bear) has big feet.

4 사자는 날카로운 이가 있어요.
A (lion) monkey has sharp teeth.

65

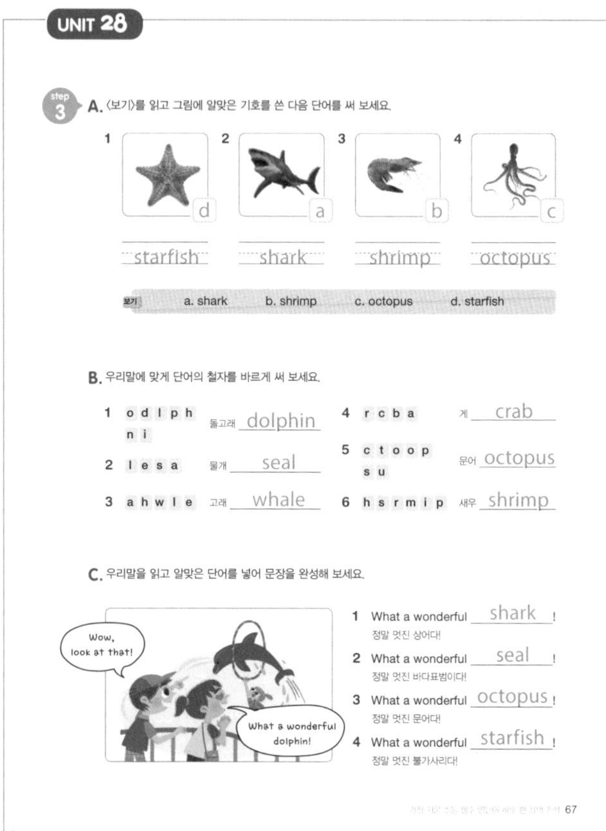

UNIT 28

step 3

A. 〈보기〉를 읽고 그림에 알맞은 기호를 쓴 다음 단어를 써 보세요.

1 d starfish
2 a shark
3 b shrimp
4 c octopus

보기 a. shark b. shrimp c. octopus d. starfish

B. 우리말에 맞게 단어의 철자를 바르게 써 보세요.

1 o d l p h n i 돌고래 dolphin
2 l e s a 물개 seal
3 a h w l e 고래 whale
4 r c b a 게 crab
5 c t o o p s u 문어 octopus
6 h s r m i p 새우 shrimp

C. 우리말을 읽고 알맞은 단어를 넣어 문장을 완성해 보세요.

1 What a wonderful shark !
정말 멋진 상어다!

2 What a wonderful seal !
정말 멋진 바다표범이다!

3 What a wonderful octopus !
정말 멋진 문어다!

4 What a wonderful starfish !
정말 멋진 불가사리다!

67

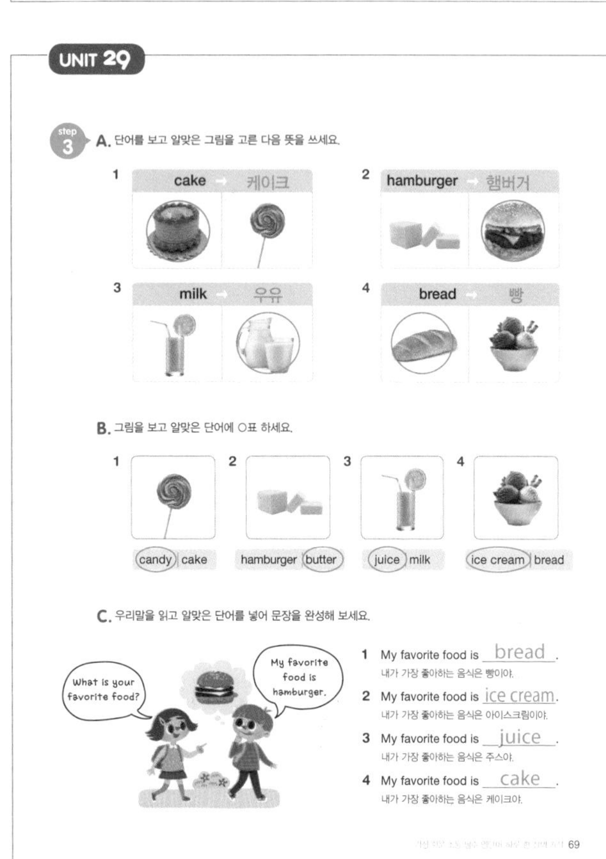

UNIT 29

step 3

A. 단어를 보고 알맞은 그림을 고른 다음 뜻을 쓰세요.

1 cake → 케이크
2 hamburger → 햄버거
3 milk → 우유
4 bread → 빵

B. 그림을 보고 알맞은 단어에 ○표 하세요.

1 (candy) cake
2 hamburger (butter)
3 (juice) milk
4 (ice cream) bread

C. 우리말을 읽고 알맞은 단어를 넣어 문장을 완성해 보세요.

1 My favorite food is bread .
내가 가장 좋아하는 음식은 빵이야.

2 My favorite food is ice cream.
내가 가장 좋아하는 음식은 아이스크림이야.

3 My favorite food is juice .
내가 가장 좋아하는 음식은 주스야.

4 My favorite food is cake .
내가 가장 좋아하는 음식은 케이크야.

69

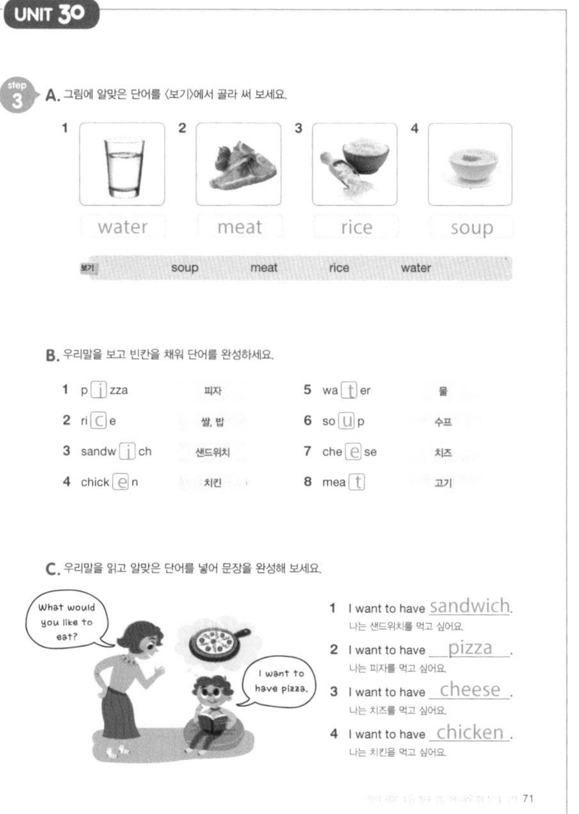

UNIT 30

step 3

A. 그림에 알맞은 단어를 〈보기〉에서 골라 써 보세요.

1 water
2 meat
3 rice
4 soup

보기 soup meat rice water

B. 우리말을 보고 빈칸을 채워 단어를 완성하세요.

1 p[i]zza 피자
2 ri[c]e 쌀, 밥
3 sandw[i]ch 샌드위치
4 chick[e]n 치킨
5 wa[t]er 물
6 so[u]p 수프
7 che[e]se 치즈
8 mea[t] 고기

C. 우리말을 읽고 알맞은 단어를 넣어 문장을 완성해 보세요.

1 I want to have sandwich.
나는 샌드위치를 먹고 싶어요.

2 I want to have pizza .
나는 피자를 먹고 싶어요.

3 I want to have cheese .
나는 치즈를 먹고 싶어요.

4 I want to have chicken .
나는 치킨을 먹고 싶어요.

71

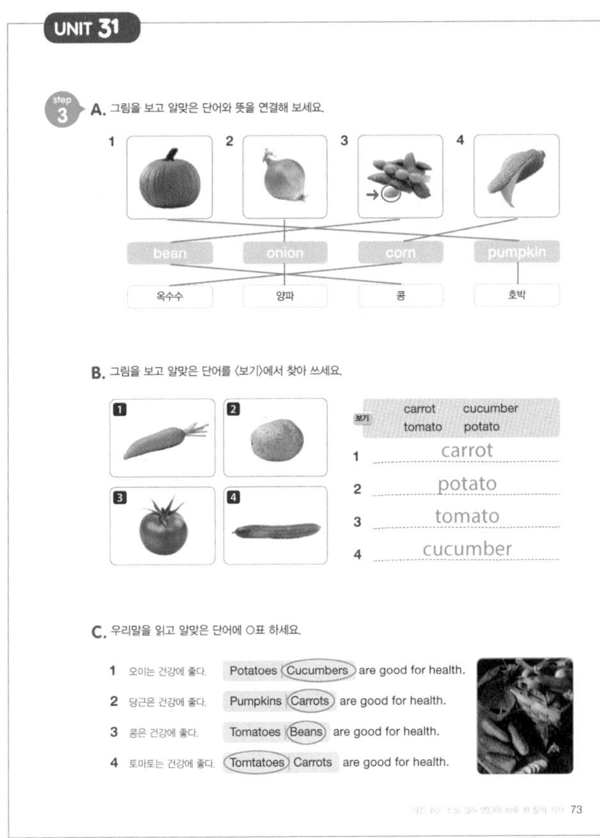
UNIT 31

step 3 **A.** 그림을 보고 알맞은 단어와 뜻을 연결해 보세요.

1 2 3 4

bean onion corn pumpkin

옥수수 양파 콩 호박

B. 그림을 보고 알맞은 단어를 〈보기〉에서 찾아 쓰세요.

보기 carrot cucumber tomato potato

1 carrot
2 potato
3 tomato
4 cucumber

C. 우리말을 읽고 알맞은 단어에 O표 하세요.

1 오이는 건강에 좋다. Potatoes (Cucumbers) are good for health.
2 당근은 건강에 좋다. Pumpkins (Carrots) are good for health.
3 콩은 건강에 좋다. Tomatoes (Beans) are good for health.
4 토마토는 건강에 좋다. (Tomtatoes) Carrots are good for health.

73

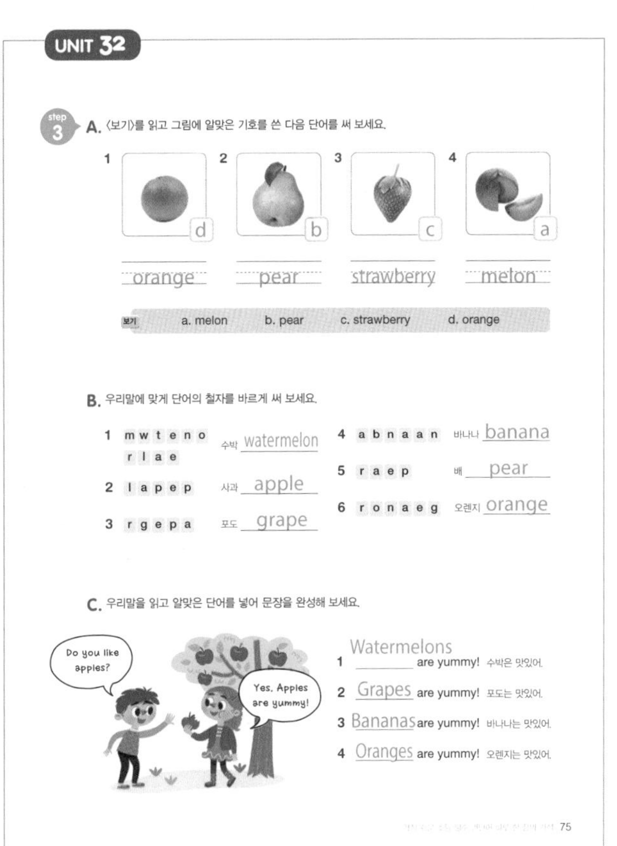
UNIT 32

step 3 **A.** 〈보기〉를 읽고 그림에 알맞은 기호를 쓴 다음 단어를 써 보세요.

1 d orange
2 b pear
3 c strawberry
4 a melon

보기 a. melon b. pear c. strawberry d. orange

B. 우리말에 맞게 단어의 철자를 바르게 써 보세요.

1 m w t e n o r l a e 수박 watermelon
2 l a p e p 사과 apple
3 r g e p a 포도 grape
4 a b n a a n 바나나 banana
5 r a e p 배 pear
6 r o n a e g 오렌지 orange

C. 우리말을 읽고 알맞은 단어를 넣어 문장을 완성해 보세요.

1 Watermelons are yummy! 수박은 맛있어.
2 Grapes are yummy! 포도는 맛있어.
3 Bananas are yummy! 바나나는 맛있어.
4 Oranges are yummy! 오렌지는 맛있어.

75

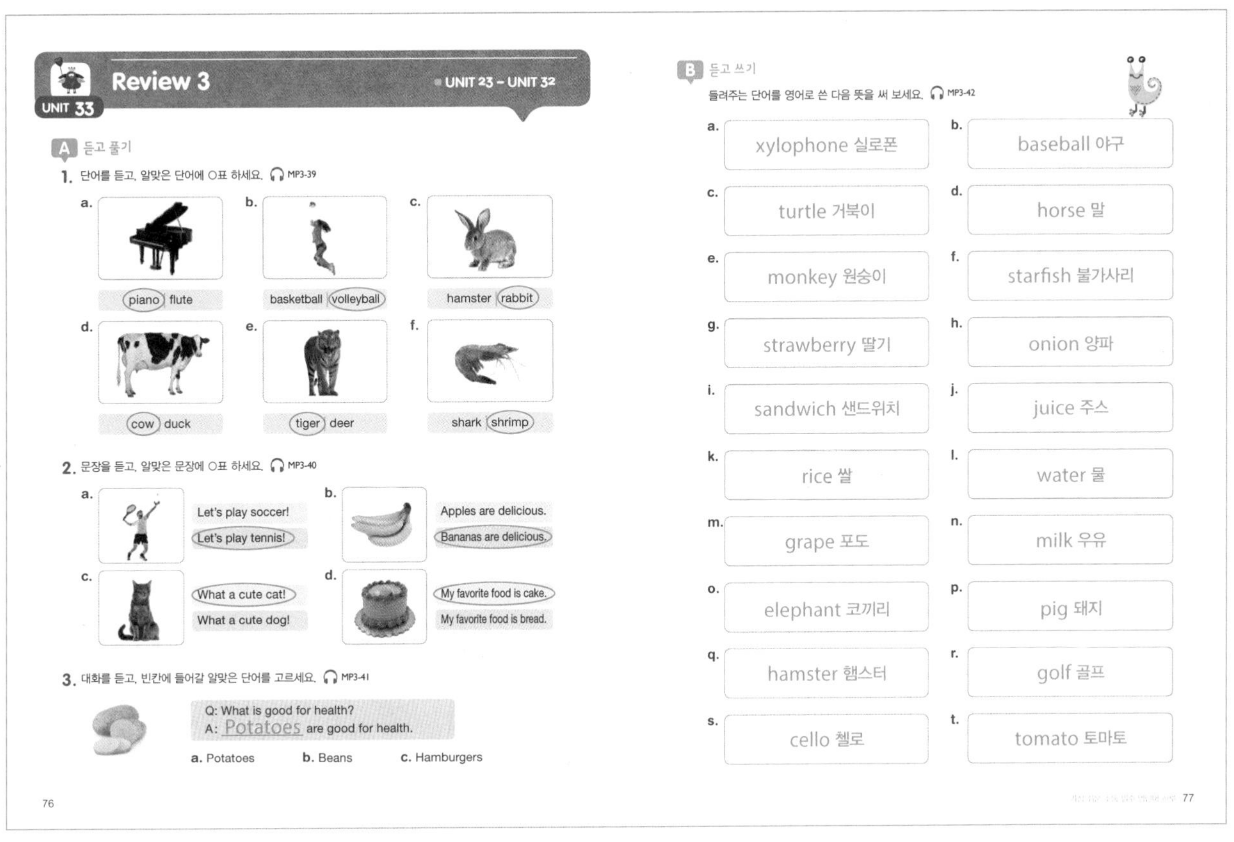
UNIT 33 Review 3

UNIT 23 – UNIT 32

A 듣고 풀기

1. 단어를 듣고, 알맞은 단어에 O표 하세요. MP3-39

a. (piano) flute
b. basketball (volleyball)
c. hamster (rabbit)
d. (cow) duck
e. (tiger) deer
f. shark (shrimp)

2. 문장을 듣고, 알맞은 문장에 O표 하세요. MP3-40

a. Let's play soccer! / (Let's play tennis!)
b. Apples are delicious. / (Bananas are delicious.)
c. (What a cute cat!) / What a cute dog!
d. (My favorite food is cake.) / My favorite food is bread.

3. 대화를 듣고, 빈칸에 들어갈 알맞은 단어를 고르세요. MP3-41

Q: What is good for health?
A: Potatoes are good for health.

a. Potatoes b. Beans c. Hamburgers

76

B 듣고 쓰기

들려주는 단어를 영어로 쓴 다음 뜻을 써 보세요. MP3-42

a. xylophone 실로폰
b. baseball 야구
c. turtle 거북이
d. horse 말
e. monkey 원숭이
f. starfish 불가사리
g. strawberry 딸기
h. onion 양파
i. sandwich 샌드위치
j. juice 주스
k. rice 쌀
l. water 물
m. grape 포도
n. milk 우유
o. elephant 코끼리
p. pig 돼지
q. hamster 햄스터
r. golf 골프
s. cello 첼로
t. tomato 토마토

77

정답

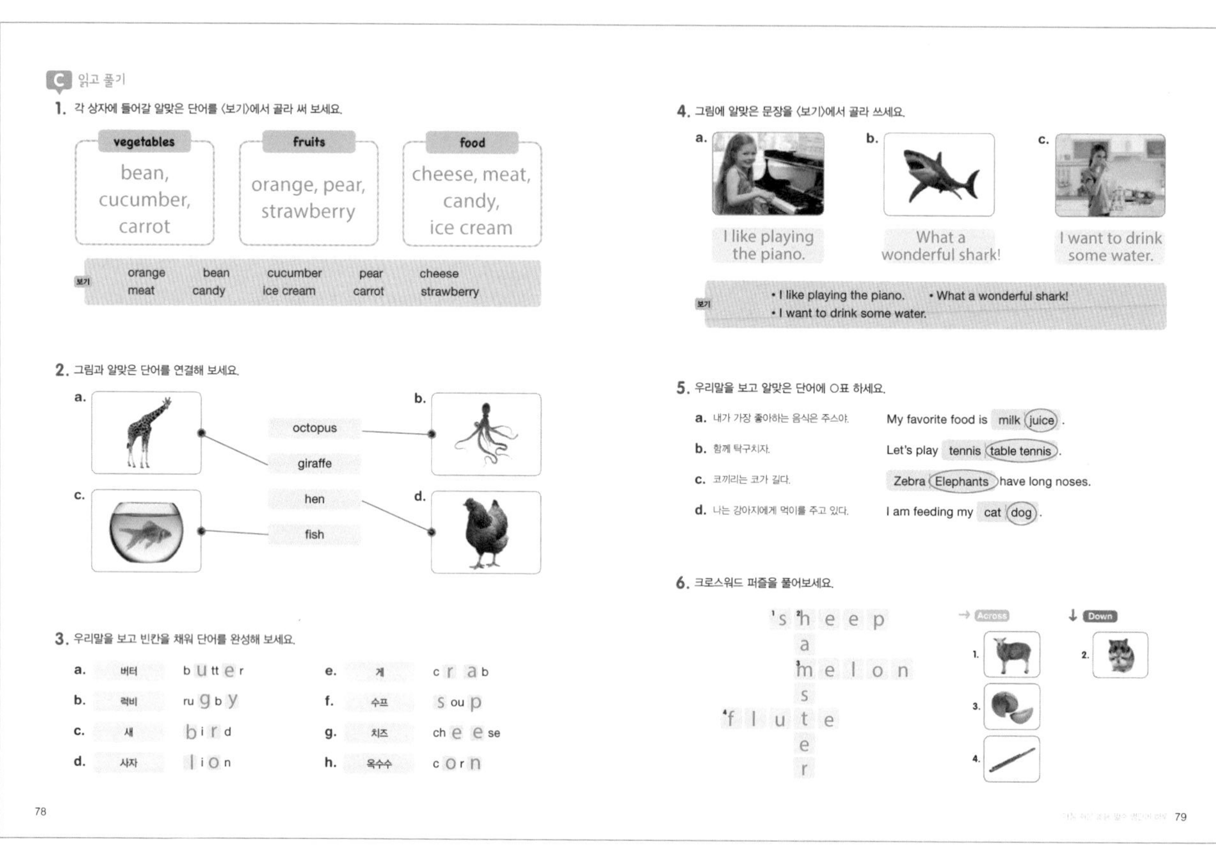

C 읽고 풀기

1. 각 상자에 들어갈 알맞은 단어를 〈보기〉에서 골라 써 보세요.

vegetables	fruits	food
bean, cucumber, carrot	orange, pear, strawberry	cheese, meat, candy, ice cream

보기: orange bean cucumber pear cheese meat candy ice cream carrot strawberry

2. 그림과 알맞은 단어를 연결해 보세요.

a. giraffe b. octopus c. fish d. hen

octopus / giraffe / hen / fish

3. 우리말을 보고 빈칸을 채워 단어를 완성해 보세요.

a. 버터 butter
b. 럭비 rugby
c. 새 bird
d. 사자 lion
e. 게 crab
f. 수프 soup
g. 치즈 cheese
h. 옥수수 corn

78

4. 그림에 알맞은 문장을 〈보기〉에서 골라 쓰세요.

a. I like playing the piano.
b. What a wonderful shark!
c. I want to drink some water.

보기: • I like playing the piano. • What a wonderful shark! • I want to drink some water.

5. 우리말을 보고 알맞은 단어에 O표 하세요.

a. 내가 가장 좋아하는 음식은 주스야. My favorite food is milk (juice).
b. 함께 탁구치자. Let's play tennis (table tennis).
c. 코끼리는 코가 길다. Zebra (Elephants) have long noses.
d. 나는 강아지에게 먹이를 주고 있다. I am feeding my cat (dog).

6. 크로스워드 퍼즐을 풀어보세요.

1 sheep, 2 hamster, 3 melon, 4 flute

→ Across ↓ Down

79

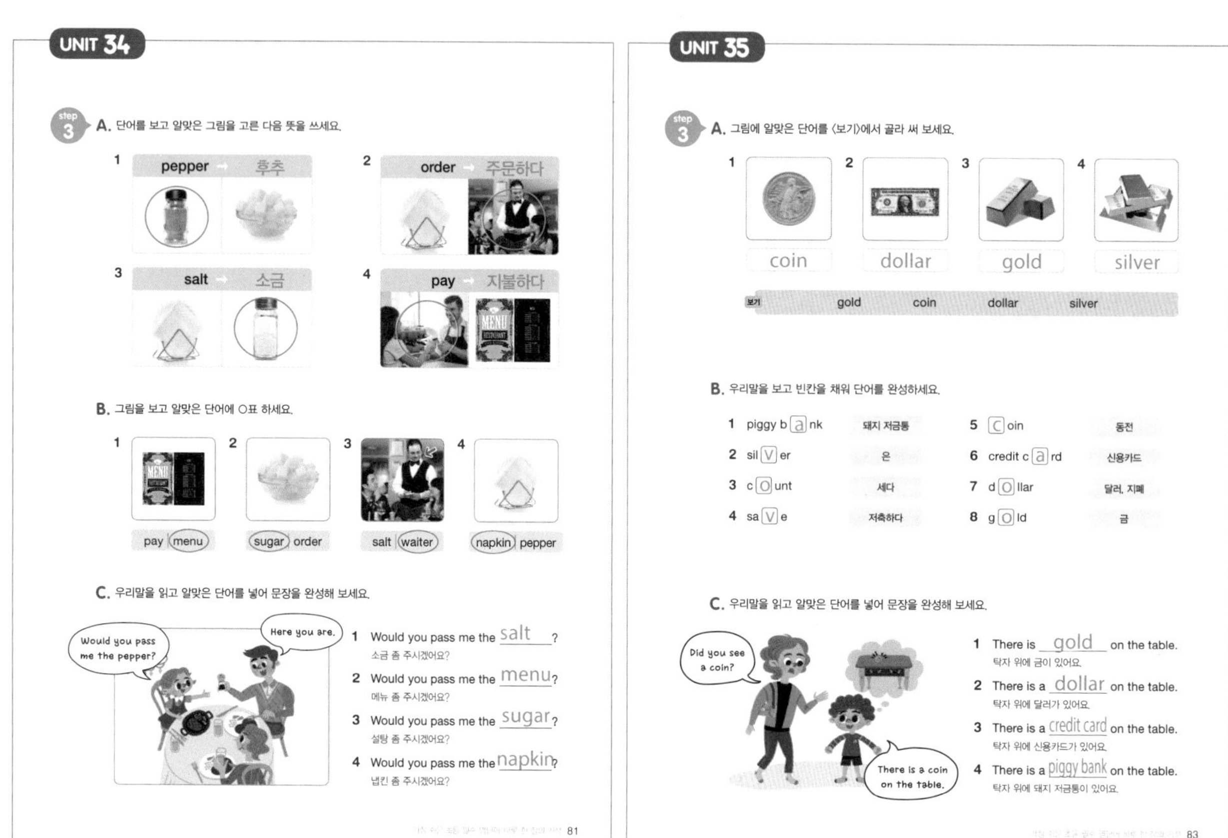

UNIT 34

step 3 A. 단어를 보고 알맞은 그림을 고른 다음 뜻을 쓰세요.

1 pepper → 후추
2 order → 주문하다
3 salt → 소금
4 pay → 지불하다

B. 그림을 보고 알맞은 단어에 O표 하세요.

1 pay (menu) 2 (sugar) order 3 salt (waiter) 4 (napkin) pepper

C. 우리말을 읽고 알맞은 단어를 넣어 문장을 완성해 보세요.

1 Would you pass me the salt? 소금 좀 주시겠어요?
2 Would you pass me the menu? 메뉴 좀 주시겠어요?
3 Would you pass me the sugar? 설탕 좀 주시겠어요?
4 Would you pass me the napkin? 냅킨 좀 주시겠어요?

81

UNIT 35

step 3 A. 그림에 알맞은 단어를 〈보기〉에서 골라 써 보세요.

1 coin 2 dollar 3 gold 4 silver

보기: gold coin dollar silver

B. 우리말을 보고 빈칸을 채워 단어를 완성하세요.

1 piggy bank 돼지 저금통
2 silver 은
3 count 세다
4 save 저축하다
5 coin 동전
6 credit card 신용카드
7 dollar 달러, 지폐
8 gold 금

C. 우리말을 읽고 알맞은 단어를 넣어 문장을 완성해 보세요.

1 There is gold on the table. 탁자 위에 금이 있어요.
2 There is a dollar on the table. 탁자 위에 달러가 있어요.
3 There is a credit card on the table. 탁자 위에 신용카드가 있어요.
4 There is a piggy bank on the table. 탁자 위에 돼지 저금통이 있어요.

83

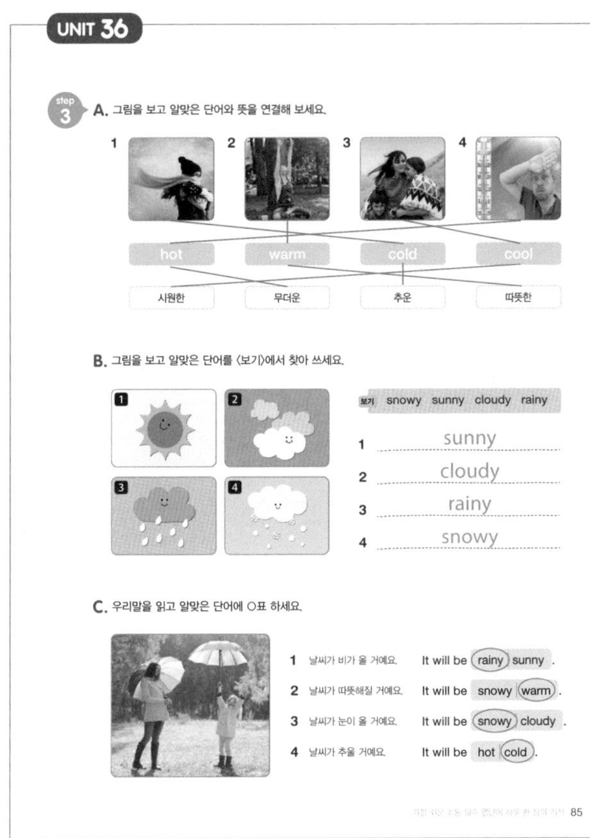
UNIT 36
A. 그림을 보고 알맞은 단어와 뜻을 연결해 보세요.
hot warm cold cool
시원한 무더운 추운 따뜻한
B. 그림을 보고 알맞은 단어를 〈보기〉에서 찾아 쓰세요.
보기 snowy sunny cloudy rainy
1 sunny
2 cloudy
3 rainy
4 snowy
C. 우리말을 읽고 알맞은 단어에 O표 하세요.
1 날씨가 비가 올 거예요. It will be rainy sunny .
2 날씨가 따뜻해질 거예요. It will be snowy warm .
3 날씨가 눈이 올 거예요. It will be snowy cloudy .
4 날씨가 추울 거예요. It will be hot cold.
85

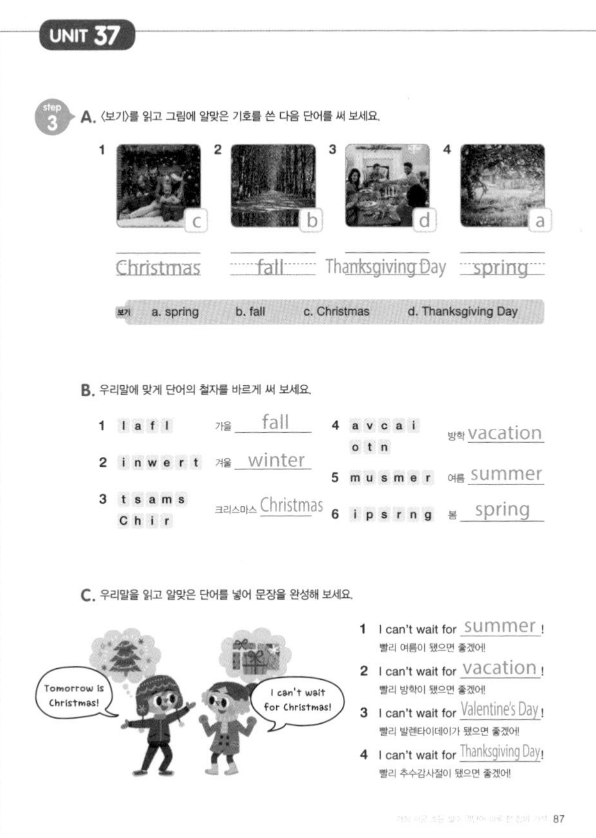
UNIT 37
A. 〈보기〉를 읽고 그림에 알맞은 기호를 쓴 다음 단어를 써 보세요.
c b d a
Christmas fall Thanksgiving Day spring
보기 a. spring b. fall c. Christmas d. Thanksgiving Day
B. 우리말에 맞게 단어의 철자를 바르게 써 보세요.
1 l a f l 가을 fall
2 i n w e r t 겨울 winter
3 t s a m s C h i r 크리스마스 Christmas
4 a v c a i o t n 방학 vacation
5 m u s m e r 여름 summer
6 i p s r n g 봄 spring
C. 우리말을 읽고 알맞은 단어를 넣어 문장을 완성해 보세요.
Tomorrow is Christmas!
I can't wait for Christmas!
1 I can't wait for summer !
빨리 여름이 됐으면 좋겠어!
2 I can't wait for vacation !
빨리 방학이 됐으면 좋겠어!
3 I can't wait for Valentine's Day !
빨리 발렌타이데이가 됐으면 좋겠어!
4 I can't wait for Thanksgiving Day!
빨리 추수감사절이 됐으면 좋겠어!
87

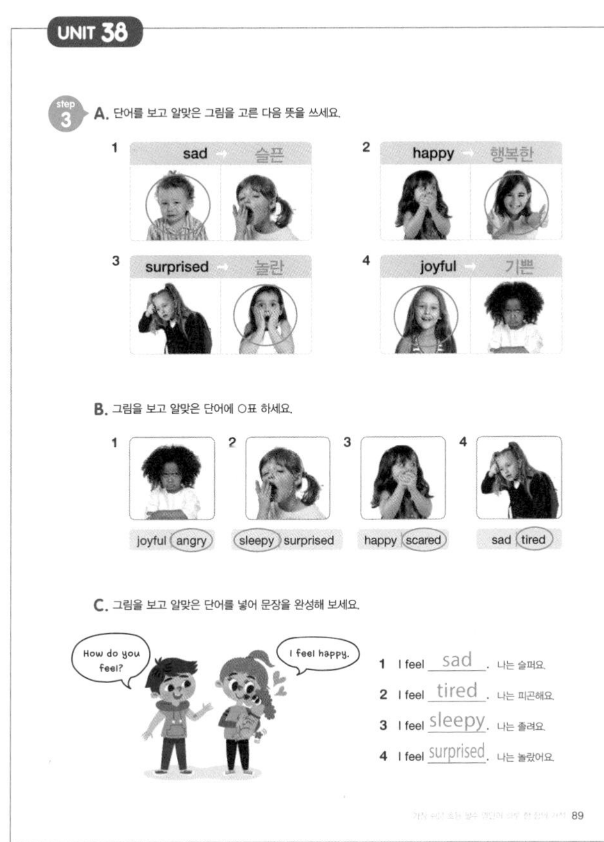
UNIT 38
A. 단어를 보고 알맞은 그림을 고른 다음 뜻을 쓰세요.
1 sad 슬픈
2 happy 행복한
3 surprised 놀란
4 joyful 기쁜
B. 그림을 보고 알맞은 단어에 O표 하세요.
joyful angry
sleepy surprised
happy scared
sad tired
C. 그림을 보고 알맞은 단어를 넣어 문장을 완성해 보세요.
How do you feel?
I feel happy.
1 I feel sad . 나는 슬퍼요.
2 I feel tired . 나는 피곤해요.
3 I feel sleepy. 나는 졸려요.
4 I feel surprised. 나는 놀랐어요.
89

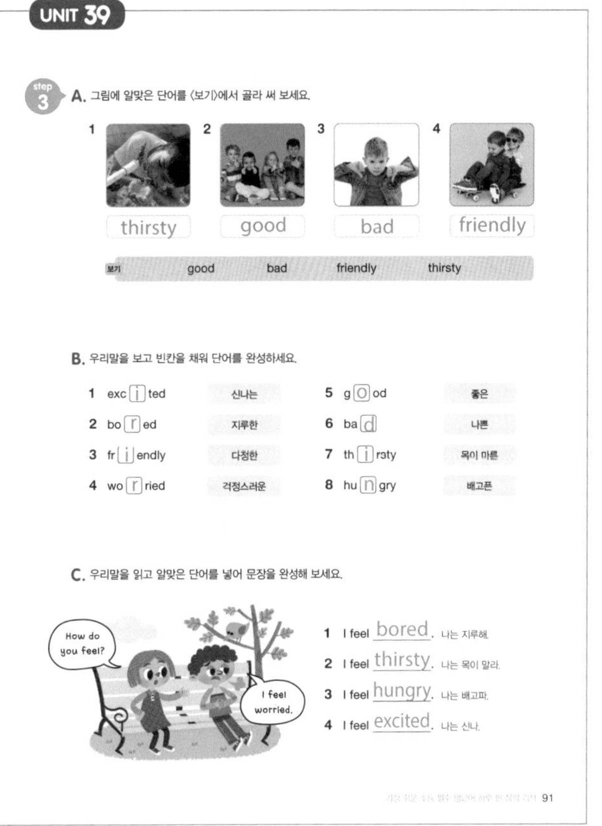
UNIT 39
A. 그림에 알맞은 단어를 〈보기〉에서 골라 써 보세요.
thirsty good bad friendly
보기 good bad friendly thirsty
B. 우리말을 보고 빈칸을 채워 단어를 완성하세요.
1 exc i ted 신나는
2 bo r ed 지루한
3 fr i endly 다정한
4 wo r ried 걱정스러운
5 g o od 좋은
6 ba d 나쁜
7 th i rsty 목이 마른
8 hu n gry 배고픈
C. 우리말을 읽고 알맞은 단어를 넣어 문장을 완성해 보세요.
How do you feel?
I feel worried.
1 I feel bored. 나는 지루해.
2 I feel thirsty. 나는 목이 말라.
3 I feel hungry. 나는 배고파.
4 I feel excited. 나는 신나.
91

정답

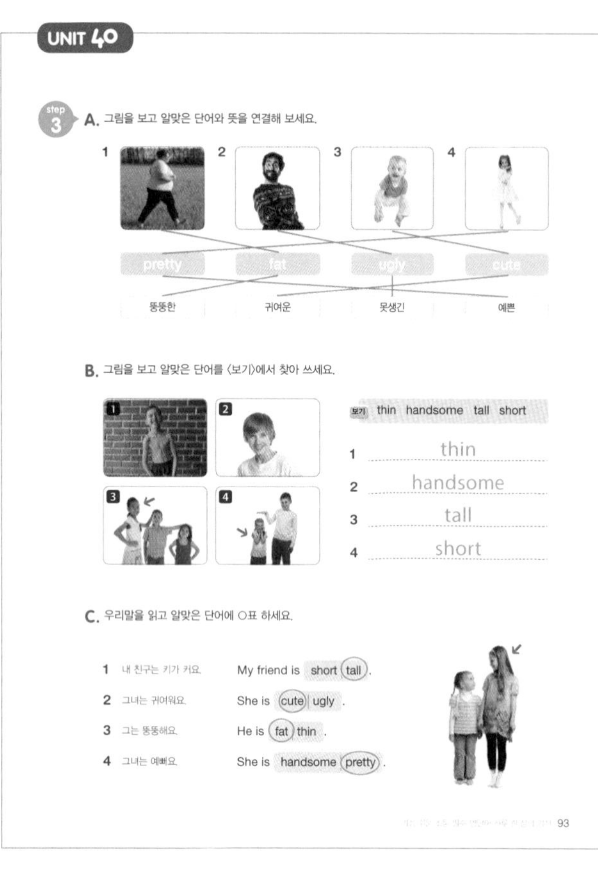

UNIT 40

step 3 A. 그림을 보고 알맞은 단어와 뜻을 연결해 보세요.

1 2 3 4

pretty fat ugly cute

뚱뚱한 귀여운 못생긴 예쁜

B. 그림을 보고 알맞은 단어를 〈보기〉에서 찾아 쓰세요.

보기 thin handsome tall short

1 thin
2 handsome
3 tall
4 short

C. 우리말을 읽고 알맞은 단어에 O표 하세요.

1 내 친구는 키가 커요. My friend is short (tall).
2 그녀는 귀여워요. She is (cute) ugly.
3 그는 뚱뚱해요. He is (fat) thin.
4 그녀는 예뻐요. She is handsome (pretty).

93

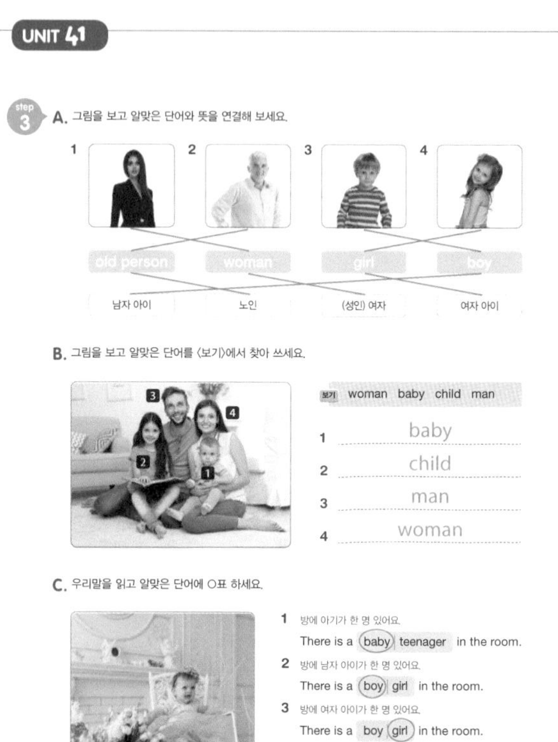

UNIT 41

step 3 A. 그림을 보고 알맞은 단어와 뜻을 연결해 보세요.

1 2 3 4

old person woman girl boy

남자 아이 노인 (성인) 여자 여자 아이

B. 그림을 보고 알맞은 단어를 〈보기〉에서 찾아 쓰세요.

보기 woman baby child man

1 baby
2 child
3 man
4 woman

C. 우리말을 읽고 알맞은 단어에 O표 하세요.

1 방에 아기가 한 명 있어요.
There is a (baby) teenager in the room.
2 방에 남자 아이가 한 명 있어요.
There is a (boy) girl in the room.
3 방에 여자 아이가 한 명 있어요.
There is a boy (girl) in the room.
4 방에 (성인) 남자가 한 명 있어요.
There is a (man) child in the room.

95

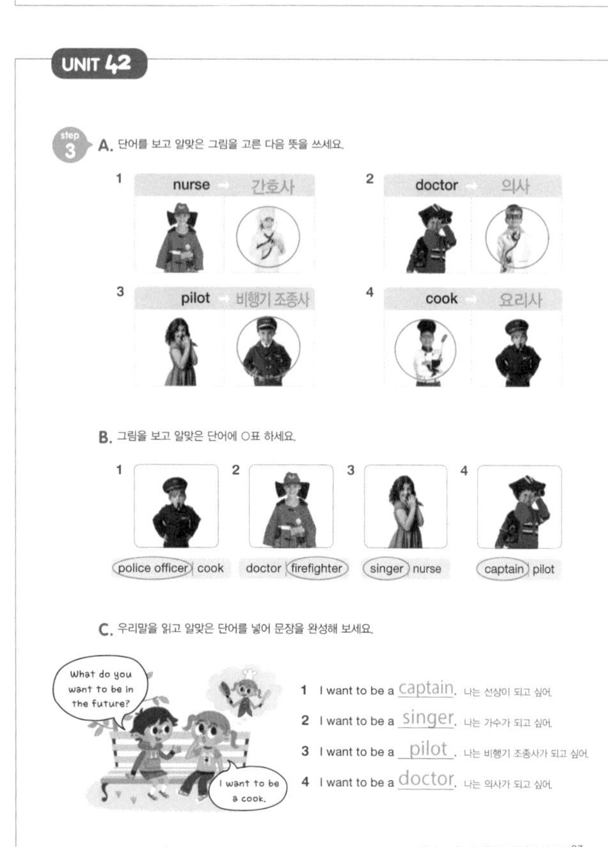

UNIT 42

step 3 A. 단어를 보고 알맞은 그림을 고른 다음 뜻을 쓰세요.

1 nurse → 간호사
2 doctor → 의사
3 pilot → 비행기 조종사
4 cook → 요리사

B. 그림을 보고 알맞은 단어에 O표 하세요.

1 (police officer) cook
2 doctor (firefighter)
3 (singer) nurse
4 (captain) pilot

C. 우리말을 읽고 알맞은 단어를 넣어 문장을 완성해 보세요.

1 I want to be a captain. 나는 선장이 되고 싶어.
2 I want to be a singer. 나는 가수가 되고 싶어.
3 I want to be a pilot. 나는 비행기 조종사가 되고 싶어.
4 I want to be a doctor. 나는 의사가 되고 싶어.

97

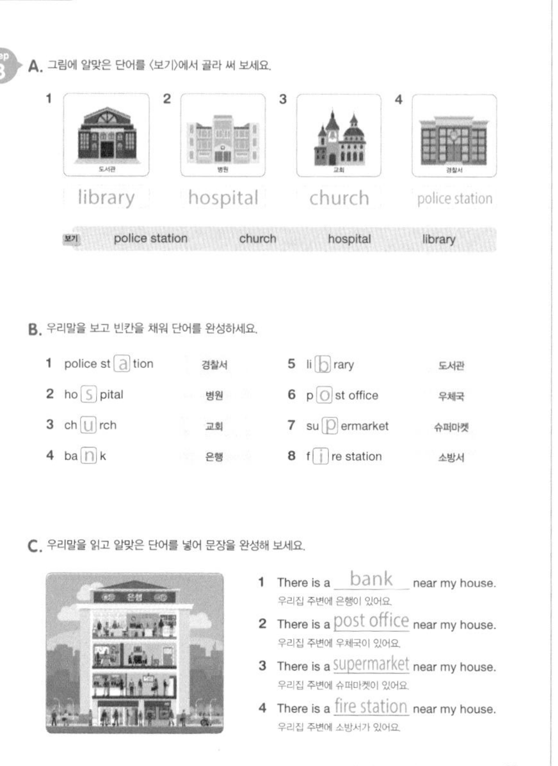

UNIT 43

step 3 A. 그림에 알맞은 단어를 〈보기〉에서 골라 써 보세요.

1 도서관 library
2 병원 hospital
3 교회 church
4 경찰서 police station

보기 police station church hospital library

B. 우리말을 보고 빈칸을 채워 단어를 완성하세요.

1	police st[a]tion	경찰서	5	li[b]rary	도서관
2	ho[s]pital	병원	6	p[o]st office	우체국
3	ch[u]rch	교회	7	su[p]ermarket	슈퍼마켓
4	ba[n]k	은행	8	f[i]re station	소방서

C. 우리말을 읽고 알맞은 단어를 넣어 문장을 완성해 보세요.

1 There is a bank near my house.
우리집 주변에 은행이 있어요.
2 There is a post office near my house.
우리집 주변에 우체국이 있어요.
3 There is a supermarket near my house.
우리집 주변에 슈퍼마켓이 있어요.
4 There is a fire station near my house.
우리집 주변에 소방서가 있어요.

99

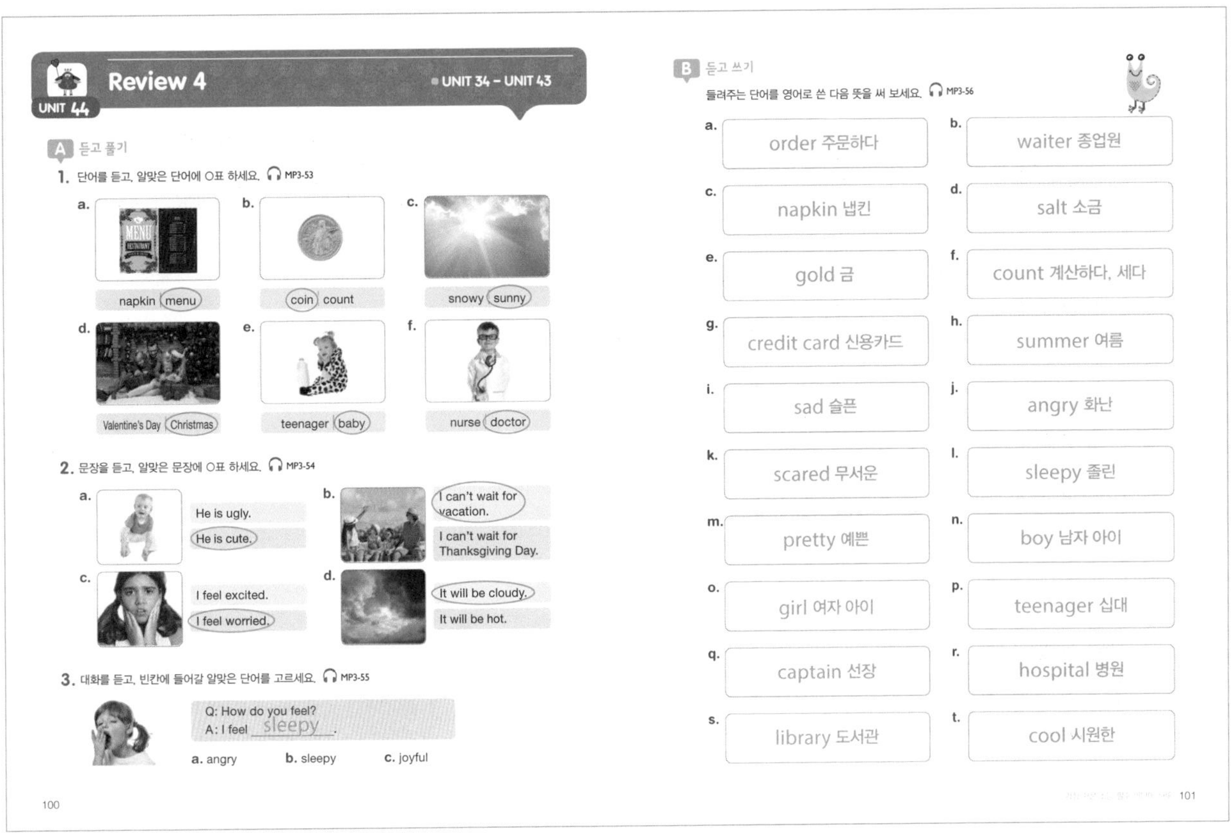

UNIT 44 **Review 4** UNIT 34 – UNIT 43

A 듣고 풀기

1. 단어를 듣고, 알맞은 단어에 O표 하세요. MP3-53

a. napkin (menu)
b. (coin) count
c. snowy (sunny)
d. Valentine's Day (Christmas)
e. teenager (baby)
f. nurse (doctor)

2. 문장을 듣고, 알맞은 문장에 O표 하세요. MP3-54

a. He is ugly. / (He is cute.)
b. (I can't wait for vacation.) / I can't wait for Thanksgiving Day.
c. I feel excited. / (I feel worried.)
d. (It will be cloudy.) / It will be hot.

3. 대화를 듣고, 빈칸에 들어갈 알맞은 단어를 고르세요. MP3-55

Q: How do you feel?
A: I feel sleepy.

a. angry b. sleepy c. joyful

100

B 듣고 쓰기

들려주는 단어를 영어로 쓴 다음 뜻을 써 보세요. MP3-56

a. order 주문하다
b. waiter 종업원
c. napkin 냅킨
d. salt 소금
e. gold 금
f. count 계산하다, 세다
g. credit card 신용카드
h. summer 여름
i. sad 슬픈
j. angry 화난
k. scared 무서운
l. sleepy 졸린
m. pretty 예쁜
n. boy 남자 아이
o. girl 여자 아이
p. teenager 십대
q. captain 선장
r. hospital 병원
s. library 도서관
t. cool 시원한

101

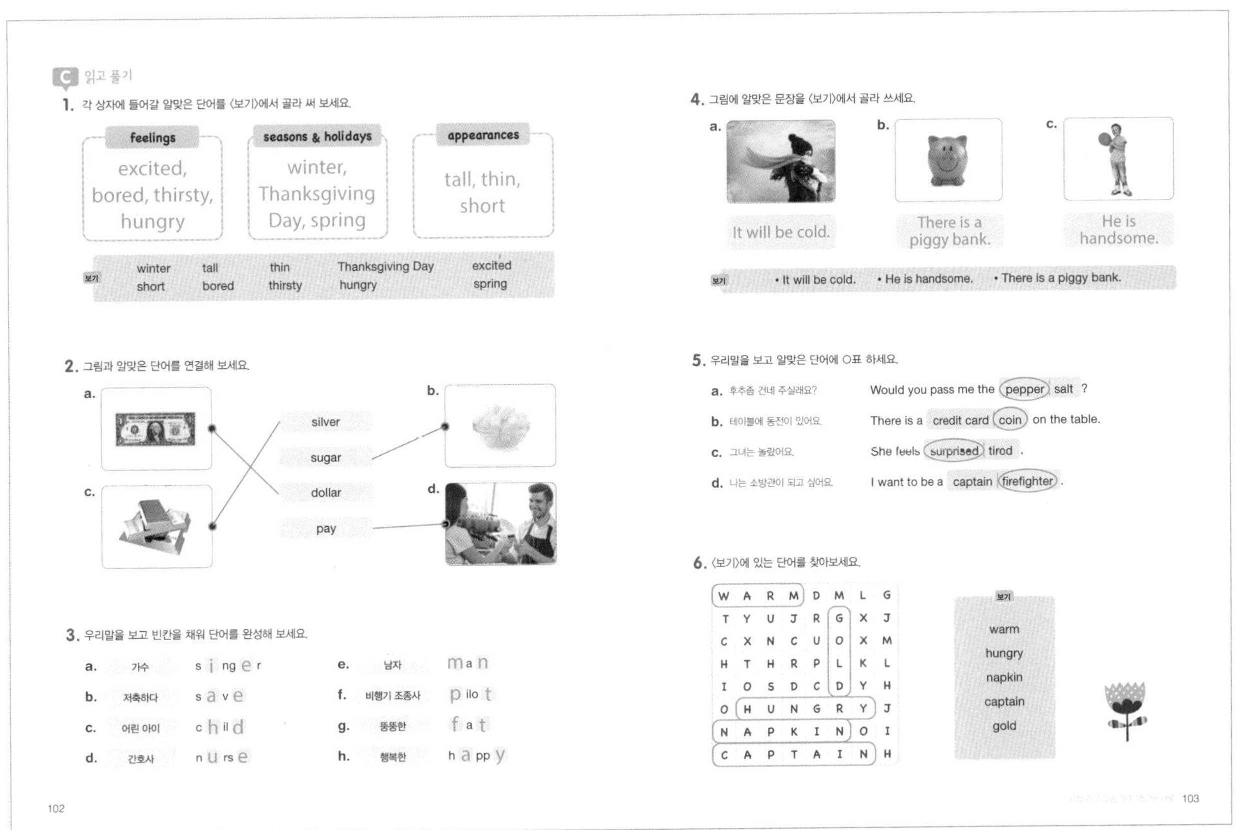

C 읽고 풀기

1. 각 상자에 들어갈 알맞은 단어를 〈보기〉에서 골라 써 보세요.

feelings	seasons & holidays	appearances
excited, bored, thirsty, hungry	winter, Thanksgiving Day, spring	tall, thin, short

보기: winter, tall, thin, Thanksgiving Day, excited, short, bored, thirsty, hungry, spring

2. 그림과 알맞은 단어를 연결해 보세요.

silver, sugar, dollar, pay

3. 우리말을 보고 빈칸을 채워 단어를 완성해 보세요.

a. 가수 singer
b. 저축하다 save
c. 어린 아이 child
d. 간호사 nurse
e. 남자 man
f. 비행기 조종사 pilot
g. 뚱뚱한 fat
h. 행복한 happy

102

4. 그림에 알맞은 문장을 〈보기〉에서 골라 쓰세요.

a. It will be cold.
b. There is a piggy bank.
c. He is handsome.

보기: • It will be cold. • He is handsome. • There is a piggy bank.

5. 우리말을 보고 알맞은 단어에 O표 하세요.

a. 후추좀 건네 주실래요? Would you pass me the (pepper) salt ?
b. 테이블에 동전이 있어요. There is a credit card (coin) on the table.
c. 그녀는 놀랐어요. She feels (surprised) tired .
d. 나는 소방관이 되고 싶어요. I want to be a captain (firefighter) .

6. 〈보기〉에 있는 단어를 찾아보세요.

W	A	R	M	D	M	L	G
T	Y	U	J	R	G	X	J
C	X	N	C	U	O	X	M
H	T	H	R	P	L	K	L
I	O	S	D	C	D	Y	H
O	H	U	N	G	R	Y	J
N	A	P	K	I	N	O	I
C	A	P	T	A	I	N	H

보기: warm, hungry, napkin, captain, gold

103

정답

UNIT 45

UNIT 46

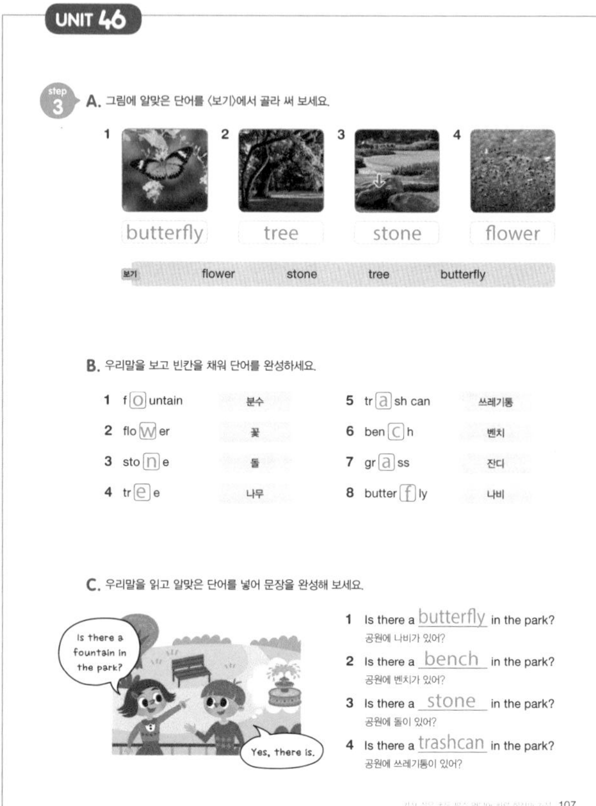

UNIT 47

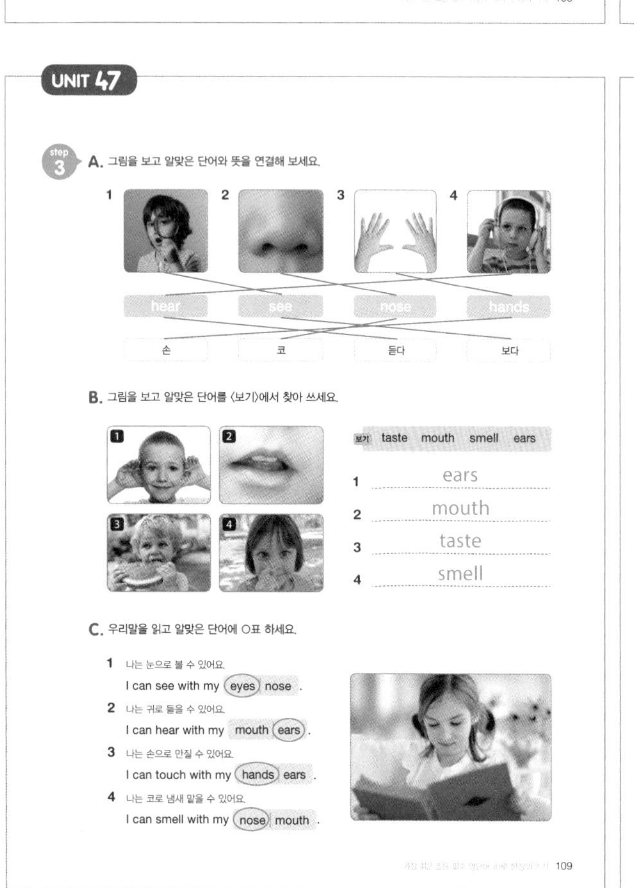

UNIT 48

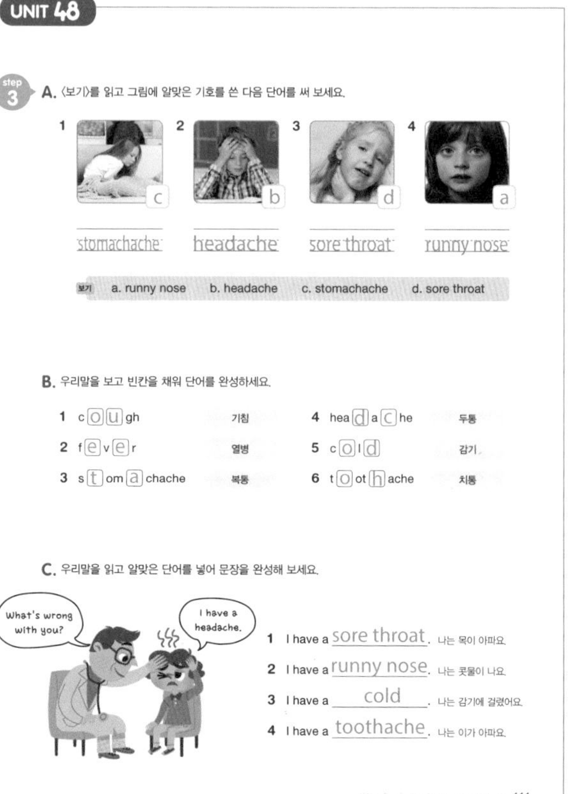

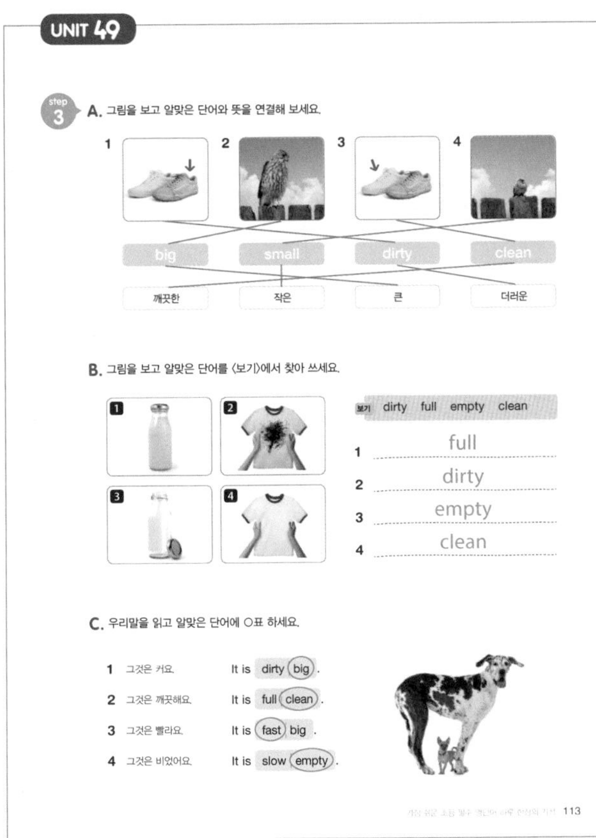

UNIT 49

step 3 A. 그림을 보고 알맞은 단어와 뜻을 연결해 보세요.

1 2 3 4

big small dirty clean

깨끗한 작은 큰 더러운

B. 그림을 보고 알맞은 단어를 〈보기〉에서 찾아 쓰세요.

보기 dirty full empty clean

1 full
2 dirty
3 empty
4 clean

C. 우리말을 읽고 알맞은 단어에 O표 하세요.

1 그것은 커요. It is dirty (big).
2 그것은 깨끗해요. It is full (clean).
3 그것은 빨라요. It is (fast) big .
4 그것은 비었어요. It is slow (empty).

113

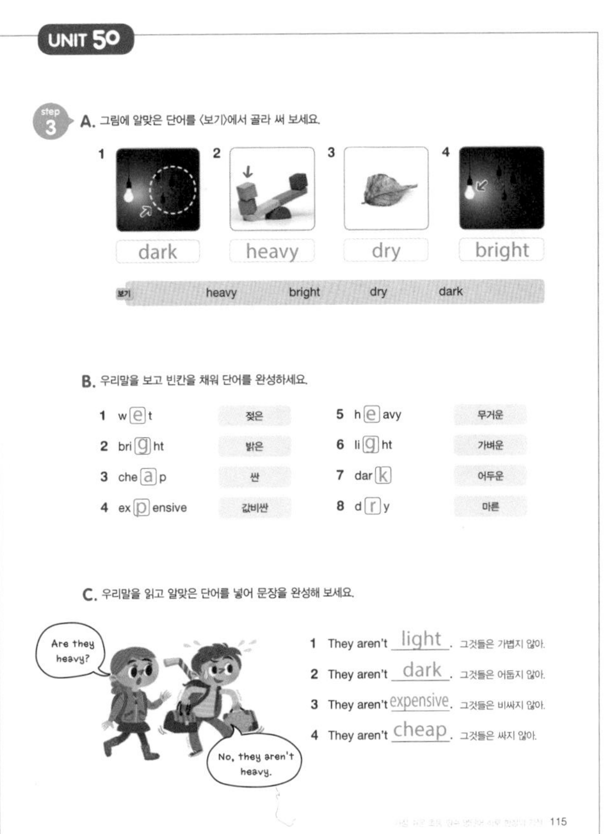

UNIT 50

step 3 A. 그림에 알맞은 단어를 〈보기〉에서 골라 써 보세요.

1 dark 2 heavy 3 dry 4 bright

보기 heavy bright dry dark

B. 우리말을 보고 빈칸을 채워 단어를 완성하세요.

1 w[e]t 젖은
2 bri[g]ht 밝은
3 che[a]p 싼
4 ex[p]ensive 값비싼
5 h[e]avy 무거운
6 li[g]ht 가벼운
7 dar[k] 어두운
8 d[r]y 마른

C. 우리말을 읽고 알맞은 단어를 넣어 문장을 완성해 보세요.

1 They aren't light. 그것들은 가볍지 않아.
2 They aren't dark. 그것들은 어둡지 않아.
3 They aren't expensive. 그것들은 비싸지 않아.
4 They aren't cheap. 그것들은 싸지 않아.

115

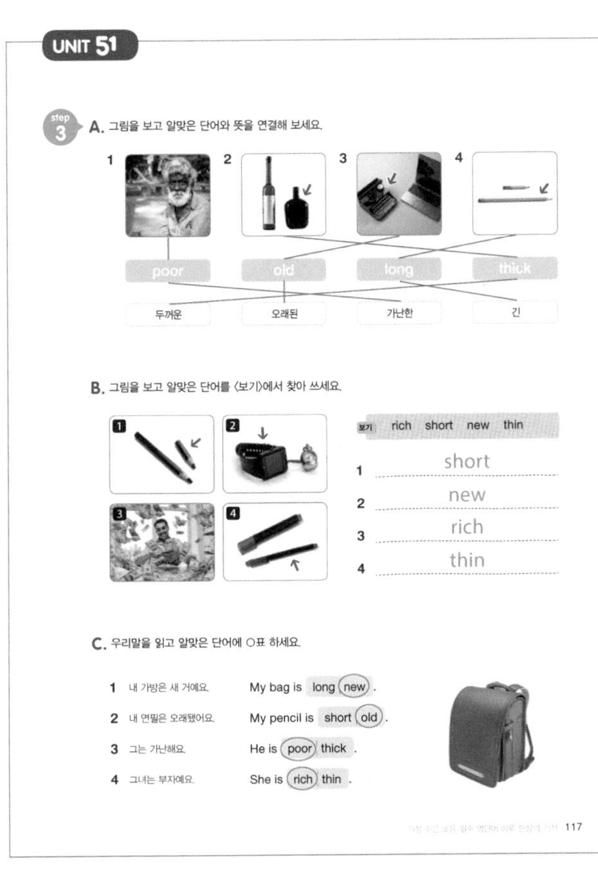

UNIT 51

step 3 A. 그림을 보고 알맞은 단어와 뜻을 연결해 보세요.

1 2 3 4

poor old long thick

두꺼운 오래된 가난한 긴

B. 그림을 보고 알맞은 단어를 〈보기〉에서 찾아 쓰세요.

보기 rich short new thin

1 short
2 new
3 rich
4 thin

C. 우리말을 읽고 알맞은 단어에 O표 하세요.

1 내 가방은 새 거예요. My bag is long (new).
2 내 연필은 오래됐어요. My pencil is short (old).
3 그는 가난해요. He is (poor) thick .
4 그녀는 부자예요. She is (rich) thin .

117

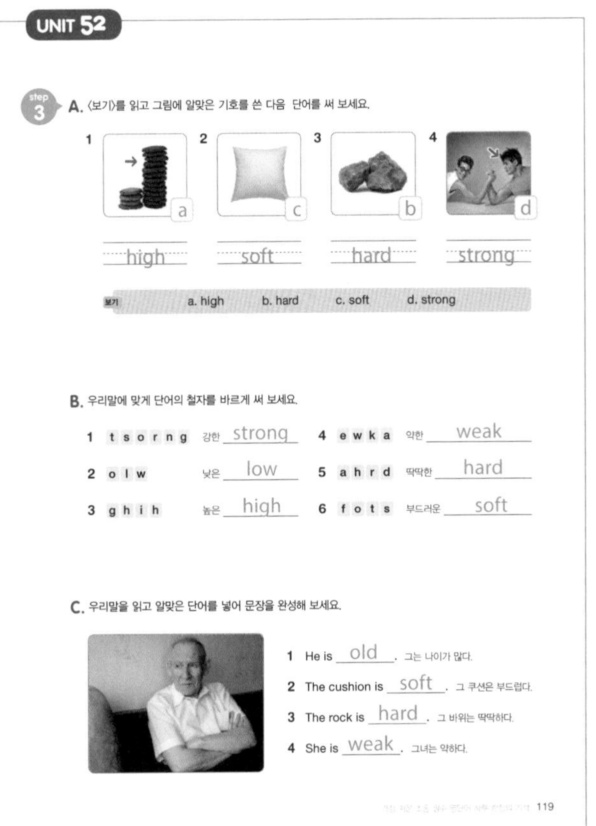

UNIT 52

step 3 A. 〈보기〉를 읽고 그림에 알맞은 기호를 쓴 다음 단어를 써 보세요.

1 a high 2 c soft 3 b hard 4 d strong

보기 a. high b. hard c. soft d. strong

B. 우리말에 맞게 단어의 철자를 바르게 써 보세요.

1 t s o r n g 강한 strong
2 o l w 낮은 low
3 g h i h 높은 high
4 e w k a 약한 weak
5 a h r d 딱딱한 hard
6 f o t s 부드러운 soft

C. 우리말을 읽고 알맞은 단어를 넣어 문장을 완성해 보세요.

1 He is old. 그는 나이가 많다.
2 The cushion is soft. 그 쿠션은 부드럽다.
3 The rock is hard. 그 바위는 딱딱하다.
4 She is weak. 그녀는 약하다.

119

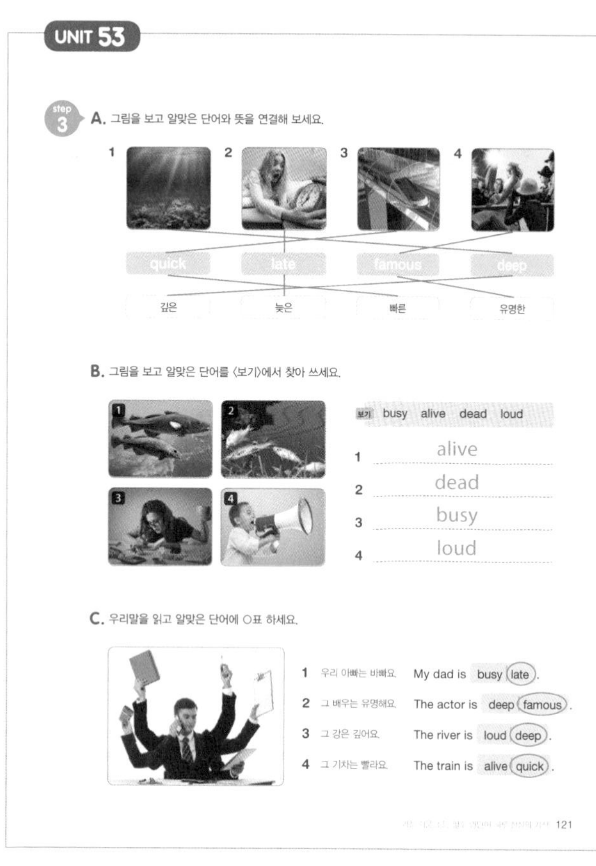

UNIT 53

step 3 **A.** 그림을 보고 알맞은 단어와 뜻을 연결해 보세요.

1 2 3 4

quick late famous deep

깊은 늦은 빠른 유명한

B. 그림을 보고 알맞은 단어를 〈보기〉에서 찾아 쓰세요.

보기 busy alive dead loud

1 alive
2 dead
3 busy
4 loud

C. 우리말을 읽고 알맞은 단어에 ○표 하세요.

1 우리 아빠는 바빠요. My dad is busy / **late**.
2 그 배우는 유명해요. The actor is deep / **famous**.
3 그 강은 깊어요. The river is loud / **deep**.
4 그 기차는 빨라요. The train is alive / **quick**.

121

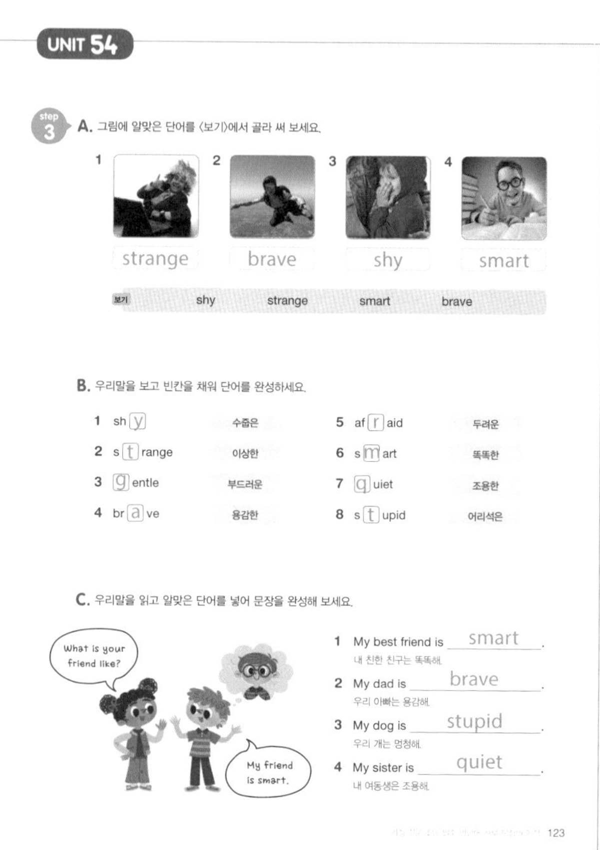

UNIT 54

step 3 **A.** 그림에 알맞은 단어를 〈보기〉에서 골라 써 보세요.

1 strange 2 brave 3 shy 4 smart

보기 shy strange smart brave

B. 우리말을 보고 빈칸을 채워 단어를 완성하세요.

1 sh[y] 수줍은
2 s[t]range 이상한
3 [g]entle 부드러운
4 br[a]ve 용감한
5 af[r]aid 두려운
6 s[m]art 똑똑한
7 [q]uiet 조용한
8 s[t]upid 어리석은

C. 우리말을 읽고 알맞은 단어를 넣어 문장을 완성해 보세요.

1 My best friend is smart. 내 친한 친구는 똑똑해.
2 My dad is brave. 우리 아빠는 용감해.
3 My dog is stupid. 우리 개는 멍청해.
4 My sister is quiet. 내 여동생은 조용해.

123

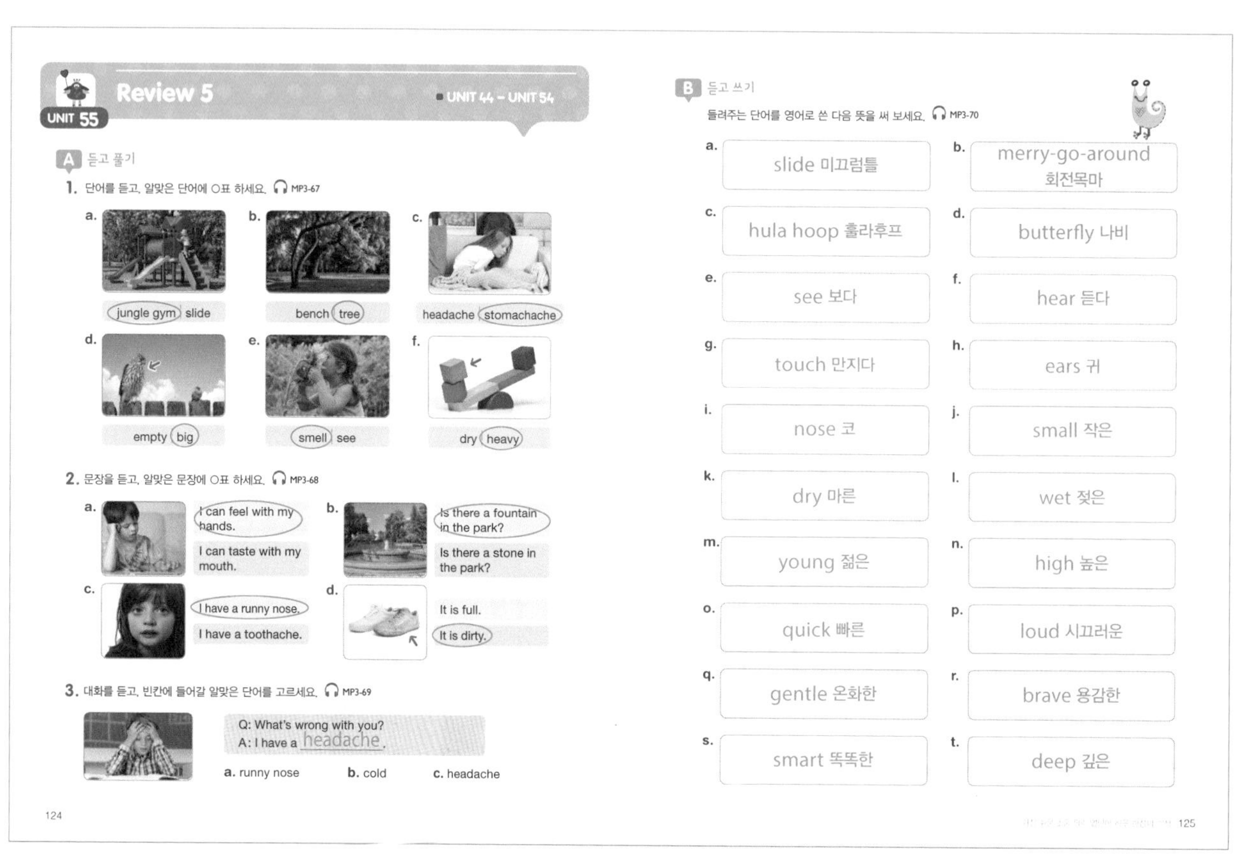

UNIT 55 Review 5

UNIT 44 – UNIT 54

A 듣고 풀기

1. 단어를 듣고, 알맞은 단어에 ○표 하세요. MP3-67

a. **jungle gym** / slide
b. bench / **tree**
c. headache / **stomachache**
d. empty / **big**
e. **smell** / see
f. dry / **heavy**

2. 문장을 듣고, 알맞은 문장에 ○표 하세요. MP3-68

a. **I can feel with my hands.** / I can taste with my mouth.
b. **Is there a fountain in the park?** / Is there a stone in the park?
c. **I have a runny nose.** / I have a toothache.
d. It is full. / **It is dirty.**

3. 대화를 듣고, 빈칸에 들어갈 알맞은 단어를 고르세요. MP3-69

Q: What's wrong with you?
A: I have a headache.

a. runny nose b. cold c. headache

124

B 듣고 쓰기

들려주는 단어를 영어로 쓴 다음 뜻을 써 보세요. MP3-70

a. slide 미끄럼틀
b. merry-go-around 회전목마
c. hula hoop 훌라후프
d. butterfly 나비
e. see 보다
f. hear 듣다
g. touch 만지다
h. ears 귀
i. nose 코
j. small 작은
k. dry 마른
l. wet 젖은
m. young 젊은
n. high 높은
o. quick 빠른
p. loud 시끄러운
q. gentle 온화한
r. brave 용감한
s. smart 똑똑한
t. deep 깊은

125

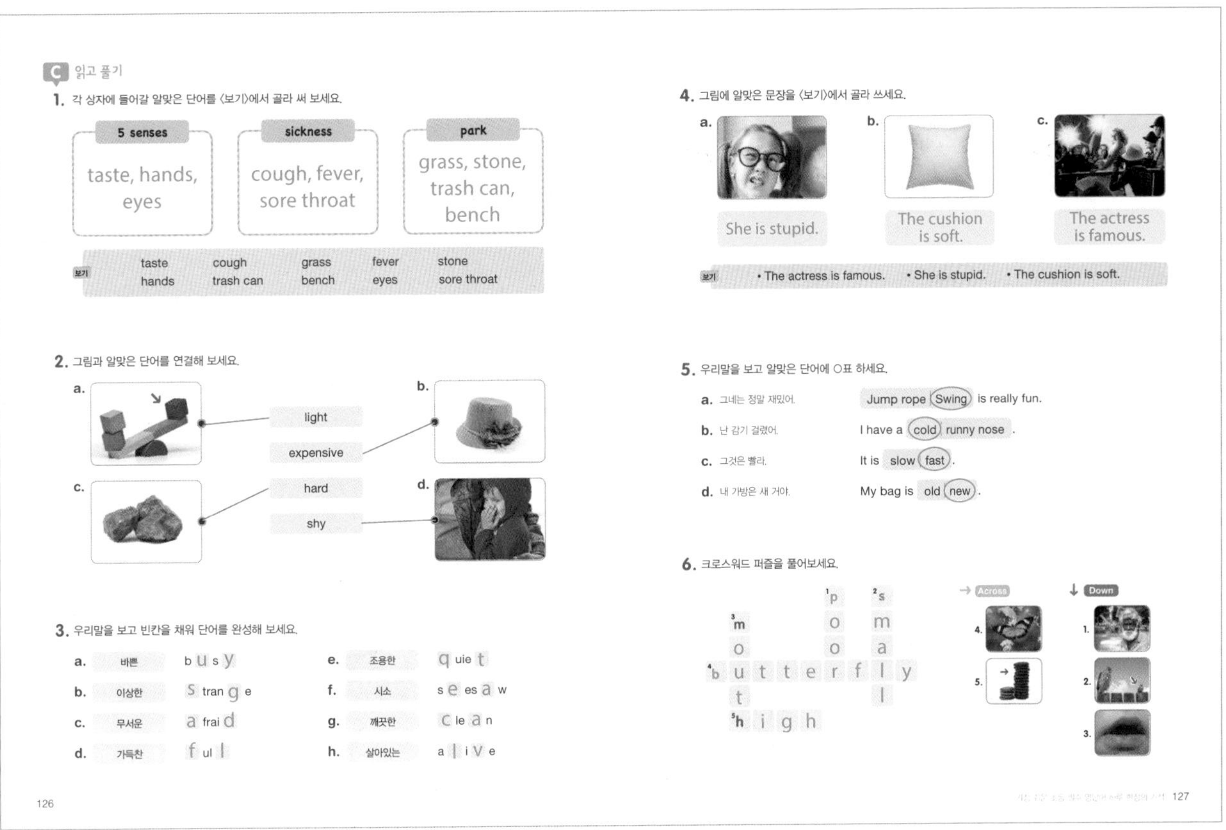

C 읽고 풀기

1. 각 상자에 들어갈 알맞은 단어를 〈보기〉에서 골라 써 보세요.

5 senses	sickness	park
taste, hands, eyes	cough, fever, sore throat	grass, stone, trash can, bench

보기 taste hands cough trash can grass bench fever eyes stone sore throat

2. 그림과 알맞은 단어를 연결해 보세요.

a. light b. expensive c. hard d. shy

3. 우리말을 보고 빈칸을 채워 단어를 완성해 보세요.

a. 바쁜 busy
b. 이상한 strange
c. 무서운 afraid
d. 가득찬 full
e. 조용한 quiet
f. 시소 seesaw
g. 깨끗한 clean
h. 살아있는 alive

126

4. 그림에 알맞은 문장을 〈보기〉에서 골라 쓰세요.

a. She is stupid.
b. The cushion is soft.
c. The actress is famous.

보기 • The actress is famous. • She is stupid. • The cushion is soft.

5. 우리말을 보고 알맞은 단어에 O표 하세요.

a. 그네는 정말 재밌어. Jump rope (Swing) is really fun.
b. 난 감기 걸렸어. I have a (cold) runny nose.
c. 그것은 빨라. It is slow (fast).
d. 내 가방은 새 거야. My bag is old (new).

6. 크로스워드 퍼즐을 풀어보세요.

Across: 4. butterfly 5. high
Down: 1. poor 2. small 3. mouth

127

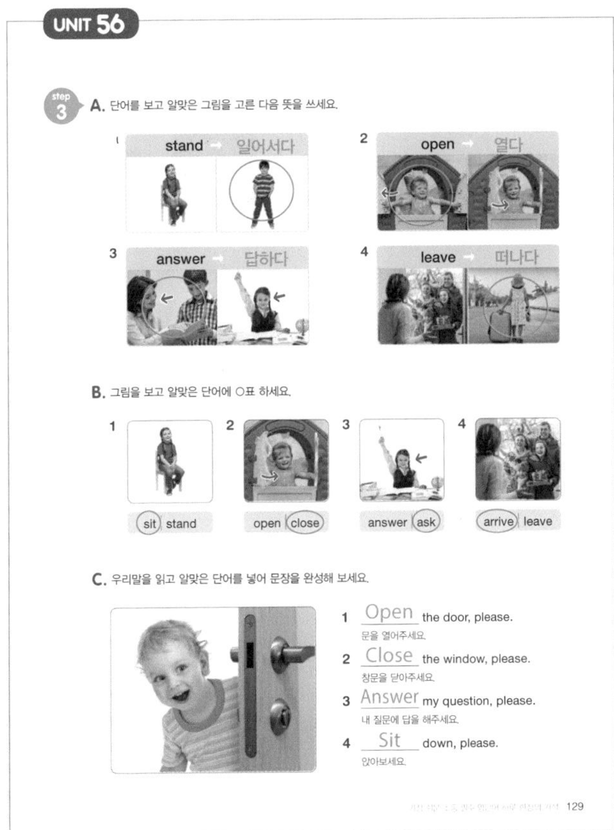

UNIT 56

step 3 A. 단어를 보고 알맞은 그림을 고른 다음 뜻을 쓰세요.

1 stand → 일어서다
2 open → 열다
3 answer → 답하다
4 leave → 떠나다

B. 그림을 보고 알맞은 단어에 O표 하세요.

1 (sit) stand
2 open (close)
3 answer (ask)
4 (arrive) leave

C. 우리말을 읽고 알맞은 단어를 넣어 문장을 완성해 보세요.

1 Open the door, please. 문을 열어주세요.
2 Close the window, please. 창문을 닫아주세요.
3 Answer my question, please. 내 질문에 답을 해주세요.
4 Sit down, please. 앉아보세요.

129

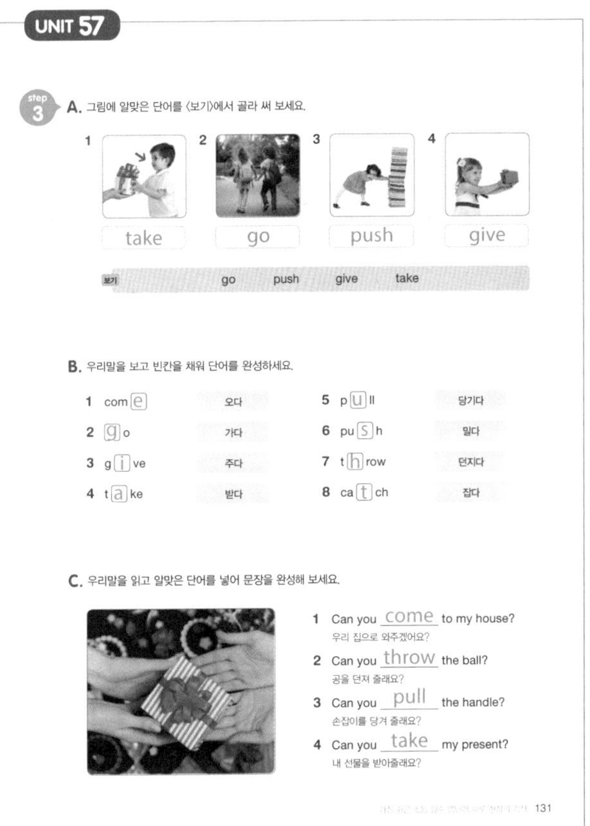

UNIT 57

step 3 A. 그림에 알맞은 단어를 〈보기〉에서 골라 써 보세요.

1 take 2 go 3 push 4 give

보기 go push give take

B. 우리말을 보고 빈칸을 채워 단어를 완성하세요.

1 come 오다
2 go 가다
3 give 주다
4 take 받다
5 pull 당기다
6 push 밀다
7 throw 던지다
8 catch 잡다

C. 우리말을 읽고 알맞은 단어를 넣어 문장을 완성해 보세요.

1 Can you come to my house? 우리 집으로 와주겠어요?
2 Can you throw the ball? 공을 던져 줄래요?
3 Can you pull the handle? 손잡이를 당겨 줄래요?
4 Can you take my present? 내 선물을 받아줄래요?

131

정답

UNIT 58

step 3 A. 그림을 보고 알맞은 단어와 뜻을 연결해 보세요.

B. 그림을 보고 알맞은 단어를 〈보기〉에서 찾아 쓰세요.

보기 walk jump run clap

1 walk
2 clap
3 jump
4 run

C. 우리말을 읽고 알맞은 단어에 O표 하세요.

1 같이 수영하자. Let's jump (swim) together.
2 같이 옮기자. Let's run (carry) together.
3 같이 걷자. Let's (walk) climb together.
4 같이 뛰자. Let's (run) jump together.

UNIT 59

step 3 A. 〈보기〉를 읽고 그림에 알맞은 기호를 쓴 다음 단어를 써 보세요.

1 draw 2 point 3 call 4 drink

보기 a. drink b. call c. point d. draw

B. 우리말에 맞게 단어의 철자를 바르게 써 보세요.

1 k t a l 이야기하다 talk
2 r w a d 그리다 draw
3 g i s n 노래하다 sing
4 d y s u t 공부하다 study
5 e n d a c 춤추다 dance
6 l l c a 전화하다 call

C. 우리말을 읽고 알맞은 단어를 넣어 문장을 완성해 보세요.

1 I am singing a song.
나는 노래하고 있어요.
2 I am drinking some milk.
나는 우유를 마시고 있어요.
3 I am studying English.
나는 영어를 공부하고 있어요.
4 I am drawing a picture.
나는 그림을 그리고 있어요.

UNIT 60

step 3 A. 단어를 보고 알맞은 그림을 고른 다음 뜻을 쓰세요.

1 fight → 싸우다

2 kick → 차다

3 cry → 울다

4 ride → 타다

B. 우리말을 보고 빈칸을 채워 단어를 완성하세요.

1	d[r]ive	운전하다	5	fig[h]t	싸우다
2	sp[e]ak	말하다	6	m[e]et	만나다
3	[c]ry	울다	7	lau[g]h	웃다
4	kic[k]	차다	8	[r]ide	타다

C. 우리말을 읽고 알맞은 단어를 넣어 문장을 완성해 보세요.

1 Can we meet tomorrow?
우리 내일 만날 수 있니?
2 Can you ride a bicycle?
너는 자전거를 탈 수 있니?
3 Can you drive a car?
너는 차를 운전할 수 있니?
4 Can you speak English?
너는 영어를 말할 수 있니?

UNIT 61

step 3 A. 그림에 알맞은 단어를 〈보기〉에서 골라 써 보세요.

1 taking picture 2 playing chess 3 watching movies 4 inline skating

보기 taking pictures inline skating playing chess watching movies

B. 단어를 보고 알맞은 단어에 O표 하세요.

1 (listening to music) / watching movies
2 inline skating / (reading comics)

3 (collecting coins) / playing chess

4 taking pictures / (cooking)

C. 우리말을 읽고 알맞은 단어를 넣어 문장을 완성해 보세요.

1 My hobby is taking pictures.
내 취미는 사진 찍는 것이에요.
2 My hobby is cooking.
내 취미는 요리하는 것이에요.
3 My hobby is inline skating.
내 취미는 인라인 스케이트 타는 것이에요.
4 My hobby is reading comics.
내 취미는 만화책을 읽는 것이에요.

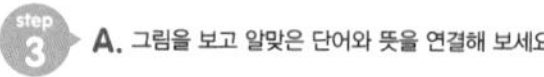
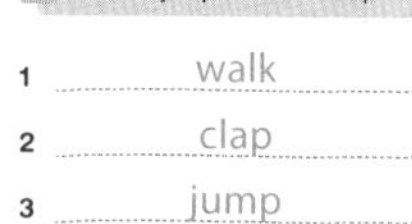

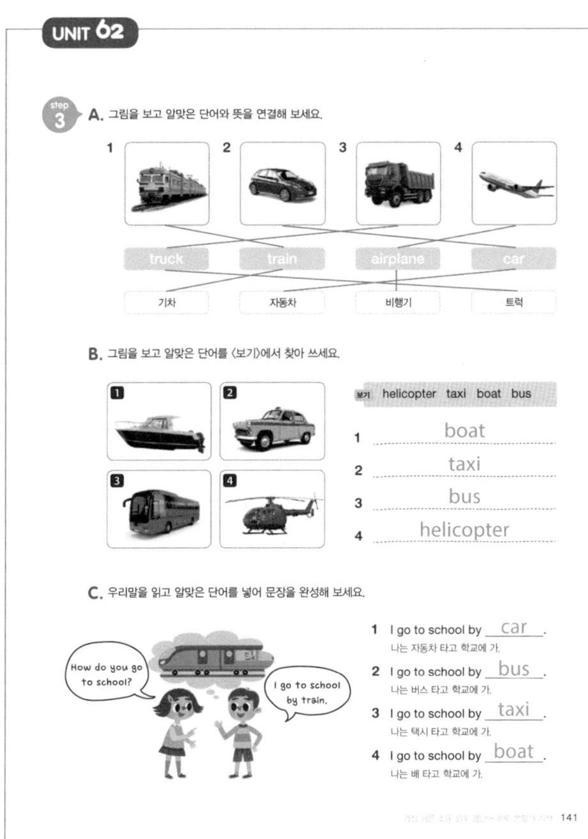

UNIT 62

step 3 A. 그림을 보고 알맞은 단어와 뜻을 연결해 보세요.

1	2	3	4
truck	train	airplane	car
기차	자동차	비행기	트럭

B. 그림을 보고 알맞은 단어를 〈보기〉에서 찾아 쓰세요.

보기 helicopter taxi boat bus

1 boat
2 taxi
3 bus
4 helicopter

C. 우리말을 읽고 알맞은 단어를 넣어 문장을 완성해 보세요.

1 I go to school by car.
나는 자동차 타고 학교에 가.
2 I go to school by bus.
나는 버스 타고 학교에 가.
3 I go to school by taxi.
나는 택시 타고 학교에 가.
4 I go to school by boat.
나는 배 타고 학교에 가.

141

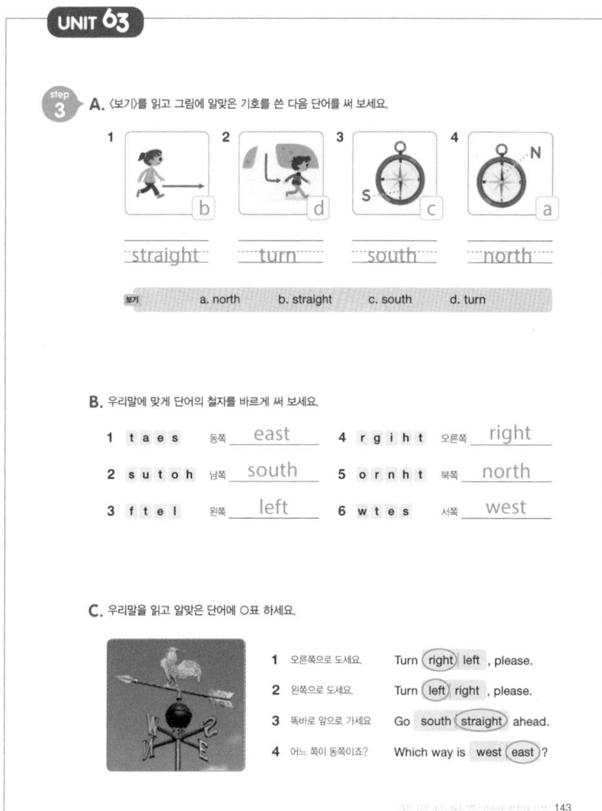

UNIT 63

step 3 A. 〈보기〉를 읽고 그림에 알맞은 기호를 쓴 다음 단어를 써 보세요.

1	2	3	4
b	d	c	a
straight	turn	south	north

보기 a. north b. straight c. south d. turn

B. 우리말에 맞게 단어의 철자를 바르게 써 보세요.

1 t a e s 동쪽 east
2 s u t o h 남쪽 south
3 f t e l 왼쪽 left
4 r g i h t 오른쪽 right
5 o r n h t 북쪽 north
6 w t e s 서쪽 west

C. 우리말을 읽고 알맞은 단어에 ○표 하세요.

1 오른쪽으로 도세요. Turn (right) left, please.
2 왼쪽으로 도세요. Turn (left) right, please.
3 똑바로 앞으로 가세요. Go south (straight) ahead.
4 어느 쪽이 동쪽이죠? Which way is west (east)?

143

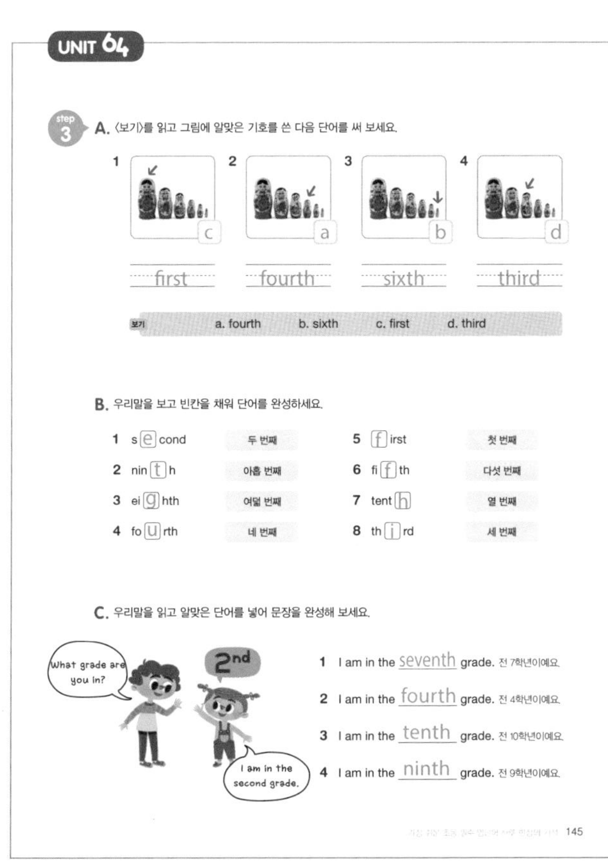

UNIT 64

step 3 A. 〈보기〉를 읽고 그림에 알맞은 기호를 쓴 다음 단어를 써 보세요.

1	2	3	4
c	a	b	d
first	fourth	sixth	third

보기 a. fourth b. sixth c. first d. third

B. 우리말을 보고 빈칸을 채워 단어를 완성하세요.

1 s[e]cond 두 번째
2 nin[t]h 아홉 번째
3 ei[g]hth 여덟 번째
4 fo[u]rth 네 번째
5 [f]irst 첫 번째
6 fi[f]th 다섯 번째
7 tent[h] 열 번째
8 th[i]rd 세 번째

C. 우리말을 읽고 알맞은 단어를 넣어 문장을 완성해 보세요.

1 I am in the seventh grade. 전 7학년이에요.
2 I am in the fourth grade. 전 4학년이에요.
3 I am in the tenth grade. 전 10학년이에요.
4 I am in the ninth grade. 전 9학년이에요.

145

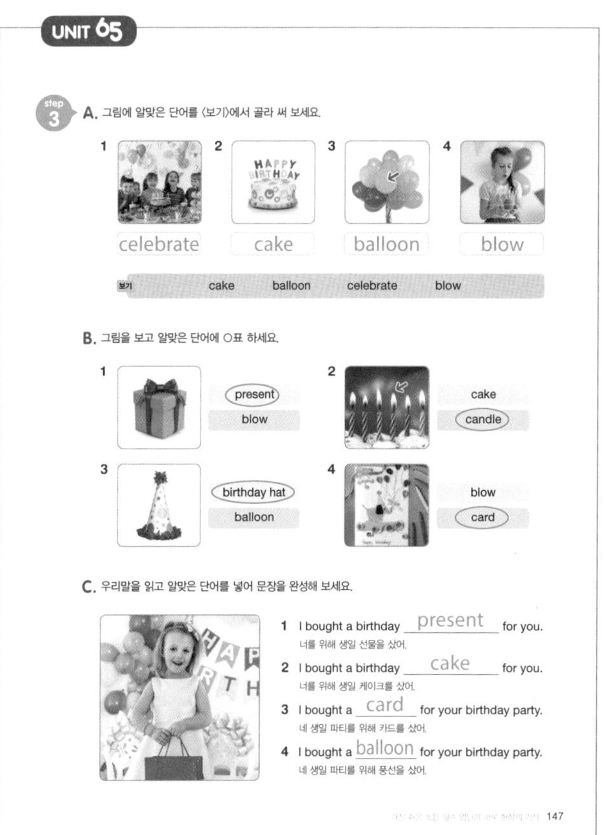

UNIT 65

step 3 A. 그림에 알맞은 단어를 〈보기〉에서 골라 써 보세요.

1	2	3	4
celebrate	cake	balloon	blow

보기 cake balloon celebrate blow

B. 그림을 보고 알맞은 단어에 ○표 하세요.

1 (present) blow
2 cake (candle)
3 (birthday hat) balloon
4 blow (card)

C. 우리말을 읽고 알맞은 단어를 넣어 문장을 완성해 보세요.

1 I bought a birthday present for you.
너를 위해 생일 선물을 샀어.
2 I bought a birthday cake for you.
너를 위해 생일 케이크를 샀어.
3 I bought a card for your birthday party.
네 생일 파티를 위해 카드를 샀어.
4 I bought a balloon for your birthday party.
네 생일 파티를 위해 풍선을 샀어.

147

정답

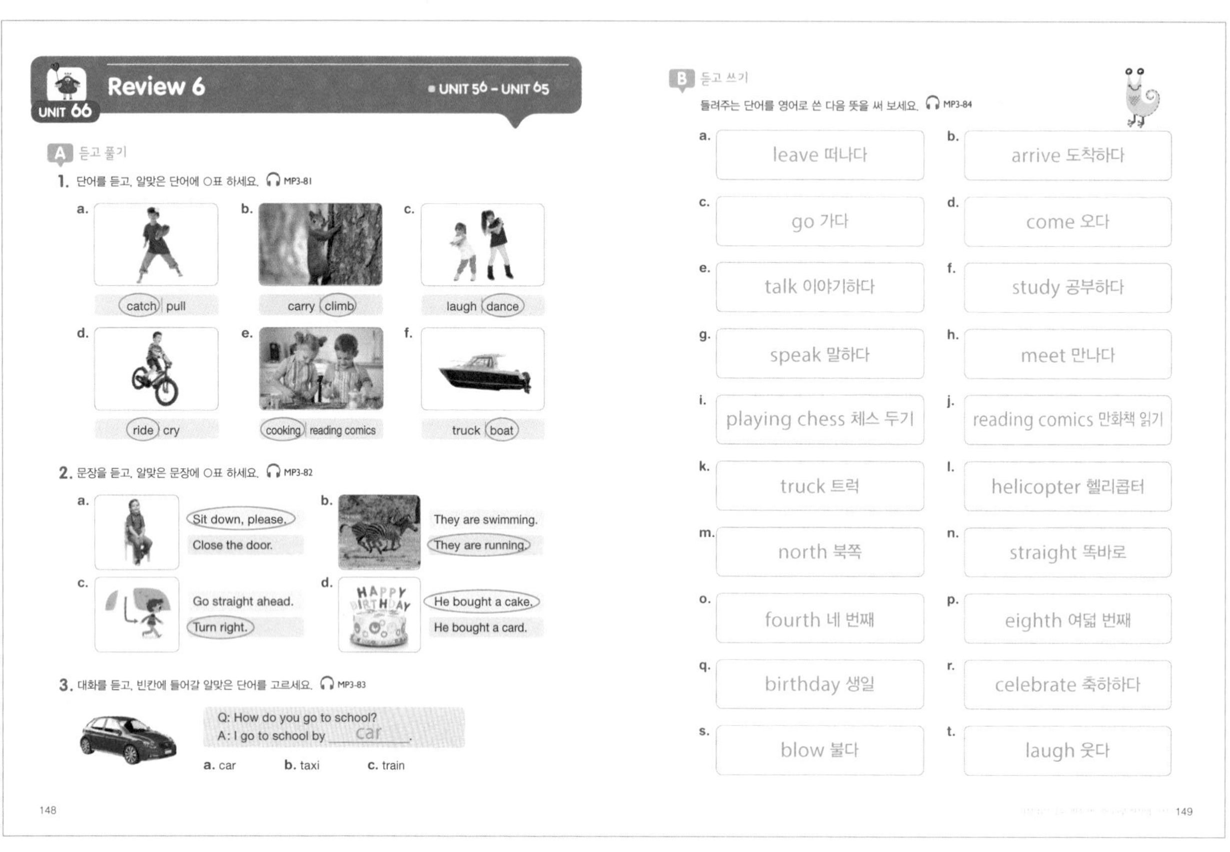

UNIT 66 Review 6 ■ UNIT 56 – UNIT 65

A 듣고 풀기

1. 단어를 듣고, 알맞은 단어에 O표 하세요. MP3-81

a. (catch) pull
b. carry (climb)
c. laugh (dance)
d. (ride) cry
e. (cooking) reading comics
f. truck (boat)

2. 문장을 듣고, 알맞은 문장에 O표 하세요. MP3-82

a. (Sit down, please.) / Close the door.
b. They are swimming. / (They are running.)
c. Go straight ahead. / (Turn right.)
d. (He bought a cake.) / He bought a card.

3. 대화를 듣고, 빈칸에 들어갈 알맞은 단어를 고르세요. MP3-83

Q: How do you go to school?
A: I go to school by car.

a. car b. taxi c. train

148

B 듣고 쓰기

들려주는 단어를 영어로 쓴 다음 뜻을 써 보세요. MP3-84

a. leave 떠나다
b. arrive 도착하다
c. go 가다
d. come 오다
e. talk 이야기하다
f. study 공부하다
g. speak 말하다
h. meet 만나다
i. playing chess 체스 두기
j. reading comics 만화책 읽기
k. truck 트럭
l. helicopter 헬리콥터
m. north 북쪽
n. straight 똑바로
o. fourth 네 번째
p. eighth 여덟 번째
q. birthday 생일
r. celebrate 축하하다
s. blow 불다
t. laugh 웃다

149

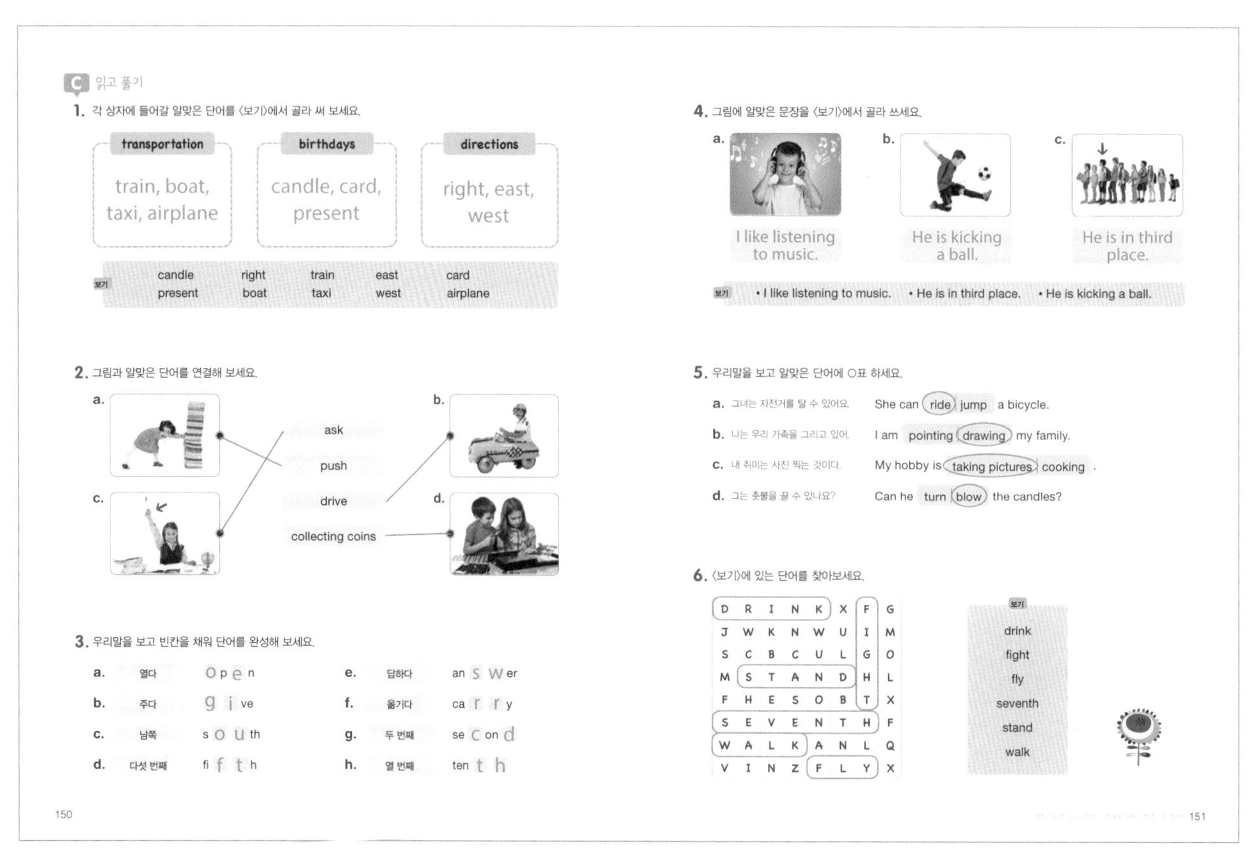

C 읽고 풀기

1. 각 상자에 들어갈 알맞은 단어를 〈보기〉에서 골라 써 보세요.

transportation	birthdays	directions
train, boat, taxi, airplane	candle, card, present	right, east, west

보기: candle, right, train, east, card, present, boat, taxi, west, airplane

2. 그림과 알맞은 단어를 연결해 보세요.

a. push
b. drive
c. ask
d. collecting coins

3. 우리말을 보고 빈칸을 채워 단어를 완성해 보세요.

a. 열다 open
b. 주다 give
c. 남쪽 south
d. 다섯 번째 fifth
e. 답하다 answer
f. 옮기다 carry
g. 두 번째 second
h. 열 번째 tenth

150

4. 그림에 알맞은 문장을 〈보기〉에서 골라 쓰세요.

a. I like listening to music.
b. He is kicking a ball.
c. He is in third place.

보기: • I like listening to music. • He is in third place. • He is kicking a ball.

5. 우리말을 보고 알맞은 단어에 O표 하세요.

a. 그녀는 자전거를 탈 수 있어요. She can (ride) jump a bicycle.
b. 나는 우리 가족을 그리고 있어. I am pointing (drawing) my family.
c. 내 취미는 사진 찍는 것이다. My hobby is (taking pictures) cooking .
d. 그는 촛불을 끌 수 있나요? Can he turn (blow) the candles?

6. 〈보기〉에 있는 단어를 찾아보세요.

D	R	I	N	K	X	F	G
J	W	K	N	W	U	I	M
S	C	B	C	U	L	G	O
M	S	T	A	N	D	H	L
F	H	E	S	O	B	T	X
S	E	V	E	N	T	H	F
W	A	L	K	A	N	L	Q
V	I	N	Z	F	L	Y	X

보기: drink, fight, fly, seventh, stand, walk

151

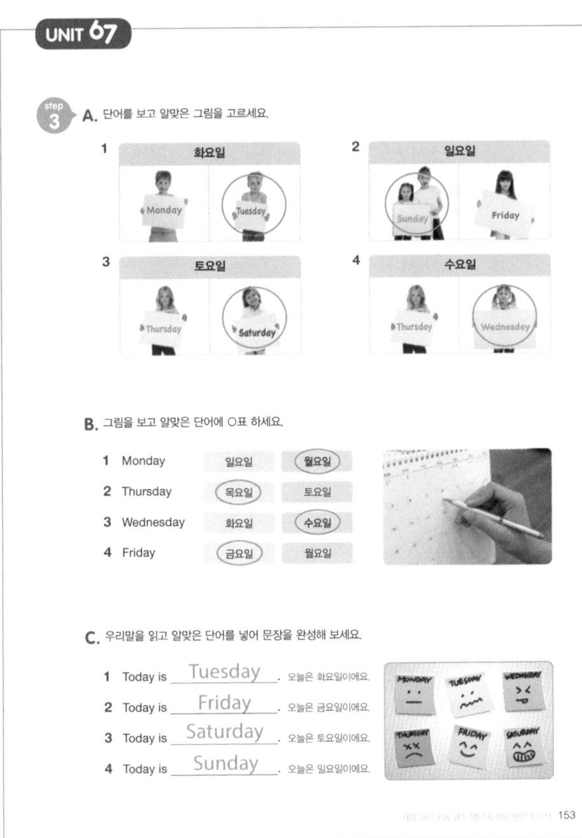
UNIT 67

step 3 A. 단어를 보고 알맞은 그림을 고르세요.

1 화요일 — Monday / Tuesday (Tuesday circled)

2 일요일 — Sunday / Friday (Sunday circled)

3 토요일 — Thursday / Saturday (Saturday circled)

4 수요일 — Thursday / Wednesday (Wednesday circled)

B. 그림을 보고 알맞은 단어에 O표 하세요.

1 Monday 일요일 (월요일)

2 Thursday (목요일) 토요일

3 Wednesday 화요일 (수요일)

4 Friday (금요일) 월요일

C. 우리말을 읽고 알맞은 단어를 넣어 문장을 완성해 보세요.

1 Today is Tuesday. 오늘은 화요일이에요.

2 Today is Friday. 오늘은 금요일이에요.

3 Today is Saturday. 오늘은 토요일이에요.

4 Today is Sunday. 오늘은 일요일이에요.

153

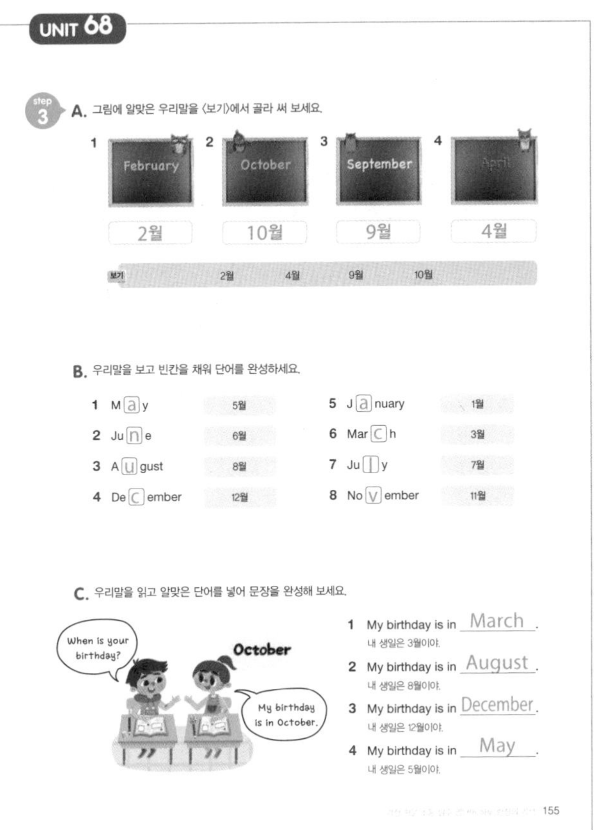
UNIT 68

step 3 A. 그림에 알맞은 우리말을 〈보기〉에서 골라 써 보세요.

1 February 2월

2 October 10월

3 September 9월

4 April 4월

보기 2월 4월 9월 10월

B. 우리말을 보고 빈칸을 채워 단어를 완성하세요.

1 M[a]y 5월

2 Ju[n]e 6월

3 A[u]gust 8월

4 De[c]ember 12월

5 J[a]nuary 1월

6 Mar[c]h 3월

7 Ju[l]y 7월

8 No[v]ember 11월

C. 우리말을 읽고 알맞은 단어를 넣어 문장을 완성해 보세요.

1 My birthday is in March. 내 생일은 3월이야.

2 My birthday is in August. 내 생일은 8월이야.

3 My birthday is in December. 내 생일은 12월이야.

4 My birthday is in May. 내 생일은 5월이야.

155

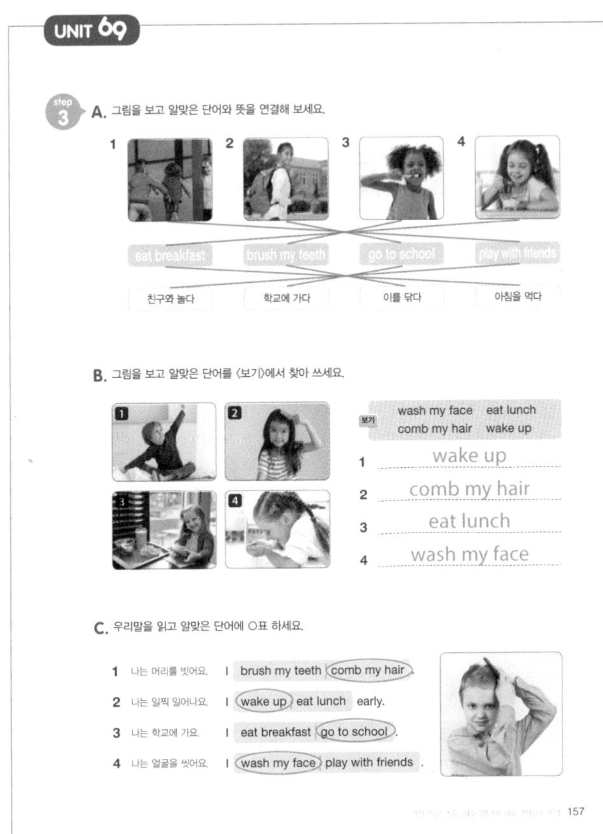
UNIT 69

step 3 A. 그림을 보고 알맞은 단어와 뜻을 연결해 보세요.

eat breakfast / brush my teeth / go to school / play with friends

친구와 놀다 / 학교에 가다 / 이를 닦다 / 아침을 먹다

B. 그림을 보고 알맞은 단어를 〈보기〉에서 찾아 쓰세요.

보기 wash my face eat lunch comb my hair wake up

1 wake up

2 comb my hair

3 eat lunch

4 wash my face

C. 우리말을 읽고 알맞은 단어에 O표 하세요.

1 나는 머리를 빗어요. I brush my teeth (comb my hair).

2 나는 일찍 일어나요. I (wake up) eat lunch early.

3 나는 학교에 가요. I eat breakfast (go to school).

4 나는 얼굴을 씻어요. I (wash my face) play with friends.

157

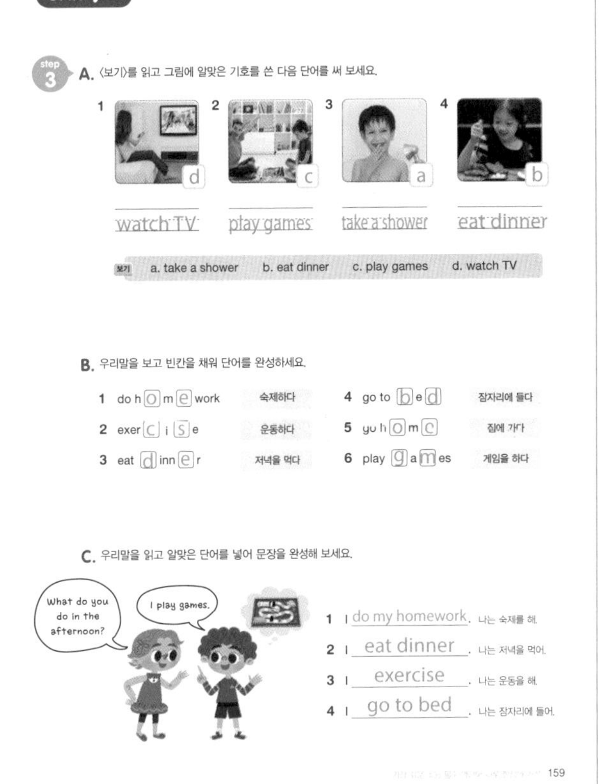
UNIT 70

step 3 A. 〈보기〉를 읽고 그림에 알맞은 기호를 쓴 다음 단어를 써 보세요.

1 d watch TV

2 c play games

3 a take a shower

4 b eat dinner

보기 a. take a shower b. eat dinner c. play games d. watch TV

B. 우리말을 보고 빈칸을 채워 단어를 완성하세요.

1 do h[o]m[e]work 숙제하다

2 exer[c]i[s]e 운동하다

3 eat [d]inn[e]r 저녁을 먹다

4 go to [b]e[d] 잠자리에 들다

5 go h[o]m[e] 집에 가다

6 play [g]a[m]es 게임을 하다

C. 우리말을 읽고 알맞은 단어를 넣어 문장을 완성해 보세요.

1 I do my homework. 나는 숙제를 해.

2 I eat dinner. 나는 저녁을 먹어.

3 I exercise. 나는 운동을 해.

4 I go to bed. 나는 잠자리에 들어.

159

정답

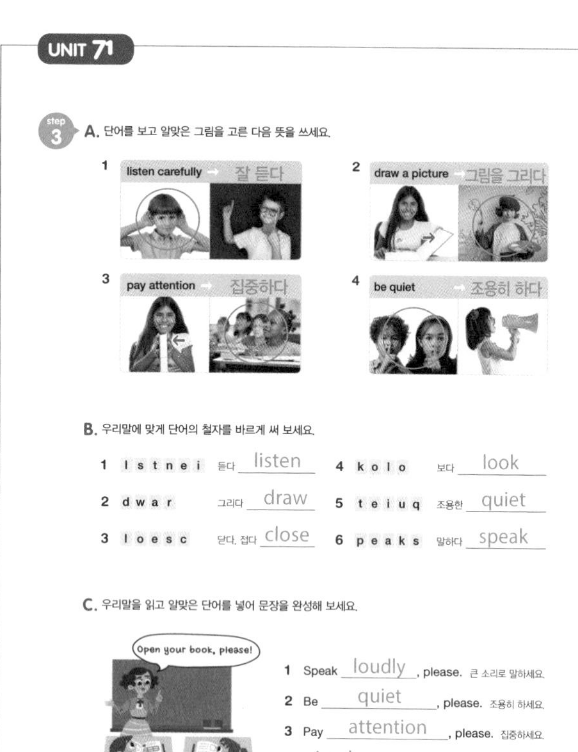

UNIT 71

step 3 A. 단어를 보고 알맞은 그림을 고른 다음 뜻을 쓰세요.

1 listen carefully → 잘 듣다
2 draw a picture → 그림을 그리다
3 pay attention → 집중하다
4 be quiet → 조용히 하다

B. 우리말에 맞게 단어의 철자를 바르게 써 보세요.

1 l s t n e i 듣다 listen
2 d w a r 그리다 draw
3 l o e s c 닫다, 접다 close
4 k o l o 보다 look
5 t e i u q 조용한 quiet
6 p e a k s 말하다 speak

C. 우리말을 읽고 알맞은 단어를 넣어 문장을 완성해 보세요.

1 Speak loudly, please. 큰 소리로 말하세요.
2 Be quiet, please. 조용히 하세요.
3 Pay attention, please. 집중하세요.
4 Look at the board, please. 칠판을 보세요.

161

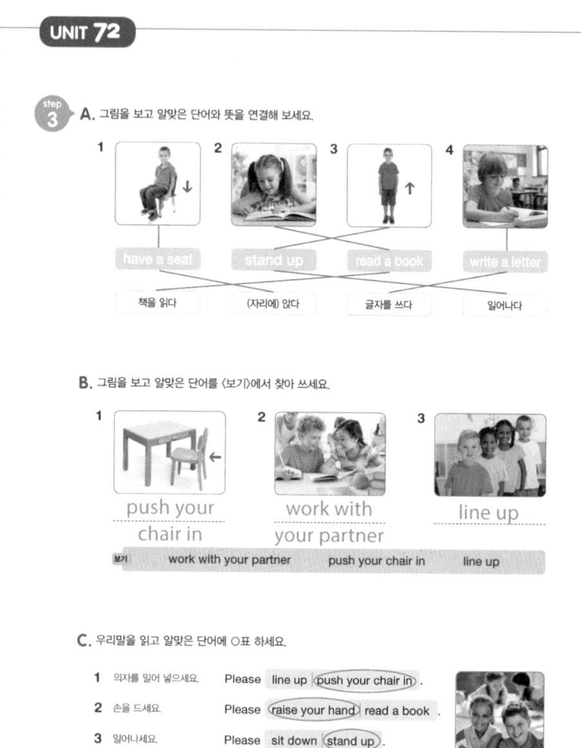

UNIT 72

step 3 A. 그림을 보고 알맞은 단어와 뜻을 연결해 보세요.

1 have a seat — (자리에) 앉다
2 stand up — 일어나다
3 read a book — 책을 읽다
4 write a letter — 글자를 쓰다

B. 그림을 보고 알맞은 단어를 〈보기〉에서 찾아 쓰세요.

1 push your chair in
2 work with your partner
3 line up

보기 work with your partner / push your chair in / line up

C. 우리말을 읽고 알맞은 단어에 O표 하세요.

1 의자를 밀어 넣으세요. Please line up / (push your chair in).
2 손을 드세요. Please (raise your hand) / read a book.
3 일어나세요. Please sit down / (stand up).
4 자리에 앉으세요. Please (have a seat) / stand up.

163

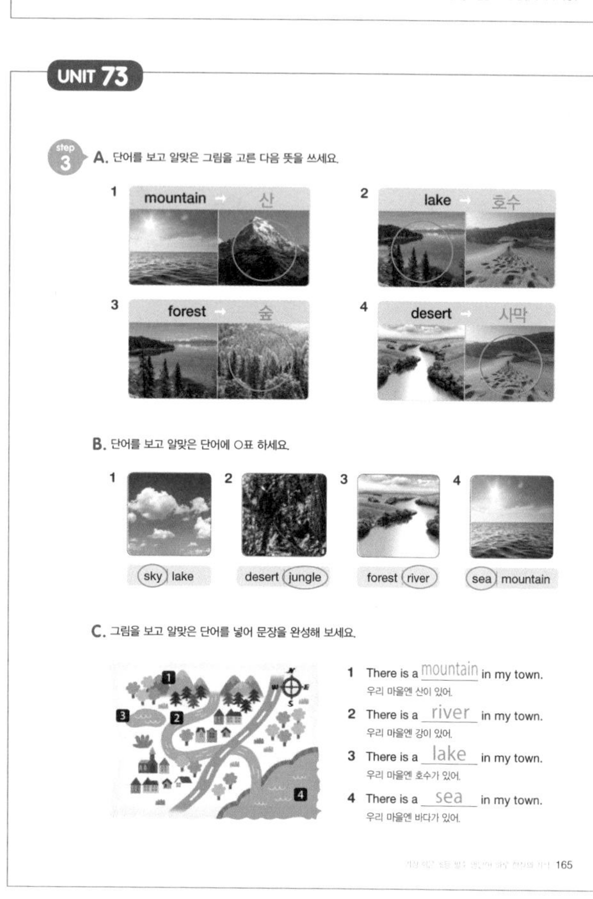

UNIT 73

step 3 A. 단어를 보고 알맞은 그림을 고른 다음 뜻을 쓰세요.

1 mountain → 산
2 lake → 호수
3 forest → 숲
4 desert → 사막

B. 단어를 보고 알맞은 단어에 O표 하세요.

1 (sky) lake
2 desert (jungle)
3 forest (river)
4 (sea) mountain

C. 그림을 보고 알맞은 단어를 넣어 문장을 완성해 보세요.

1 There is a mountain in my town. 우리 마을엔 산이 있어.
2 There is a river in my town. 우리 마을엔 강이 있어.
3 There is a lake in my town. 우리 마을엔 호수가 있어.
4 There is a sea in my town. 우리 마을엔 바다가 있어.

165

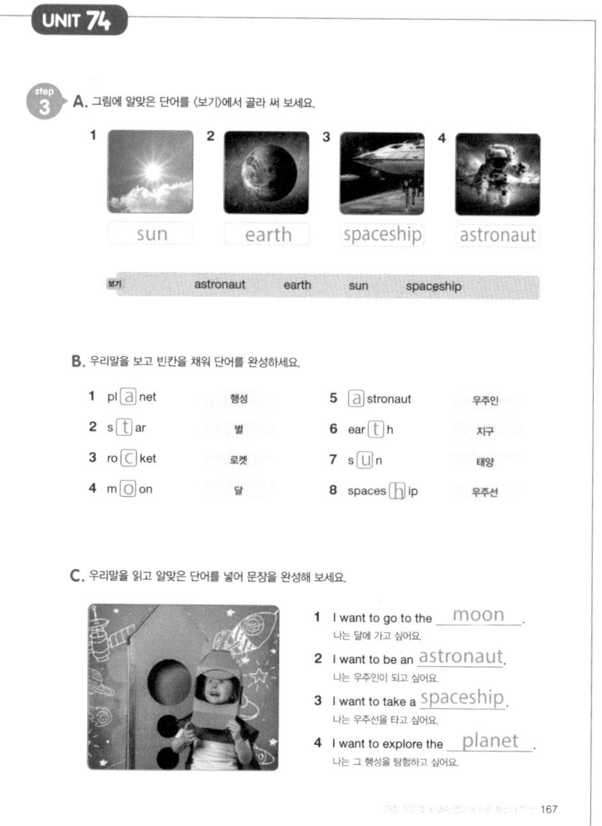

UNIT 74

step 3 A. 그림에 알맞은 단어를 〈보기〉에서 골라 써 보세요.

1 sun
2 earth
3 spaceship
4 astronaut

보기 astronaut / earth / sun / spaceship

B. 우리말을 보고 빈칸을 채워 단어를 완성하세요.

1 pl[a]net 행성
2 s[t]ar 별
3 ro[c]ket 로켓
4 m[o]on 달
5 [a]stronaut 우주인
6 ear[t]h 지구
7 s[u]n 태양
8 spaces[h]ip 우주선

C. 우리말을 읽고 알맞은 단어를 넣어 문장을 완성해 보세요.

1 I want to go to the moon. 나는 달에 가고 싶어요.
2 I want to be an astronaut. 나는 우주인이 되고 싶어요.
3 I want to take a spaceship. 나는 우주선을 타고 싶어요.
4 I want to explore the planet. 나는 그 행성을 탐험하고 싶어요.

167

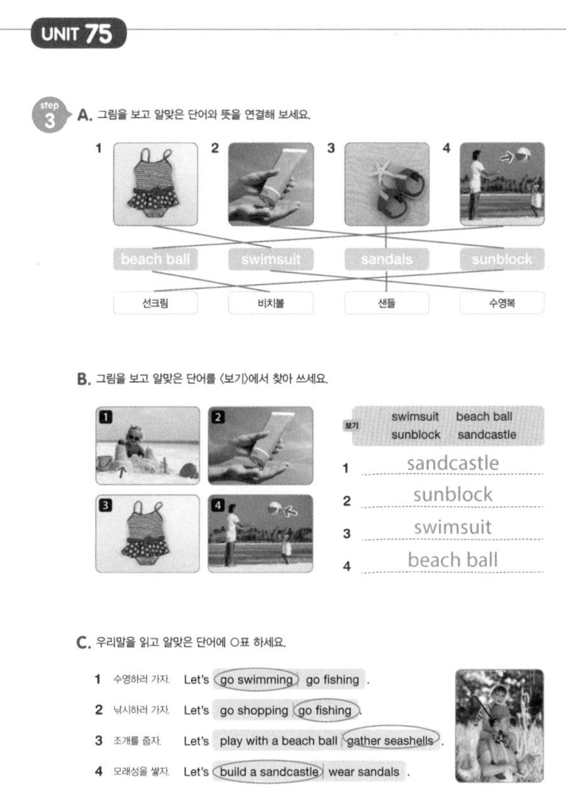

UNIT 75

step 3 A. 그림을 보고 알맞은 단어와 뜻을 연결해 보세요.

1 2 3 4

beach ball swimsuit sandals sunblock

선크림 비치볼 샌들 수영복

B. 그림을 보고 알맞은 단어를 〈보기〉에서 찾아 쓰세요.

보기 swimsuit beach ball sunblock sandcastle

1 sandcastle
2 sunblock
3 swimsuit
4 beach ball

C. 우리말을 읽고 알맞은 단어에 O표 하세요.

1 수영하러 가자. Let's go swimming go fishing .
2 낚시하러 가자. Let's go shopping go fishing .
3 조개를 줍자. Let's play with a beach ball gather seashells .
4 모래성을 쌓자. Let's build a sandcastle wear sandals .

169

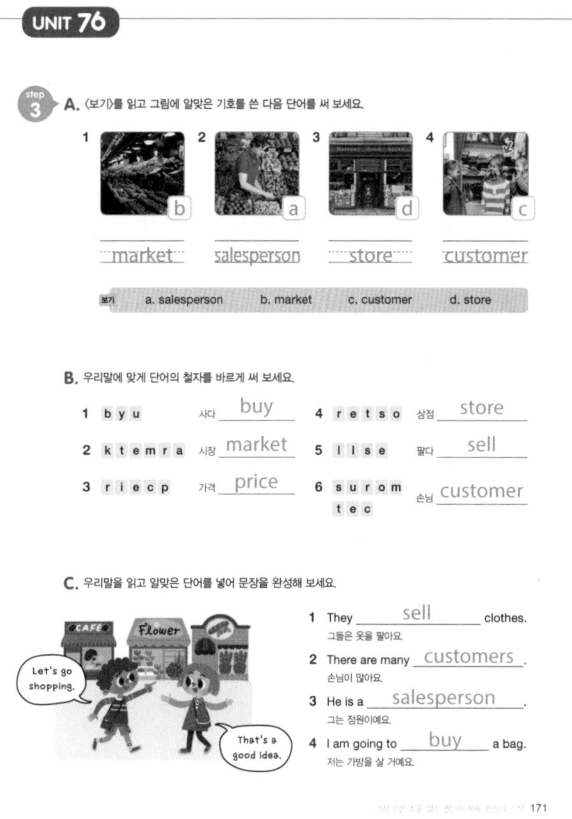

UNIT 76

step 3 A. 〈보기〉를 읽고 그림에 알맞은 기호를 쓴 다음 단어를 써 보세요.

1 b market
2 a salesperson
3 d store
4 c customer

보기 a. salesperson b. market c. customer d. store

B. 우리말에 맞게 단어의 철자를 바르게 써 보세요.

1 b y u 사다 buy
2 k t e m r a 시장 market
3 r i e c p 가격 price
4 r e t s o 상점 store
5 l l s e 팔다 sell
6 s u r o m t e c 손님 customer

C. 우리말을 읽고 알맞은 단어를 넣어 문장을 완성해 보세요.

1 They sell clothes.
그들은 옷을 팔아요.
2 There are many customers .
손님이 많아요.
3 He is a salesperson .
그는 점원이에요.
4 I am going to buy a bag.
저는 가방을 살 거예요.

171

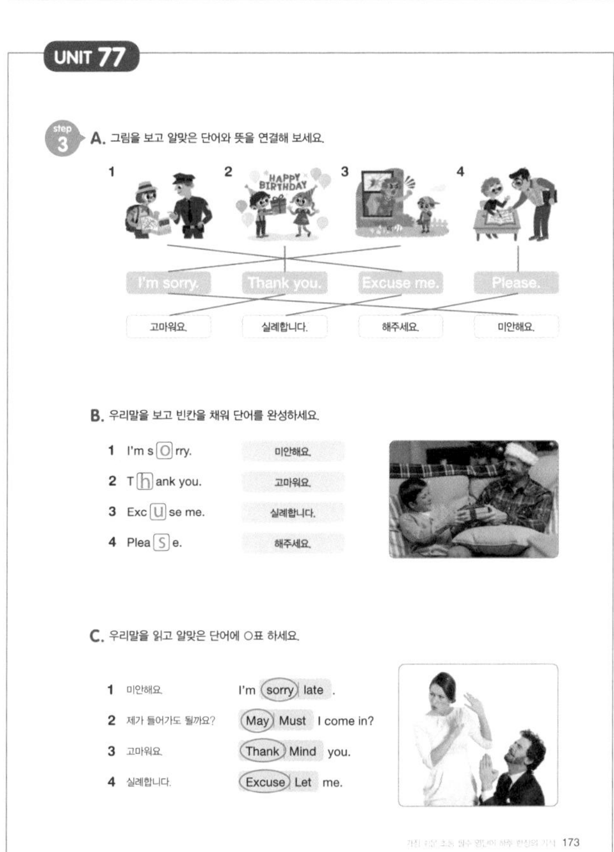

UNIT 77

step 3 A. 그림을 보고 알맞은 단어와 뜻을 연결해 보세요.

1 2 3 4

I'm sorry. Thank you. Excuse me. Please.

고마워요. 실례합니다. 해주세요. 미안해요.

B. 우리말을 보고 빈칸을 채워 단어를 완성하세요.

1 I'm s o rry. 미안해요.
2 T h ank you. 고마워요.
3 Exc u se me. 실례합니다.
4 Plea s e. 해주세요.

C. 우리말을 읽고 알맞은 단어에 O표 하세요.

1 미안해요. I'm sorry late .
2 제가 들어가도 될까요? May Must I come in?
3 고마워요. Thank Mind you.
4 실례합니다. Excuse Let me.

173

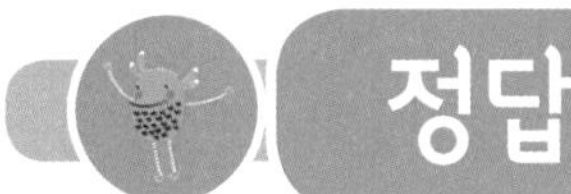

정답

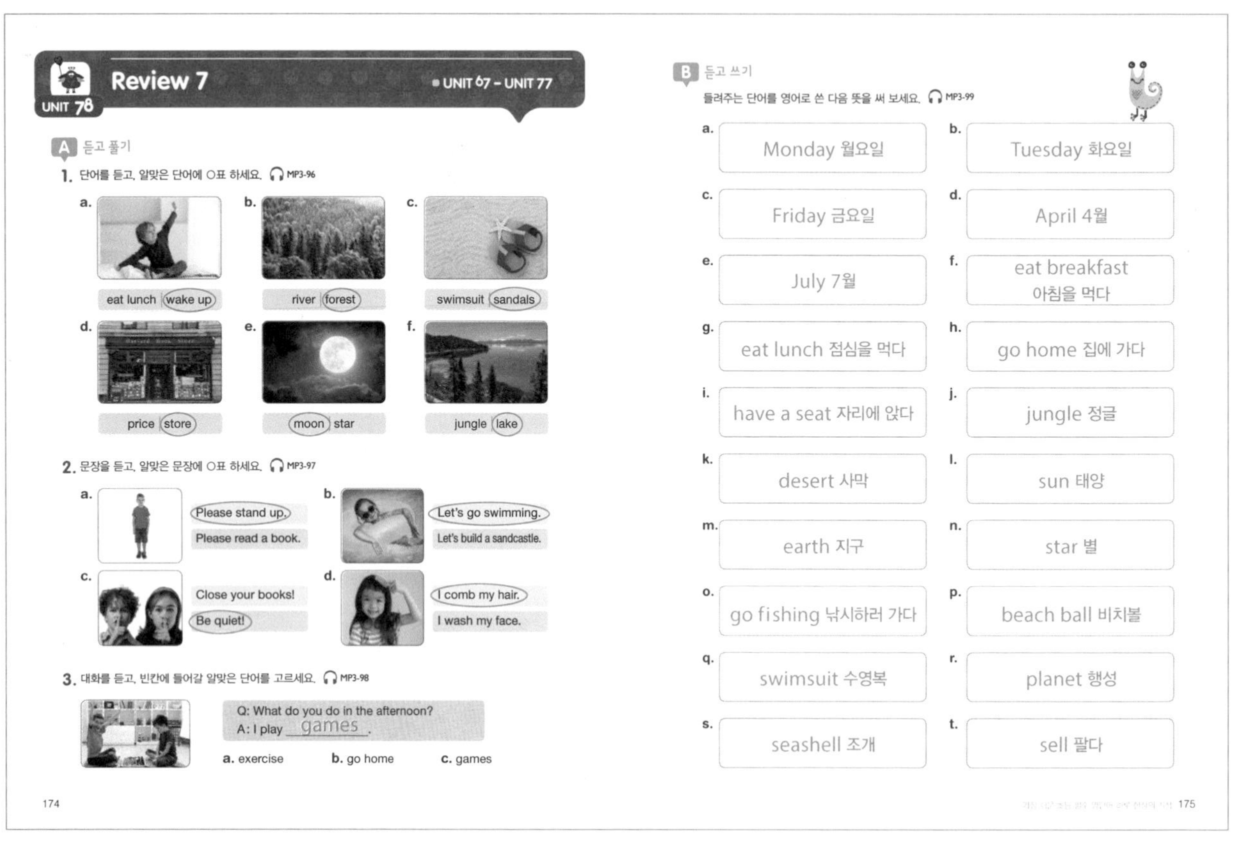

UNIT 78 Review 7 ■ UNIT 67 – UNIT 77

A 듣고 풀기

1. 단어를 듣고, 알맞은 단어에 O표 하세요. MP3-96

a. eat lunch (wake up)
b. river (forest)
c. swimsuit (sandals)
d. price (store)
e. (moon) star
f. jungle (lake)

2. 문장을 듣고, 알맞은 문장에 O표 하세요. MP3-97

a. (Please stand up.) / Please read a book.
b. (Let's go swimming.) / Let's build a sandcastle.
c. Close your books! / (Be quiet!)
d. (I comb my hair.) / I wash my face.

3. 대화를 듣고, 빈칸에 들어갈 알맞은 단어를 고르세요. MP3-98

Q: What do you do in the afternoon?
A: I play games.

a. exercise b. go home c. games

174

B 듣고 쓰기

들려주는 단어를 영어로 쓴 다음 뜻을 써 보세요. MP3-99

a.	Monday 월요일	b.	Tuesday 화요일
c.	Friday 금요일	d.	April 4월
e.	July 7월	f.	eat breakfast 아침을 먹다
g.	eat lunch 점심을 먹다	h.	go home 집에 가다
i.	have a seat 자리에 앉다	j.	jungle 정글
k.	desert 사막	l.	sun 태양
m.	earth 지구	n.	star 별
o.	go fishing 낚시하러 가다	p.	beach ball 비치볼
q.	swimsuit 수영복	r.	planet 행성
s.	seashell 조개	t.	sell 팔다

175

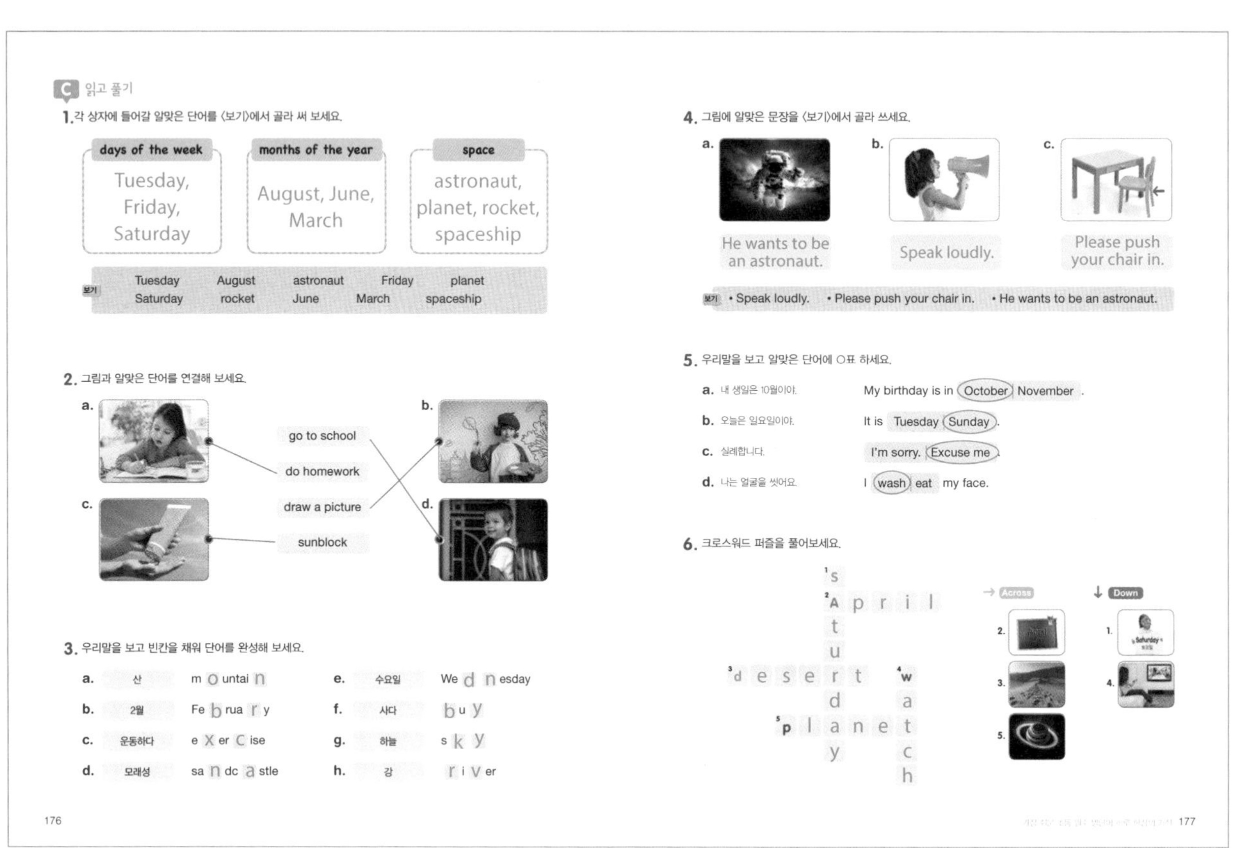

C 읽고 풀기

1. 각 상자에 들어갈 알맞은 단어를 〈보기〉에서 골라 써 보세요.

days of the week	months of the year	space
Tuesday, Friday, Saturday	August, June, March	astronaut, planet, rocket, spaceship

보기 Tuesday August astronaut Friday planet Saturday rocket June March spaceship

2. 그림과 알맞은 단어를 연결해 보세요.

a. – do homework
b. – draw a picture
c. – sunblock
d. – go to school

3. 우리말을 보고 빈칸을 채워 단어를 완성해 보세요.

a.	산	mountain	e.	수요일	Wednesday
b.	2월	February	f.	사다	buy
c.	운동하다	exercise	g.	하늘	sky
d.	모래성	sandcastle	h.	강	river

4. 그림에 알맞은 문장을 〈보기〉에서 골라 쓰세요.

a. He wants to be an astronaut.
b. Speak loudly.
c. Please push your chair in.

보기 • Speak loudly. • Please push your chair in. • He wants to be an astronaut.

5. 우리말을 보고 알맞은 단어에 O표 하세요.

a. 내 생일은 10월이야. My birthday is in (October) November.
b. 오늘은 일요일이야. It is Tuesday (Sunday).
c. 실례합니다. I'm sorry. (Excuse me).
d. 나는 얼굴을 씻어요. I (wash) eat my face.

6. 크로스워드 퍼즐을 풀어보세요.

Across: 2. April 3. desert 5. planet
Down: 1. Saturday 4. watch

176

177

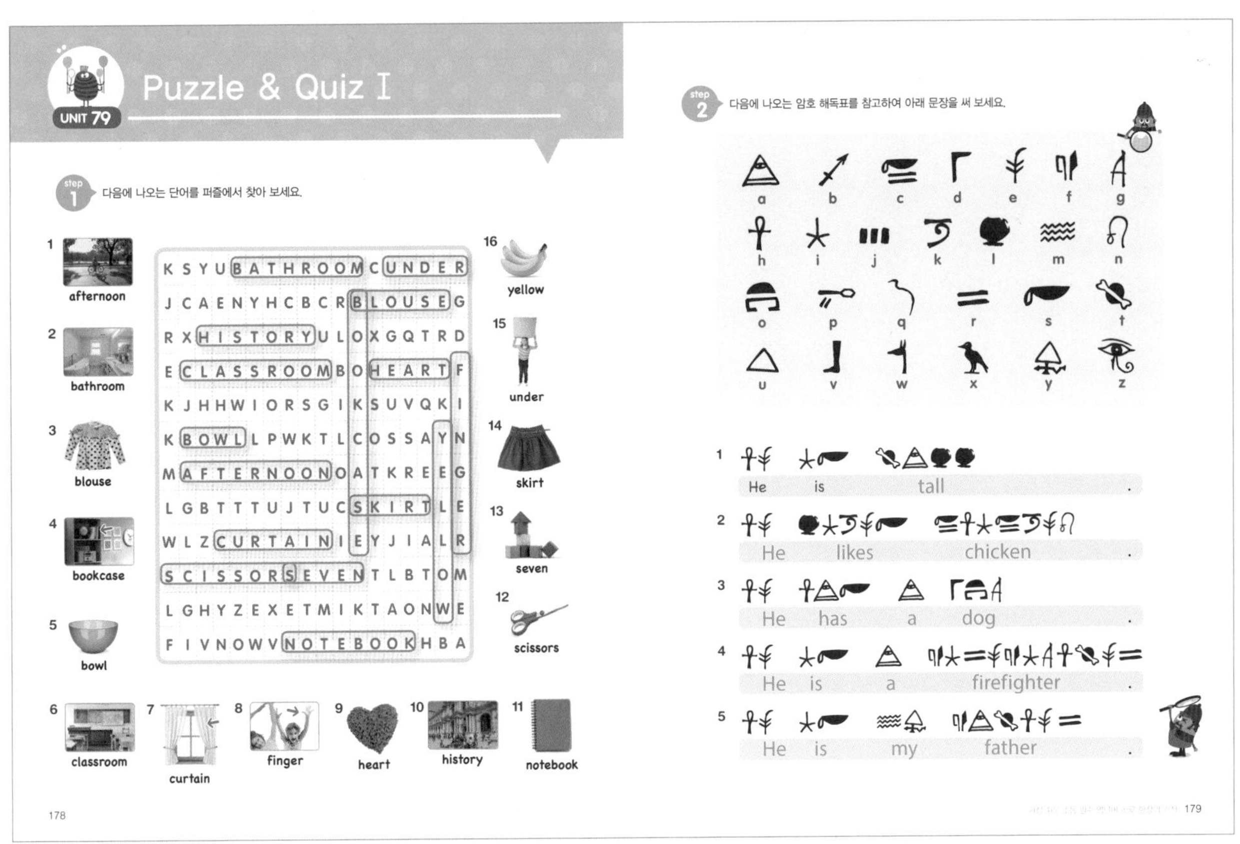
UNIT 79
Puzzle & Quiz Ⅰ
step 1 다음에 나오는 단어를 퍼즐에서 찾아 보세요.
K S Y U B A T H R O O M C U N D E R
J C A E N Y H C B C R B L O U S E G
R X H I S T O R Y U L O X G Q T R D
E C L A S S R O O M B O H E A R T F
K J H H W I O R S G I K S U V Q K I
K B O W L L P W K T L C O S S A Y N
M A F T E R N O O N O A T K R E E G
L G B T T T U J T U C S K I R T L E
W L Z C U R T A I N I E Y J I A L R
S C I S S O R S E V E N T L B T O M
L G H Y Z E X E T M I K T A O N W E
F I V N O W V N O T E B O O K H B A
1 afternoon
2 bathroom
3 blouse
4 bookcase
5 bowl
6 classroom
7 curtain
8 finger
9 heart
10 history
11 notebook
12 scissors
13 seven
14 skirt
15 under
16 yellow
178
step 2 다음에 나오는 암호 해독표를 참고하여 아래 문장을 써 보세요.
a b c d e f g
h i j k l m n
o p q r s t
u v w x y z
1 He is tall.
2 He likes chicken.
3 He has a dog.
4 He is a firefighter.
5 He is my father.
179

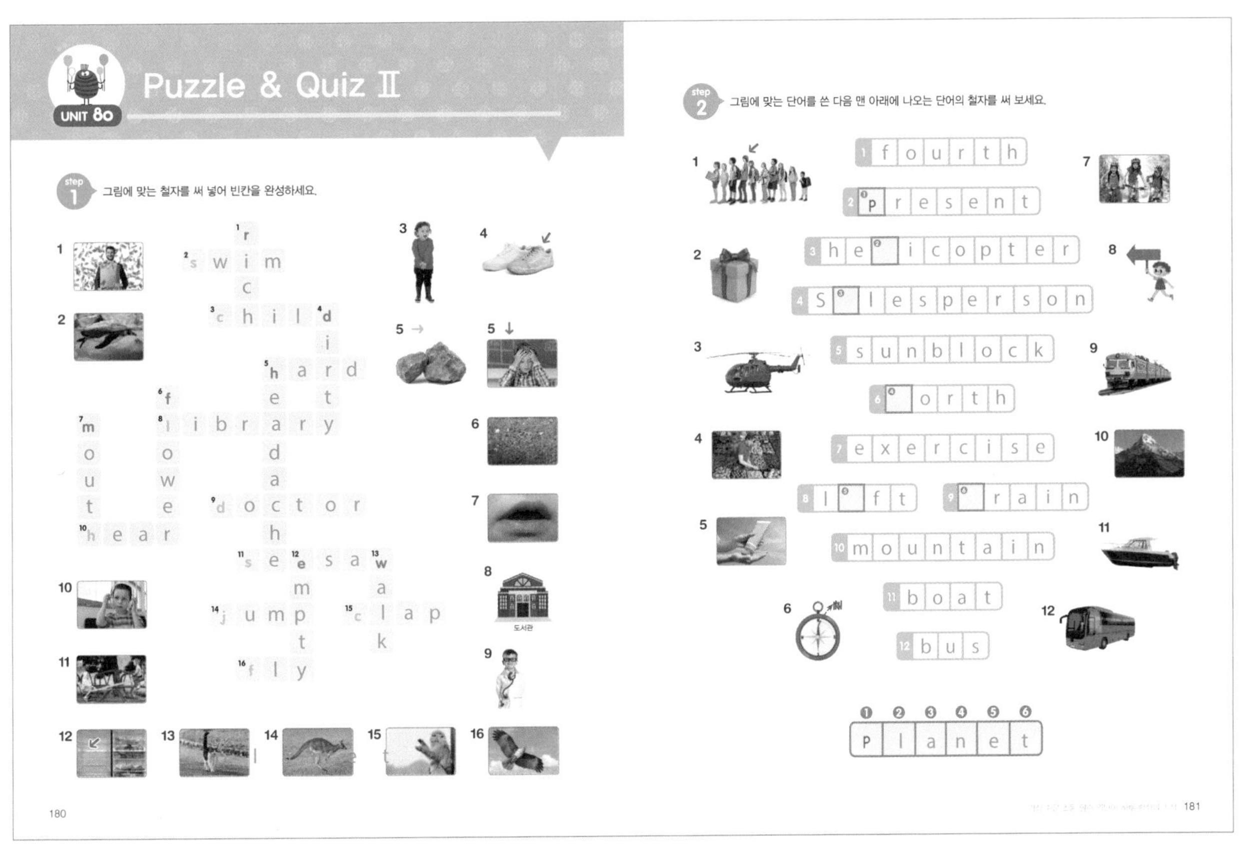
UNIT 80
Puzzle & Quiz Ⅱ
step 1 그림에 맞는 철자를 써 넣어 빈칸을 완성하세요.
1 rich
2 swim
3 child
4 dirt
5 hard
6 flower
7 mouth
8 library
9 doctor
10 hear
11 see
12 empty
13 walk
14 jump
15 clap
16 fly
도서관
180
step 2 그림에 맞는 단어를 쓴 다음 맨 아래에 나오는 단어의 철자를 써 보세요.
1 fourth
2 present
3 helicopter
4 salesperson
5 sunblock
6 north
7 exercise
8 left
9 train
10 mountain
11 boat
12 bus
❶ ❷ ❸ ❹ ❺ ❻
p l a n e t
181

Memo